Anne Otto
Woher kommt der Hass?
Die psychologischen Ursachen
von Rechtsruck und Rassismus

INHALT

Einleitung: Rechte auf der Couch? **7**

TEIL I:
INNEN – DIE WURZELN
RECHTSEXTREMER EINSTELLUNGEN **14**

KAPITEL EINS:
ERSCHRECKEND WEIT VERBREITET **16**
Warum stramm rechte Gesinnungen in allen sozialen Milieus vorkommen – und was die Menschen hinter dem Rechtsruck eint.

KAPITEL ZWEI:
VIEL ANPASSUNG, WENIG FREUDE **38**
Wie die autoritäre Dynamik von Anpassung und Härte in Familien weitergegeben wird – und warum man durch diese Prägung den Kontakt zu sich selbst verliert.

KAPITEL DREI:
DIE SEHNSUCHT NACH STÄRKE **61**
Wie Staat und Wirtschaft unsere Wünsche nach Autoritäten fördern – und warum Bürger sich oft bereitwillig anpassen.

KAPITEL VIER:
»WIR SIND BESSER ALS IHR.« **84**
Warum es in die gesellschaftliche Stimmung passt, die eigene soziale Gruppe für die beste und wichtigste zu halten – und wie auf diesem Boden Rassismus und Verachtung gedeihen können.

**TEIL II:
AUSSEN – WIE RECHTSEXTREME
EINSTELLUNGEN VERSTÄRKT WERDEN** **108**

**KAPITEL FÜNF:
HIER LÄUFT DAS SO!** **110**
Wie das soziale Umfeld politische Einstellungen prägt –
und warum eine Durchmischung und Durchlässigkeit
der gesellschaftlichen Milieus gut für die Demokratie ist.

**KAPITEL SECHS:
ZU VIEL GEFÜHL?** **132**
Wie Hass und Wut dem Rechtsruck Auftrieb geben –
und warum es sich lohnt, die Stimmung der Empörung
in der Gesellschaft runterzukochen.

**KAPITEL SIEBEN:
ES SIND NUR TASCHENSPIELERTRICKS...** **165**
Wie Populisten durch Sprachbilder und stilistisch-inhaltliche Tricks zur Manipulation ansetzen – und warum die Methoden wirken.

TEIL III:
MACHEN – WAS KÖNNEN WIR TUN? ... **192**

KAPITEL ACHT:
MIT RECHTEN REDEN ... **194**
Wann es Sinn macht, mit Rechten im eigenen Umfeld sachlich zu sprechen – und wie das gelingen kann.

KAPITEL NEUN:
EIN BLICK NACH INNEN ... **222**
Warum Selbstreflexion so wichtig ist – und warum es lohnt, eigene Abwertungs- und Abwehrmechanismen zu kennen.

KAPITEL ZEHN:
FÜR JEDEN TAG, FÜR JEDES JAHR ... **249**
Warum To-do-Listen auch dann helfen, wenn es um gesellschaftliches und politisches Engagement geht. Hier kommt eine.

Literatur zum Weiterlesen ... **269**

EINLEITUNG: RECHTE AUF DER COUCH?

Psychologie und Politik, das passt für manche Menschen auf den ersten Blick nicht besonders gut zusammen. Diesen Eindruck habe ich jedenfalls in den letzten Monaten gewonnen. Wenn ich in meinem Umfeld davon erzählt habe, dass ich gerade darüber schreibe, mit welchen psychologischen und psychosozialen Mechanismen man den aktuellen Rechtsruck in der Gesellschaft erklären könnte, waren die Reaktionen stets ähnlich. Zunächst äußerten die meisten eine Art Hoffnung: Es könne ziemlich hilfreich für den Umgang mit rechten Tendenzen sein, wenn man genau verstehen würde, was in Menschen vorgeht, die sich zu Rassismus, Nationalismus und antidemokratischen Ideen bekennen oder sie zumindest gutheißen, so der Tenor. Vielleicht könne man auf der Basis dieses Wissens Einfluss nehmen? Im besten Fall sogar verhindern, dass sich rechtes Gedankengut in den Köpfen der Menschen festsetzt? Im nächsten Schritt bekamen viele dann aber schnell Zweifel, der sich in der Frage niederschlug, ob es überhaupt etwas gäbe, das Psychologen substanziell zum Thema beitragen könnten. Der zunehmende Rechtsextremismus in Deutschland, der Machtgewinn von rechtspopulistischen Parteien hier und anderswo, die aggressive Stimmung im Land, das alles sei doch eine durch und durch politische Angelegenheit, Folge der sozioökonomischen Situation und der allgemeinen Politikverdrossenheit.

An dieser Sicht ist natürlich etwas dran. Die übergeordneten politischen und sozialen Entwicklungen und die historischen Wurzeln rechtsextremer Positionen spielen immer die Hauptrolle, wenn man die Wahlergebnisse hierzulande und auch den Hang zu autoritären Führungsfiguren weltweit verstehen will. Doch aus psychologischer Sicht bleibt eine Lücke: Aktuelle gesellschaftspolitische Entwicklungen allein können noch nicht erklären, warum Menschen derart hasserfüllt und wütend auf die politische und soziale Lage reagieren oder angesichts von Flüchtlingen in Not keinerlei Mitgefühl mehr zeigen. Sie können auch nicht erklären, warum extreme Rechte und Populisten mit einer stets zunehmenden Grobheit über ihre Positionen sprechen und viele Menschen ihnen – gerade hier in Deutschland – in einem grimmigen Endlich-darf-man-das-wieder-sagen-Duktus zustimmen. Bei all diesen Entwicklungen spielen auch persönlichkeitspsychologische, tiefenpsychologische und sozialpsychologische Faktoren eine entscheidende Rolle. Darüber hinaus wird die gesellschaftliche Stimmung derzeit stark von destruktiven Kommunikationsprozessen beeinflusst, die man aus einer medien- und kommunikationspsychologischen Perspektive oft konstruktiver angehen kann als durch kluge politische Debatten. Alle diese psychosozialen Fragen sind im Augenblick noch offen.

Dieses Buch beleuchtet verschiedene psychische Mechanismen genauer und macht transparent, inwiefern sie an der Entstehung von Rassismus, Nationalismus und undemokratischen Einstellungen beteiligt sind. Um Antworten und Erklärungen zu finden, habe ich Erkenntnisse aus der modernen Tiefenpsychologie, der empirischen Sozialwissenschaft, der klassischen Sozialpsychologie sowie der systemischen Psychologie herangezogen. Auch emotions- und kommunikationspsychologische Erkenntnisse fließen ein.

Wenn man sich von dieser Seite dem Thema nähert, nimmt man paradoxerweise zuerst einmal etwas Abstand von den aktuellen politischen Diskussionen, Demonstrationen oder Hass-Mails. Es ist ein bisschen so, als würde man sich von den normalen politischen Denkgebäuden aus Glas-Beton und den Protest-Bewegungen auf der Straße etwas wegbewegen, um für einige Stunden die verwinkelten Kellerräume des Fühlens und Denkens in Bezug auf politische Gesinnung zu betreten. So werden Zusammenhänge zwischen Psyche und stramm rechten Einstellungen sichtbar und es entsteht die Möglichkeit, mehr Präzision, Stringenz und Reflexion in die Diskussion zu bringen. Außerdem kann es mit diesem Wissen gelingen, auch einige blinde Flecken oder ungünstige familiäre Prägungen in Bezug auf Rassismus und Rechtsextremismus besser einzuschätzen und grundlegend zu verstehen.

Die Politologin und Philosophin Carolin Emcke äußert sich dazu in ihrem Essay »Gegen den Hass« folgendermaßen: »Es würde schon helfen, wenn die Quellen, aus denen der Hass sich speist, die Strukturen, die ihn ermöglichen, die Mechanismen, denen er gehorcht, besser erkennbar wären.« Die psychologischen Prozesse sind eine solche Quelle. Durch dieses Buch werden sie greifbar.

Für eine bessere Übersicht ist das Buch in drei Abschnitte geteilt: Innen, Außen und Machen. Zu Beginn werden vor allem die psychologischen Wurzeln für rechte und rassistische Einstellungen freigelegt. Hier geht es um Prägungen des Einzelnen im Wechselspiel mit Familie und Gesellschaft. In den Kapiteln eins bis vier wird beispielsweise deutlich, wie abwertendes oder autoritäres Denken überhaut entsteht und welch zentrale psychische Funktion es für viele Menschen hat. Im zweiten Abschnitt des Buches, in den Kapiteln fünf bis sieben, wird die Frage beantwortet, welche äußeren Faktoren bereits bestehende rechtsextreme Einstellungen sichtbar machen und verstärken können. Hier geht es um den Einfluss des sozialen Umfelds auf die politische Gesinnung, um den gesellschaftlichen Umgang mit Emotionen sowie um psychologische und manipulative Tricks von Agitatoren und Rechtspopulisten. Im dritten und letzten Abschnitt (Kapitel acht und neun) zeige ich, was wir selbst tun können, um dem Rechtsruck etwas entgegenzusetzen, und wo wir sinnvollerweise damit anfangen können. Es gibt beispielsweise ganz konkrete Empfehlungen, wie man mit Rechten reden kann, ohne an der platten Rechts-Rhetorik abzuprallen. Darüber hinaus zeigt ein Kapitel, warum auch Selbstreflexion und Selbsterkenntnis einen Teil dazu beitragen, autoritäres Denken und Handeln in der Gesellschaft zu vermindern oder sogar zu überwinden.

Ein Tipp für Ungeduldige: Fangen Sie mit den praktischen Tipps an, einer Art To-do-Liste auf der Seite 249. (Kapitel zehn). Dort finden Sie 40 Anregungen, was Sie sofort tun können, wenn Sie bei den psychologischen Faktoren ansetzen und selbst aktiv werden wollen.

Bevor Sie nun in die Kapitel einsteigen, ist mir noch eine grundlegende Anmerkung wichtig: Wenn man versucht, psychische Mechanismen verstehbar zu machen, die zu radikalen rechten Einstellungen führen, dann ist man oft nur noch einen – manchmal gefährlich kleinen – Schritt vom Verständnis entfernt. Leicht drängt sich das Bild vom Nazi auf der Couch auf, dem man empathisch zuhört, dessen innere Zerrissenheit oder Orientierungslosigkeit man nachvollzieht. Die Gefahr dabei ist, dass genau diese Opferrhetorik extrem Rechte häufig nutzen, um ihre Gesinnung und ihr Tun zu rechtfertigen. Wie absurd und unfreiwillig komisch diese Art des verständnisvollen Zurechterklärens wäre, hat schon die Band »Die Ärzte« in ihrem Song »Schrei nach Liebe« beschrieben, den sie Anfang der 1990er-Jahre nach den Anschlägen von Hoyerswerda veröffentlichte. Im Refrain des Liedes heißt es: »Deine Gewalt ist nur ein stummer Schrei nach Liebe, deine Springerstiefel sehnen sich nach Zärtlichkeit, du hast nie gelernt dich zu artikulieren und deine Eltern hatten niemals für dich Zeit – Oooho, Arschloch!« Dieses Stück habe ich beim Schreiben gelegentlich gesummt. Nicht nur, weil es ein Ohrwurm ist, sondern weil der Text des Songs zeigt, wo die Grenze der Empathie verläuft. Verstehen steht im Mittelpunkt – nicht Verständnis. Den Rechtsextremismus als Massenbewegung und als politisch stärker werdende Gruppe gilt es wach und ohne viel Skrupel zu bekämpfen.

Dennoch ist es meiner Ansicht nach auch nicht ratsam, jeden Menschen, der sich im Alltag rechtslastig äußert, von jetzt ab kategorisch zu meiden. Kommunikationsabbruch und eine mit dem Skalpell gezogene Grenzlinie zwischen »denen« und »uns« führen oft nicht zu einer Verbesserung der Situation. Eine Faustregel im Umgang mit latent rechtsextremen Statements – und »Faust« ist hier nicht wörtlich gemeint – gibt etwa die Initiative »Kleiner Fünf«, die beispielsweise vor Wahllokalen und in Fußgängerzonen mit »radikaler Höflichkeit« die Diskussion mit Bürgern sucht, um diese davon zu überzeugen, ihre Stimme nicht der AfD zu geben. Sie fordern: »Andere ernst nehmen. Sich nicht provozieren lassen. Konkrete Argumente liefern.« Es geht also darum, in der Sache hart, aber menschlich fair zu bleiben. Ich stimme dem weitgehend zu. Nicht nur als Tipp für eine gelungene Gesprächsführung, sondern auch als Wunsch, sich möglichst sachlich mit dem Thema auseinanderzusetzen. Es gilt, ohne reaktiven Hass und allzu bereitwilliges Schwarz-Weiß-Denken dieses menschliche – wenn auch monströse – Thema anzugehen.

Bleibt noch die Frage, warum man die psychischen Dynamiken, die Menschen nach rechts treiben, überhaupt so genau kennen sollte. Die Antwort ist einfach: Es könnte unseren Blick auf viele gesellschaftliche Prozesse erweitern, würden wir auch im politischen Feld mehr mit irrationalen Anteilen rechnen. Menschen handeln auch im politischen Zusammenhang oft unvernünftig. Sie sind so stark von Emotionen, Prägungen, Wünschen, Kommunikationserfahrungen und Gewohnheiten beeinflusst, dass man diese wirkmächtigen Einflüsse in den Blick nehmen sollte.

Eine Reihe von Studien des Politologen David Redlawsk von der University of Delaware zeigt beispielsweise, dass Menschen, die wählen gehen, oft allein bei der Frage, wo sie ihr Kreuz machen, erstaunlich irrational vorgehen. Sie entscheiden sich nach Gefühl für eine Partei, der sie vertrauen, die sie sympathisch finden, die sie schon gut kennen oder von der sie denken, dass sie ihre Ziele vertritt. Oft wird kaum danach gewählt, welche grundsätzlichen Interessen und Forderungen eine Person konkret an eine Regierung hätte und welche Partei sich diese Ziele auf die Fahnen geschrieben hat. So finden unzählige Wahlentscheidungen statt, die man nach sozialpsychologischen Begriffen als »nicht korrekt« bezeichnet, weil Bürger sich primär von ihrer Intuition haben leiten lassen und nicht von Informationen – und so Entscheidungen letztlich von vorneherein verfehlt sind und Enttäuschungen vorprogrammiert. Die Studien zu den hohen Anteilen »nicht korrekter Wahlen« sind von vielen anderen Forschern bestätigt und auch für Wähler in Deutschland jüngst belegt worden. Sie alle deuten darauf hin, wie wenig Sachlichkeit bereits beim Gang an die Wahlurne im Spiel ist. Wie viel extremer wird die Kraft von Emotionen, intuitiven Vermutungen, Stimmungen, sozialer Beeinflussung, Arroganz und anderer psychologischer Faktoren da noch sein, wenn es um Massenaufläufe von Rechten oder Hetzreden von populistischen Politikern geht?

Holen wir deshalb den psychologischen Blick in das Thema und rechnen wir damit, dass hier nicht rationale Bürger, sondern irrationale Menschen ihre Schritte im politischen Raum machen. Dieser Blick ist längst überfällig.

Anne Otto
Hamburg, im Juli 2019

TEIL I:

INNEN – DIE WURZELN RECHTSEXTREMER EINSTELLUNGEN

»Menschen sind doch das Wertvollste,
das man gewinnen kann.«

*Sigmund Freud, Begründer der Psychoanalyse,
in einem Briefwechsel 1910*

**KAPITEL EINS:
ERSCHRECKEND WEIT VERBREITET**

....

Ziemlich viele Menschen fühlen sich von rechtspopulistischen und rechtsextremen Positionen und Parteien angezogen. Sind die jetzt alle wahnsinnig geworden? Oder was motiviert Leute dazu, diese politische Entwicklung mitzutragen?

Das erste Kapitel beleuchtet die Frage, wer sich hinter dem Rechtsruck konkret verbirgt, bei welchen Menschen in welchen Schichten und Lebenslagen man rechtsextreme Einstellungen antrifft – und was diese unterschiedlichen »Typen« innerlich antreibt und eint.

»Kein Mensch hat das Recht zu gehorchen.«
<small>Hannah Arendt, 1905-1975, Publizistin und politische Theoretikerin</small>

Im Juni 2018 filmt ein Kamerateam der ARD eine Veranstaltung der Dresdner Pegida und deren Kundgebung. Als ein Redner dort in einem beinahe amüsierten Tonfall berichtet, dass die Organisation Life Line bei der Flüchtlingsrettung im Mittelmeer Schwierigkeiten bekommen hat, skandiert der Pulk lautstark die Worte »Absaufen, absaufen« – und kann sich gar nicht mehr beruhigen. Der feixende Redner erwidert daraufhin »Freunde, nein, nein, nicht absaufen. Wir brauchen das Schiff noch, um die alle zurückzufahren.« Solche und ähnliche Szenen, in denen Hass, Menschenfeindlichkeit und der Triumph über vermeintlich Schwächere ganz offen sichtbar werden, sind bei den so genannten Montagsdemonstrationen und anderen rechten Veranstaltungen in den letzten Monaten und Jahren zu Hauf dokumentiert worden. In den Berichten werden von Reportern immer auch Einzelpersonen abseits der Szenerie zu ihrer persönlichen Motivation befragt, oft mit der einleitenden Frage: »Warum sind Sie heute hier?« Die Antworten sind erschreckend: Eine ältere Dame mit grauem Dutt und Brille brüllt beispielsweise bei einer Sommerveranstaltung der »Identitären Bewegung« überakzentuiert ins Mikrofon: »Ich möchte, dass Deutschland Deutschland bleibt.« Ein Mann mit schwarzem Kapuzenpulli plädiert für Apartheid in Deutschland, also eine Stadt für Muslime und eine für Christen. Und ein junger, angetrunkener Mann in Zimmermannskluft lallt in einem anderen Beitrag, am Rand einer Pegida-Gruppe: »Es hat nie Attentate vom 11. September gegeben. Das sind eure Geheimdienste, die ihr mit stützt.«

Schaut man sich solche hasserfüllten und zum Teil auch wirren Statements in den Nachrichten und damit aus einer gewissen Distanz heraus an, dann entsteht leicht der Eindruck, solche extremen Einstellungen würde es vor allem im Umfeld von gewaltbereiten Randgruppen geben, die sich heute im Gegensatz zu früher nur einfach lauter und selbstbewusster äußern. Doch diese Einschätzung täuscht. Bei dem eklatanten Rechtsruck, den man seit Jahren in der politischen Landschaft, im gesellschaftlichen und medialen Diskurs und zum Teil auch in privaten Unterhaltungen mit Bekannten oder Nachbarn wahrnehmen kann, handelt es sich keinesfalls um ein Phänomen, das sich nur in einer abgegrenzten Bevölkerungsgruppe zeigt. Es ist auch kein rein ostdeutsches Thema. Stramm rechte Haltungen sind in latenter und manifester Form in der Gesellschaft und gerade auch im Mainstream viel stärker verbreitet, als man denken würde.

Das lässt sich natürlich auch am bundesweiten Erfolg der AfD erkennen, der politische Beobachter seit ihrer Gründung eine Entwicklung von einer nationalliberalen zu einer zum Teil nationalistisch-völkischen Partei bescheinigen. Der Zuspruch, den die AfD bei der Bundestagswahl 2017 erhalten hat und der sie mit 12,6 Prozent der Stimmen gegenwärtig zur drittstärksten Partei im Parlament macht, spricht Bände. Und obwohl – gemäß allen Klischees – in Bundesländern wie Sachsen mit 27 Prozent viel mehr Wähler hinter der AfD stehen als beispielsweise in Baden-Württemberg oder Berlin, sind die dort erzielten etwa 12 Prozent Wählerstimmen immer noch ein erstaunlich hoher Anteil.

Vielen gilt das Wahlergebnis im September 2017 als Alarmsignal. Das rührt auch daher, dass es seit der Zeit nach 1945 zum ersten Mal wieder einer Partei »rechts von der CDU/CSU« gelungen ist, mit einer hohen Zahl von Mandaten (insgesamt 94) in den Bundestag einzuziehen. Dass sich dieser Trend in anderen europäischen Ländern in ähnlicher oder sogar noch zugespitzter Weise zeigt – in Ungarn, Polen, Italien sind entsprechende Parteien nicht nur in den Parlamenten vertreten, sondern an der Regierung –, macht die Verschärfung einmal mehr deutlich. Dass Donald Trumps permanente rechtspopulistische Agitation ebenfalls in dieses Bild gehört, muss nicht extra erwähnt werden. All das trägt zu dem Eindruck mit bei, dass radikale rechte Kräfte überall in der Welt an Einfluss gewinnen.

Obwohl über diese Fakten und Zahlen viel berichtet wurde und wird, neigt die aktuelle Berichterstattung nach wie vor an manchen Stellen dazu, das Phänomen des Rechtsrucks zu vereinfachen. Zum einen wird oft betont, dass es sich um eine neuere Entwicklung handelt, die erst in den letzten Jahren entstanden ist. Zum anderen werden Menschen mit rechter Gesinnung häufig als homogene Gruppe dargestellt, die klar von anderen Kräften abgrenzbar ist. Und drittens wird durch die immer gleichen Bilder und Beispiele so getan, als hätten die Menschen, die rechtsextreme Einstellungen befürworten, ein bestimmtes Aussehen, bestimmte Wohnorte, ähnliche Wünsche und Lebenssituationen.

Diese etwas verkürzten Darstellungen führen dazu, dass wir das Phänomen des Rechtsrucks nicht komplett verstehen, dass wir nicht das ganze Spektrum wahrnehmen und oft auch falsche Schlüsse ziehen, was gesellschaftlich, psychologisch, politisch zu tun sei. Um es einmal in Kurzform vorwegzunehmen: Die Gruppe, die nach rechts rückt, setzt sich aus Menschen aller Schichten zusammen. Mittlerweile scheint laut neuer Studien beinahe jeder fünfte zum Rechtspopulismus zu neigen. Darüber hinaus ist es nicht neu, dass hierzulande rechtsextreme Tendenzen bestehen. Bereits seit 20 Jahren messen Sozialwissenschaftler und Sozialpsychologen in umfassenden Umfragen eine hohe Bereitschaft, nationalistischen oder rassistischen Haltungen, also latent rechtsextremen Einstellungen, zuzustimmen. Etwa sechs Prozent der Bürger attestieren Sozialwissenschaftler sogar ein geschlossenes rechtsextremes Weltbild.

Latent bei vielen vorhanden

Um das weiter zu konkretisieren: Es gibt verschiedene regelmäßig durchgeführte sozialpsychologische Erhebungen, in denen die Neigung zu rechtsextremen Haltungen in Deutschland gemessen wird. Bekannt sind einerseits die Forschungen des Bielefelder Instituts für Interdisziplinäre Konflikt- und Gewaltforschung, die vom Soziologen Wilhelm Heitmeyer zwischen 2002 und 2011 unter dem Titel »Deutsche Zustände« durchgeführt wurden und die heute von Andreas Zick mit etwas anderen Schwerpunkten und dem Titel »Mitte-Studie« weitergeführt werden. Deren neuste Ergebnisse sind 2019 erschienen. Zum anderen gibt es die Leipziger »Mitte-Studie« des Kompetenzzentrums für Rechtsextremismus und Demokratieforschung, die ebenfalls regelmäßig seit 2002 alle zwei Jahre über 2000 Menschen zu ihren politischen Einstellungen befragt. Die Fragen solcher Erhebungen beziehen sich nicht primär auf aktives politisches Handeln oder auf eine rechtsextreme Gesinnung, die sich im Wahlverhalten, durch Hass-Reden oder Teilnahme an rechten Demonstrationen zeigt. Sie erfassen eher die grundsätzliche innere Bereitschaft, fremdenfeindlichen, nationalistischen oder anti-demokratischen Einstellungen zuzustimmen. Diese drei Faktoren bilden schwerpunktmäßig das Maß für die latente Zustimmung zu rechtsextremen Ideen.

Der prozentuale Anteil derjenigen, die rechtsextremen Einstellungen latent zugeneigt sind, ist seit Jahrzehnten mit kleineren Schwankungen gleich hoch. Exemplarisch herausgehoben sei hier ein älteres, aus dem Jahr 2006 stammendes Ergebnis der Leipziger »Mitte-Studie«. Damals stimmten bereits 39,1 Prozent der Befragten der Aussage »Die Bundesrepublik ist durch die vielen Ausländer in einem gefährlichen Maß überfremdet« vollständig oder überwiegend zu. 2018 waren die Zustimmungswerte zur gleichen Frage ähnlich hoch. Nur war zehn Jahre vorher die öffentliche Reaktion auf diese Zahlen noch eine andere: In der medialen und gesellschaftlichen Diskussion wurde damals oft über die Studienergebnisse aus Leipzig oder Bielefeld gestaunt oder man reagierte mit überraschtem Schrecken darauf, dass so viele Menschen rechtslastig sein sollten. Heute spürt man die abwertende und aggressive Stimmung, die sich aus rechtsextremen Einstellungen entwickeln kann, sehr viel deutlicher. Deshalb wird auch nicht mehr über die Ergebnisse gestaunt – sie lesen sich jetzt eher wie eine Bestätigung der eigenen Wahrnehmung.

Deutliche Zustimmung erhielten in der aktuellen »Mitte-Studie« aus Leipzig auch die Aussagen »Wir sollten endlich wieder Mut zu einem starken Nationalgefühl haben«, die 36,5 Prozent der Befragten befürworteten, oder »Was Deutschland jetzt braucht, ist eine einzige starke Partei, die die Volksgemeinschaft insgesamt verkörpert«, eine Aussage, der immerhin 19,4 Prozent vollständig oder überwiegend zustimmten.

Die durch rechte Demonstrationen, Hasskommentare auf Facebook oder Wahlergebnisse immer wieder spürbar werdende Ausrichtung »nach rechts« ist also mindestens zwei Jahrzehnte alt. Auch der Wunsch nach einer starken, autoritären Führung durch eine einzige Partei, also letztlich nach einer Diktatur, ist schon seit diesem Zeitraum messbar und immer deutlicher in der Öffentlichkeit zu vernehmen. Der Soziologe Wilhelm Heitmeyer, der in seinen Studien ganz ähnliche Ergebnisse messen konnte wie die Leipziger Kollegen aus der Sozialpsychologie, spricht von den »entsicherten Jahrzehnten« und meint damit die Zeit von 2001 bis heute. Spätestens seit der Jahrtausendwende haben wir es also mit einem massiven Rechtsruck zu tun, den wir erst jetzt wirklich mitbekommen. Der Grund dafür liegt auf der Hand. Es gibt einen psychologischen Prozess, der sich aufschaukelt: Durch das politische Klima fühlen sich Menschen mit rechtslastigen politischen Einstellungen immer sicherer und äußern immer offener, was sie denken.

Die Umfrageergebnisse belegen bei genauerer Betrachtung aber auch, dass es neben den gewaltbereiten oder aggressiv kommunizierenden sehr sichtbaren Rechten auch noch eine weniger gut wahrnehmbare Teilgruppe mit entsprechenden Haltungen gibt. Es handelt sich um Bürger, die teils hinter vorgehaltener Hand, teils komplett für sich latent rechtsextreme Einstellungen hegen – manchmal sogar, ohne sich selbst bewusst zu sein, dass ihre Aussagen nach der sozialwissenschaftlichen Definition nicht einfach »konservativ« sind, sondern dem rechtsextremen Spektrum zugeordnet werden müssen. Wie unreflektiert viele Menschen ihre eigene politische Haltung betrachten, mag man auch daran sehen, dass viele AfD-Wähler sich heute nicht etwa als »rechts«, sondern als eine Art desillusionierte »Mitte« darstellen und zum Teil auch wahrnehmen. Das stimmt insofern, als sie mit ihren Einstellungen ganz und gar nicht mehr am Rand der Gesellschaft stehen – sondern mittendrin. Das heißt aber nicht, dass ihre Einstellungen nach sozialwissenschaftlicher Definition »gemäßigt« oder »genau zwischen den Extremen« sind. Ausländerfeindlichkeit und Nationalismus gehören ins Überzeugungsmuster von radikalen Rechten.

**Der wütende, weiße, alte Mann:
Nicht das letzte Wort zum Thema**

Was sind das für Zeitgenossen, die sich rechtsextrem äußern oder entsprechenden Einstellungen zumindest im

Privaten oder in Befragungen immer wieder zustimmen? Welche Menschen tragen wenigstens zum Teil eine Sehnsucht nach einer diktatorischen Staatsform in sich? Eine erste Antwort darauf, die man wagen kann: Auch wenn es »typische Vertreter« und Häufungen in bestimmten gesellschaftlichen Gruppen gibt und das Schlagwort vom »rechten Ostdeutschen« hierzulande oder vom »wütenden, alten, weißen Mann« in den USA tatsächlich rechte Prototypen beschreiben mag, denen jeder schon mal begegnet ist, so sind Lebenssituation, Status, Geschlecht, Bildungsstand und Alter dieser Gruppe dennoch komplett heterogen. Mancher mag diese »Vielfalt« im eigenen Bekanntenkreis oder in der Facebook-Community sehen, ansonsten zeigen auch die sozialpsychologischen Studien das ganze Spektrum. Die nun folgenden Zahlen stammen zum Teil aus den oben genannten sozialpsychologischen Erhebungen, es fließen aber auch Ergebnisse einer Studie des »Instituts der deutschen Wirtschaft« in Köln und Zahlen aus einer aktuellen Infratest-Dimap Befragung mit dem Titel »Wer wählt Rechtspopulisten?« zur Zusammensetzung und Motivation der AfD-Wählerschaft mit ein:

1. **Zum Teil arm, zum Teil wohlhabend.** Dass Menschen, die eher nach rechtsaußen tendieren, mittellos, arbeitslos oder abgehängt sind, stimmt nur zum Teil. Zwar zeigt eine Studie von 2017 zu AfD-Wählern, dass viele von ihnen im Arbeitermilieu und in der unteren Mittelschicht zu finden sind. Andererseits kann eine Studie des Instituts der Deutschen Wirtschaft bereits 2014 belegen, dass ein Drittel der AfD-Befürworter zum reichsten Fünftel des Landes gehört. Und in der Leipziger Mitte-Studie zeigte sich, dass 35 Prozent der

AfD-Wähler ein Nettoeinkommen von 2500 Euro zur Verfügung haben. Es gibt also eine Menge Menschen mit ausländerfeindlichen Tendenzen oder einem Hang zu undemokratischen Ansichten, die ausreichend oder sogar relativ viel Geld verdienen – und in guten gesellschaftlichen Positionen sind. Überraschend: Ausschlaggebend ist laut mehrerer Studien nicht, wie reich oder arm jemand ist. Entscheidend, zum Beispiel für eine Wahl der AfD, ist vielmehr die subjektive Einschätzung, dass das eigene Vermögen oder der eigene Wohlstand bedroht sind.

2. **Mehr Männer, aber auch Frauen.** Eine sich selbst »rechtspopulistisch« nennende Partei wie die AfD wurde zuletzt in der Bundestagswahl zu zwei Dritteln von Männern gewählt. Frauen machen nur einen Anteil von einem Drittel der Wähler aus. Bei den sozialpsychologischen Befragungen zu den generellen rechtsextremen Einstellungen bleiben allerdings die Frauen oft nur knapp hinter den Männern zurück: In der Mitte-Studie von 2018 wurden 22 Prozent der Frauen als manifest ausländerfeindlich eingestuft, bei den Männern waren es nur 4 Prozent mehr. Viele der Frauen mit rechten Einstellungen scheinen also nicht nach ihren politischen Überzeugungen zu handeln oder zu wählen, vertreten ihre Einstellungen eher defensiv und werden so nicht öffentlich sichtbar.

3. **Es sind Alte, vor allem aber Mittelalte.** Bei Pegida-Demonstrationen in Dresden marschieren heute tatsächlich zur Hälfte Menschen mit, die Mitte fünfzig oder älter sind. Bei den AfD-Wählern dominieren dagegen die Menschen mittleren Alters zwischen 30 und 59. Bei den sozialpsychologischen Studien, die rechtsextreme

Einstellungen messen, ergeben sich bei den Jüngeren bis 30 Jahren zwar geringere Prozentwerte als bei Älteren, aber mit 15,5 Prozent Zustimmung zu ausländerfeindlichen Aussagen im Westen und 27,2 Prozent im Osten sind das keine zu vernachlässigenden Werte. Die Ergebnisse deuten durchaus darauf hin, dass eine junge Generation von Rechtspopulisten heranwachsen kann.

4. **Manche sind gebildet, manche weniger.** Studien zeigen, dass sich unter den AfD-Wählern viele Menschen mit mittleren Bildungsabschlüssen befinden. Die Idee, dass Menschen, die nach rechts tendieren, grundsätzlich ungebildet und chancenlos sind, führt also in die falsche Richtung. Dass es auch rechtsextreme Akademiker gibt, zeigt gerade die Diskussion um die neuen rechten Netzwerke, in denen die bekanntesten Vertreter oft über einen hohen Bildungsstatus verfügen und diesen auch offensiv einsetzen, um ihre Ziele zu erreichen. Gebildete Rechte sind allerdings seltener zu offener Gewalt bereit und sind medial oft weniger sichtbar. Wichtig: In einem Punkt siegt Bildung! Menschen mit Abitur tendieren in der politischen Einstellung nur halb so oft in Richtung einer rechten Ideologie wie eine Vergleichsgruppe ohne Abitur.

5. **Nicht nur Ost versus West.** Ländliche Bevölkerung und Menschen aus Kleinstädten wählen mehr »Rechtspopulisten« und haben auch häufiger einen Hang zu stramm rechten Einstellungen. Dies gilt für den Osten wie für den Westen. Die vielen strukturschwachen und ländlichen Gegenden in ostdeutschen Bundesländern stellen allerdings tatsächlich einen großen Teil der AfD-Wähler. Überraschend: In absoluten Zahlen haben

bei der Bundestagswahl 2017 mehr Westdeutsche als Ostdeutsche die AfD gewählt – nämlich 3,9 Millionen.
6. **Sie kommen aus der CDU, SPD und von der Linken.** Ein Teil der Wähler hierzulande ist sehr beweglich. Von denjenigen, die heute ihr Kreuz bei der AfD machen, haben vorher viele CDU gewählt, manche auch SPD, einige die Linke. Grünenwähler wechseln dagegen fast nie zur AfD. Wichtig: Es stimmt, dass die AfD ein Auffangbecken für Nichtwähler ist. Ob deren Wahlverhalten aber zwingend als »Protestwahl« aus Politikverdrossenheit heraus angesehen werden kann, ist nicht klar. Manche Studien legen nahe, dass »mäandernde« Wähler, die mit ihrer rechten Einstellung bisher keine adäquate politische Heimat gefunden haben, nun in der AfD eine Partei sehen, in der sie sich mit ihren Ansichten vertreten fühlen.

Menschen mit rechtsgerichteten Meinungen und Überzeugungen sind also überall in der Gesellschaft zu finden. Es ist wichtig, sich das bewusst zu machen. Der Soziologe Wilhelm Heitmeyer weist jedenfalls in seinen Analysen seit Jahren darauf hin, dass es nicht ratsam ist, die rassistischen, nationalistischen oder chauvinistischen Einstellungen immer wieder nur extremen Gruppen zuzuordnen. Die Tendenz, »dort die neonazistische Verbrecherbande und hier die intakte Gesellschaft« zu sehen, sei kontraproduktiv. So würde nur »gesellschaftliche Selbstentlastung betrieben«.

Heitmeyer rät also, genauer hinzuschauen, sich mit den rechtsextremen Tendenzen der Gesellschaft insgesamt zu beschäftigen und alle, nicht nur bestimmte Ausprägungen, in den Blick zu nehmen. So könnte man Spaltungsprozessen entgegenwirken und darüber hinaus mit diesem Wissen rechte Äußerungen und Haltungen – gerade auch im eigenen Umfeld – gezielter als solche einordnen und ihnen etwas entgegensetzen.

Wenn aber rechte Einstellungen gesamtgesellschaftlich derart verbreitet sind, muss es Ursachen für diese Haltungen geben, die nicht allein in gesellschaftlichen oder politischen Streitfragen liegen, sondern die tiefer gehen. Es muss sozusagen eine »Seele« dieses Phänomens geben, die viele Menschen mit unterschiedlichem sozialen Status und biografischer Herkunft teilen. Daher stellt sich dringend die Frage, welche tieferliegenden psychischen Dynamiken beim aktuellen Rechtsruck am Werk sind.

Gemeinsamkeiten: Der Hang zum Autoritarismus

Es geht hier also um eine Art fehlendes psychologisches Puzzleteil, das bisher möglicherweise übersehen oder in den letzten Jahrzehnten auch nur vernachlässigt wurde. Aber wo soll man suchen? Die Frage nach einer möglichen Verbindung zwischen allen, die nach rechts tendieren, haben in letzter Zeit vor allem Wahlprognostiker gestellt, die mit ihren Vorhersagen oft falsch lagen. Nach der Wahl von Donald Trump 2016 begann der Politikwissenschaftler Matthew MacWilliams von der University of Massachusetts in Anhurst nach einem Faktor zu suchen, der Menschen zu typischen Trump-Wählern machte, und entdeckte etwas Interessantes: Bei der Analyse von Umfragedaten von 1800 Wählern fand er heraus, dass nicht Geschlecht, Alter, Ethnie oder bisherige Wahlpräferenzen den Trump-Wähler kennzeichneten, sondern vor allem der Hang zu »autoritären Einstellungen und Ansichten«. Gemessen wird »Autoritarismus« – den man zum Teil als Ideologie, zum Teil als innerpsychische Prägung verstehen kann – anhand von bestimmten Skalen, die in der Sozialwissenschaft oftmals eingesetzt werden. (Heute wird etwa häufig die KSA-3, die Kurzskala zum Autoritarismus, genutzt.) Wer hohe Werte in solchen Fragebögen hat, der tendiert beispielsweise dazu, »autoritäre Aggression« zu befürworten, wünscht sich also eine Führungsperson oder Führungsmacht, die hart durchgreift und »aufräumt«. Außerdem findet er »autoritären Gehorsam« wichtig, will also, dass sich alle Menschen bereitwillig der Autorität unterordnen. Zum Dritten verlangen sie eine Art »Konformismus«, wollen also, dass Traditionen befolgt werden, sich nichts ändert, die Dinge so gehandhabt werden wie immer. Wer nicht konform geht, so die Einstellung von autoritär tickenden Menschen, der gehöre hart bestraft und ausgegrenzt.

Dieser Faktor scheint nicht nur in den USA bei den jüngsten Wahlen eine entscheidende Rolle gespielt zu haben – und er ist vermutlich auch nicht erst seit kurzem wichtig. »Wer verstehen will, woher die innere Bereitschaft so vieler Menschen kommt, heute eher nationalistischen, rassistischen und anti-demokratischen Stimmen zu vertrauen, der findet die Antwort nur, wenn er sozialpsychologische Theorien heranzieht, die sowohl die gesellschaftlichen Verhältnisse als auch innere psychische Prozesse und deren Verschränkung miteinander erklären«, sagt der Sozialpsychologe Oliver Decker, Direktor des Kompetenzzentrums für Demokratieforschung und Rechtsextremismus an der Universität Leipzig. »Eine solche Möglichkeit bietet das Konzept des Autoritarismus, früher sprach man hier auch vom autoritären Charakter.«

Es gibt also durchaus Hinweise dafür, dass bestimmte innere, mit der Persönlichkeit verbundene autoritäre Dynamiken Menschen nach rechts treiben bzw. rassistischen Einstellungen und Ressentiments den Weg bahnen und sie aufrechterhalten können. Von einem »autoritären Charakter«, ein Begriff, der ursprünglich aus einer umfangreichen Studie des Philosophen und Sozialwissenschaftlers Theodor W. Adorno aus den 1940er-Jahren abgeleitet wurde, spricht man zwar heute nicht mehr. Ein Teil der Dimensionen der damals von Adorno entwickelten Skala zur Messung des autoritären bzw. faschistischen Charakters fließt aber auch in modernere Autoritarismus-Skalen ein. Wer noch mehr zu den Hintergründen von Adornos Studie und seinen Befunden lesen will, sei auf den Kasten auf Seite 35 verwiesen. Relevant und aufschlussreich an der Idee des »autoritären Charakters« ist bis heute, dass viele Menschen psychische Strukturen und Ideologien verinnerlicht haben, die sie ganz klar in Richtung rechtes Denken und rechtsextreme Einstellungen treiben.

Die messbare Zustimmung, die sich in den drei Bereichen »autoritäre Aggression«, »autoritärer Gehorsam« sowie im »Wunsch nach Konformismus« zeigt, wird heute deshalb nicht allein zur Erfassung von autoritären Einstellungen generell verwendet. In den Sozialwissenschaften und der Sozialpsychologie ist man sich einig, dass kein anderer Faktor den Hang zu Rassismus, Menschenfeindlichkeit und rechtsextremen Einstellungen so gut voraussagt wie die Zustimmung zu autoritärer Aggression und autoritärem Gehorsam.

Was aber verbirgt sich genau hinter den Begriffen? Wer »autoritäre Aggression« befürwortet, der akzeptiert laut der »Kurzskala Autoritarismus« beispielsweise die Aussage: »Gegen Außenseiter und Nichtstuer sollte in der Gesellschaft mit aller Härte vorgegangen werden.« Und wer »autoritären Gehorsam« für richtig hält, ist bereit, sich unterzuordnen und stimmt z.B. der Aussage zu: »Wir brauchen starke Führungspersonen, damit wir in der Gesellschaft sicher leben können.« Alle diese Sätze haben sowohl mit Gehorsam als auch mit Aggression zu tun, sie spiegeln eine gewisse Gewalt und Härte wider und enthalten implizit oder explizit den Wunsch nach einem starken, aggressiven Führer.

Wer noch genauer begreifen will, was sich hinter dem Begriff der »autoritären Dynamik« verbirgt, dem bietet der Sozialpsychologe Oliver Decker in einem Interview für die Zeitschrift »Psychologie Heute« das klassische Bild des »Radfahrers« an. »Nach oben wird gebuckelt, es besteht eine Sehnsucht nach klarer Führung und einer harten Hand. Nach unten wird getreten, andere Menschen werden abgewertet, vor allem die, die man als schwächer oder unangepasster wahrnimmt. Dazu kommt, dass man sich selbst verpflichtet fühlt, eine bestimmte Spur nicht zu verlassen, auf dem Rad zu bleiben, weiter zu trampeln.« Eine autoritäre Einstellung hat also immer zwei Seiten: Zum einen zeigt sie sich durch Gehorsam, durch das sich Einordnen, Ducken und Kuschen. Zum anderen durch Aggression: Autoritäten sollen unbedingt hart durchgreifen – und man ist auch selbst bereit, mit Gewalt und Unerbittlichkeit vorzugehen, wenn es sein muss. Im autoritären Prinzip bildet sich daher eine ambivalente Dynamik ab: Sie kippt immer wieder zwischen Kuschen und Austeilen.

Diese innere, psychische Dynamik ist im Moment aktuell wie eh und je. Kann man also sagen, dass Menschen, die sich heute zu rechtspopulistischen und rechtsextremen Einstellungen hingezogen fühlen, die sich manifest oder latent rassistisch äußern oder die Trump-Fans sind, in ihrem Inneren »autoritär« strukturiert sind? Bis zu einem bestimmten Punkt: Ja. Der Hang zur »autoritären Aggression« zeigt sich im Grunde deutlich, wenn man sieht, wie hasserfüllt und hart die meisten Personen wirken, die etwa bei Pegida mitmarschieren oder sich öffentlich negativ über vermeintliche Reizthemen wie Zuwanderung auslassen. Auch Menschen, die sich privat oder in sozialen Medien fremdenfeindlich oder nationalistisch positionieren, zeigen bereits in ihrer Art der Argumentation ein bestimmtes Ausmaß an autoritärer Aggression. Sie drohen Gewalt an und beschimpfen andere, benutzen hochaggressive Metaphern von »Parasiten« und »Säuberung« und fordern im nächsten Satz von denselben Menschen strikte Unterordnung oder mehr Anpassung. Man denke zum Beispiel an empört vorgebrachte Scheinargumente wie: »Die Flüchtlinge kommen einfach hier an, haben nichts geleistet und bekommen mehr als ich, der ich mich seit Jahren diesem Staat gehorsam anpasse – sie haben zum Beispiel alle Handys, die sie von unserem Geld gekauft haben.« Obwohl diese Einschätzung nicht mal ansatzweise dem realen Status und der Situation eines Flüchtlings in Deutschland gerecht wird, entfaltet sich die autoritäre innerpsychische Dynamik – die in den Kategorien Anpassung, Gehorsam und Aggression rangiert – typischerweise gegenüber scheinbar Schwächeren, die aber vermeintlich freier sind, weniger geleistet haben, weniger angepasst sind als man selbst. Rationale Argumente zählen dann nicht mehr viel. Wer autoritäre Prinzipien verinnerlicht hat, bei dem spielt sich beinah alles zwangsläufig in der Logik von Aggression und Gehorsam ab. Es ist schon erstaunlich, dass diese rigide Lebenshaltung heute so oft in der politischen und öffentlichen Diskussion als purer Ausdruck von »Angst und Sorge« gewertet wird – denn hier geht es letztlich eher um Aggression, um das Kleinmachen und Unterordnen anderer.

Zusammenfassend kann man sagen: Eine radikal rechte Position wird sehr oft von einer inneren autoritären Einstellung gestützt. Diese ist nicht einfach eine Meinung, sondern ein tiefer, psychischer Mechanismus. Er entspring dem Wunsch nach einem mächtigen Führer, nach Bestrafung vermeintlich Schwächerer, nach Härte und Kraftdemonstration, an die man sich anschließen und anlehnen kann. Mal drückt sich diese Einstellung in Unterwürfigkeit aus, mal in aggressivem Verhalten und Hass. So unterschiedlich heute verschiedene Befürworter »rechter Einstellungen« wahrgenommen werden, so unterschiedlich sie zum Teil auch sind – die autoritäre Dynamik eint sie. Sie ist der Dreh- und Angelpunkt, wenn man sich mit den psychischen Antrieben Einzelner auf dem Weg nach rechts beschäftigt.

In den nächsten beiden Kapiteln wird es deshalb um die Frage gehen, wo die »autoritäre Einstellung« und die entsprechende innere, psychische Prägung überhaupt herkommen, wie sie für Menschen zu so einem wichtigen inneren System werden konnte und es scheinbar immer noch werden kann. Dabei nehmen wir im kommenden Kapitel einmal – auch mit einem Blick in die deutsche Geschichte – die Familie und ihre autoritären Strukturen unter die Lupe. Das darauffolgende Kapitel beschäftigt sich dann mit der Frage, wie Gesellschaft, Wirtschaft und Staat die autoritären Einstellungen ihrer Bürger in vielen Bereichen fördern – und damit oft ungewollt an der Aufrechterhaltung von autoritären Mustern beteiligt sind. Eins ist klar: Gewaltvolle und autoritäre Muster prägen hierzulande sehr viele Menschen. Und diese Prägungen sind es wiederum, die eine Sehnsucht nach Abwertung anderer und nach einem machtvollen, aggressiven »Führer« überhaupt erst entstehen lassen. Diese innere Dynamik erklärt den Rechtsruck zum Teil besser als Einkommensstatus, Wohnort oder Bildungsstand. Es geht deshalb darum, den inneren autoritären Mechanismus, der viele Menschen antreibt, zu sehen, zu verstehen und sich auch zu fragen, wie man ihn möglicherweise verändern kann.

ZUSAMMENFASSUNG: Was ist wichtig?

1. Auch wenn das Klischee vom »armen, abgehängten Rechten«, möglichst noch aus Sachsen oder Thüringen stammend, eine gewisse Erklärungskraft hat: Rechtsextreme Einstellungen sind ein gesamtgesellschaftliches Phänomen. Frauen, Männer, Junge, Alte, Reiche, Arme, Gebildete und Ungebildete hängen ihnen an. **Was folgt daraus?** Es ist notwendig, sich mit dem Gedanken vertraut zu machen, dass rechte Einstellungen durchgängig in allen Teilen der Gesellschaft zu finden sind.

2. Menschen, die sich latent oder stark zu rechten Ideen hingezogen fühlen und sich rassistisch und nationalistisch äußern, sind innerlich oft »autoritär strukturiert«. Sie befürworten, dass es immer einen Mächtigen geben soll, der seine Autorität aggressiv durchsetzt, sie fordern Gehorsam und wollen, dass Menschen, die von vermeintlich festgelegten Regeln abweichen, hart bestraft werden oder nicht dazugehören dürfen. Das ist der Unterbau einer Ideologie der Abwertung, der Unterdrückung Schwächerer und einer Verherrlichung von Härte. **Was folgt daraus?** Wer verstehen will, was hinter dem Rechtsruck steckt, sollte autoritäre Dynamiken in der Psyche und autoritäre Strukturen in der Gesellschaft genauer wahrnehmen und verstehen. Dabei sollte man bei sich selbst anfangen, dann schauen, wo man diese Tendenzen sonst noch wahrnimmt, und schließlich die gesellschaftlichen Auswirkungen analysieren.

**PSYCHOLOGISCHES WISSEN: Die F-Skala –
Verschiedene Facetten faschistischen Denkens**

Einer der ersten Forscher, der versucht hat, psychologische Dynamiken mit gesellschaftlichen Phänomenen zu verbinden, war Theodor W. Adorno. Der Philosoph und Sozialwissenschaftler gehörte in den 1920er-Jahren dem Frankfurter Institut für Sozialforschung an, das sowohl psychoanalytisch als auch empirisch und sozialwissenschaftlich arbeitete und das maßgeblich von Max Horkheimer und Erich Fromm geprägt wurde. Nach seiner Flucht vor den Nazis in die USA setzte Adorno von dort aus die Institutstradition fort: Er forschte zu den psychologischen und gesellschaftlichen Faktoren, die politische Einstellungen beeinflussen. Unter dem Eindruck der Gräueltaten der Nazis wollte Adorno auf der Grundlage empirischer Erhebungen und Befragungen von US-Bürgern verstehen, welche Faktoren eine Rolle spielen, wenn Gruppen und Gesellschaften einer autoritären oder, wie er es nannte, faschistischen Gesinnung folgen. In seiner Untersuchung stellte er den Menschen und seine Persönlichkeit in den Mittelpunkt. Denn er war überzeugt, dass die politische Einstellung viel stärker von psychologischen und emotionalen Faktoren abhängt, als man gemeinhin vermutet. Er suchte deshalb mit Hilfe seiner Studie nach typischen Einstellungen, Ansichten und Faktoren, die Ausdruck eines »faschistischen Charakters« sein könnten, und nach solchen, die einen eher »demokratischen Charakter« abbildeten. Dafür entwickelte er die so genannte F-Skala zum faschistischen Charakter, die er mit Daten von 2.099 Teilnehmern testete. Er fragte dort etwa ab, ob Menschen zu Rassismus und Vorurteilen neigen, ob sie Gewalt befürworten oder ob sie sich nach einem »starken Führer« sehnen.

Auch wenn die Ergebnisse nicht repräsentativ waren, weil es, gemessen an heutigen Maßstäben, einige statistische Formfehler gab, konnte Adorno eine latente Verbreitung autoritärer Einstellungen bei den US-Bürgern der 1940er-Jahre aufspüren und politische Einstellungen anhand von deren Antworten auf verschiedene eher psychologische Aussagen voraussagen.

Bei der Entwicklung der F-Skala zum »autoritären Charakter« hat Adorno neun unterschiedliche Kategorien entwickelt, von denen sich einige als statistisch nicht aussagekräftig erwiesen. Dennoch lesen sie sich zum Teil wie treffende Beschreibungen von Menschen, die sich rassistisch oder antidemokratisch äußern. Im Folgenden werden deshalb einige Kategorien und beispielhafte Aussagen vorgestellt. Neben den schon im Text erwähnten drei Skalen, die noch heute ihre Gültigkeit in der Autoritarismus-Forschung haben (autoritäre Aggression, autoritärer Gehorsam und Konventionalismus), hat auch die Projektivität, also der Hang zu Verschwörungstheorien, bis heute Voraussagekraft. In neueren Forschungen zum Rechtsextremismus wird mittlerweile der Hang zu einer Verschwörungsmentalität als Einflussfaktor wieder aufgegriffen, etwa in den Bielefelder Mitte-Studien von 2019.

Hier nun die wichtigsten Kategorien zum »faschistischen Charakter«, wie Adorno sie konzipiert hat:

Konventionalismus: Starres Festhalten an konventionellen Wertvorstellungen des Mittelstands. Beispiel-Aussage: »Wer schlechte Manieren und Angewohnheiten und eine schlechte Erziehung hat, kann kaum erwarten, mit anständigen Leuten zurechtzukommen.«

Autoritäre Unterwürfigkeit: Unterwürfige, kritiklose Haltung gegenüber idealisierten moralischen Autoritäten. Beispiel-Aussage: »Wichtige Lehren muss man stets mit Leiden bezahlen.«

Autoritäre Aggression: Tendenz, nach Menschen Ausschau zu halten, die konventionelle Normen verletzen, um sie zu verurteilen, zu bestrafen. Beispiel-Aussage: »Sittlichkeitsverbrechen wie Vergewaltigung und Notzucht an Kindern verdienen mehr als bloße Gefängnisstrafen; solche Verbrecher sollten öffentlich ausgepeitscht oder noch härter bestraft werden.«

Anti-Intrazeption: Abwehr des Subjektiven, Fantasievollen, Sensiblen, Künstlerischen. Beispiel-Aussage: »Wenn jemand Probleme oder Sorgen hat, sollte er am besten nicht darüber nachdenken, sondern sich mit erfreulicheren Dingen beschäftigen.«

Destruktivität/Zynismus: Generalisierende Feindseligkeit, Verleumdung des Menschlichen. Beispiel-Aussage: »Es wird immer Kriege und Konflikte geben, die Menschen sind nun einmal so.«

Projektivität: Die Disposition, an unsinnige und gefährliche Vorgänge in der Welt zu glauben. Beispiel-Aussage: »Die meisten Menschen erkennen nicht, in welchem Ausmaß unser Leben durch Verschwörungen bestimmt wird, die im Geheimen ausgeheckt werden.«

(Zitiert aus: Theodor W. Adorno: Studien zum autoritären Charakter, S. 81-84, Suhrkamp, Frankfurt 2016, 9. Auflage)

KAPITEL ZWEI:
VIEL ANPASSUNG, WENIG FREUDE

Autoritäre Prägungen sind weit verbreitet. Aber woher kommen sie? – Bis in die erste Hälfte des 20. Jahrhunderts wurde in der patriarchalen Familie mit Gewalt und Gehorsam erzogen. Heute ist diese Art »autoritäre Erziehung« zum Glück Vergangenheit. Doch spielt ein ungesundes Maß an Leistungsdruck und Anpassung immer noch in vielen Eltern-Kind-Beziehungen eine Rolle.

Das zweite Kapitel zeigt, wie autoritäre Prägungen in Familien entstehen und verfestigt werden, was bei gewaltvoller Erziehung mit der Psyche passiert – und wie sich solche Erfahrungen auf politische Einstellungen und Forderungen auswirken.

> *»Kinder und Uhren dürfen nicht ständig aufgezogen werden. Man muss sie auch mal gehen lassen.«*
> Jean Paul, 1763-1825, Schriftsteller

In dem langsam erzählten, streng in Schwarz-Weiß gedrehten Spielfilm »Das weiße Band« erzählt der Regisseur Michael Haneke die Geschichte eines Dorfs in Norddeutschland im Winter 1913. Vordergründig geht es um mysteriöse Verbrechen, die in dem ärmlichen, streng protestantischen Dorf verübt werden. So wird etwa der Arzt des Dorfs bei einem durch ein gespanntes Drahtseil verursachten Reitunfall schwer verletzt, später wird ein Kind von Unbekannten misshandelt. Parallel zeigt sich, dass diese Gewaltauswüchse nicht die einzigen sind, die stattfinden: Das ganze Dorf ist von Gewalt durchzogen. Vor allem hinter verschlossenen Türen, in den Familien, in Beziehungen wird sadistisch gequält und erniedrigt. Der protestantische Pfarrer züchtigt seine Kinder mit unfassbarer Kälte, sexuelle Impulse von Jugendlichen werden bestraft und unterdrückt. Der Nachwuchs in diesem sadistisch autoritären Dorf ist längst verstummt. Was sich im Laufe des Films aber immer mehr abzeichnet: Es sind genau diese stummen, mit verschlossenem Blick dargestellten Kinder, die ihrerseits an den Verbrechen im Dorf beteiligt sind. Die Opfer von autoritärer Gewalt und Lustfeindlichkeit sind selbst schon zu Tätern geworden, die Aggression, Härte und Freude am Quälen anderer weitergeben.

Um die Szenerie in Schwarz-Weiß gleich richtig zu verorten, beginnt der Film mit den Worten des Erzählers, eines Dorfschullehrers: »Ich weiß nicht, ob die Geschichte, die ich Ihnen jetzt erzähle, in allen Details der Wahrheit entspricht. Aber dennoch glaube ich, dass ich die seltsamen Ereignisse, die sich in unserem Dorf zugetragen haben, erzählen muss, weil sie möglicherweise auf manche Vorgänge in diesem Land ein erhellendes Licht werfen.« Da die Handlung des Films quasi am Vorabend des Ersten Weltkriegs spielt, scheint durch den Erzählerkommentar eine Brücke geschlagen zur Gewalt und Grausamkeit der Weltkriege, zum autoritären Prinzip von Aggression und Gehorsam. Denn genau das hat das ausgehende 19. Jahrhundert und die erste Hälfte des 20. Jahrhunderts grundlegend geprägt. Auch viele Kritiker sahen in dem Film, der 2009 in Cannes mit der Goldenen Palme ausgezeichnet wurde, ein Lehrstück zur Kinderstube des Faschismus – mal wurde das positiv bewertet, mal als schulmeisterlich kritisiert. Michael Haneke selbst, der übrigens ursprünglich unter anderem Psychologie studiert hat, enthält sich wie schon oft zuvor der konkreten Deutung. Seine Haltung zu seinem Werk: »Der Film ist wie eine Sprungschanze. Springen muss der Zuschauer selbst.«

Wer das tut, findet sich wieder in einer bedrohlichen, beklemmenden Welt, in der Gewalt regiert, Sexualität verteufelt und verdrängt wird. Eine Welt, in der es kaum aushaltbar unterwürfige ebenso wie kaum aushaltbar grausame Personen gibt. Es ist, als hätte Haneke hier Bilder gefunden, die das Wirken des »autoritären Charakters« mit seinen beiden Polen, dem autoritären Gehorsam und der autoritären Aggression, genau nachzeichnen – als Psychogramm eines Dorfes. Auf der einen Seite gibt es etwa die Vaterfigur, die Aggression zeigt, hart straft, kein Mitleid hat. Auf der anderen Seite gibt es die Unterwürfigen und die Geschlagenen, die stillhalten, stumm bleiben, selbst kalt werden. Und die dann im unbemerkten Moment selbst in die autoritäre Aggression kippen und andere verletzen.

Was in dem Film deutlich wird und was für die gesellschaftlichen Strukturen bis in die erste Hälfte des 20. Jahrhunderts gilt: Die autoritäre Prägung entsteht in der Familie, sie wird in patriarchalen Strukturen durch einen aggressiven Vater weitergegeben, der misshandelt und »zum Besten der Kinder« straft. Die Macht des Patriarchen war damals nicht nur gesellschaftlich und juristisch legitimiert, auch durch die Stellung als Alleinverdiener im Haus war er sich seiner Position sehr sicher.

Dass die familiären, gewaltvollen Dynamiken aus »Das weiße Band« uns heute, mehr als vier Generationen später, nicht mehr zeitgemäß vorkommen, versteht sich von selbst. Gesellschaftliches Leben funktioniert jetzt in anderen Strukturen, der Vater hat an Macht verloren, Erziehung ist liberaler geworden, die Welt und das Denken glücklicherweise freier. Dennoch können viele Menschen, die Hanekes Filmbilder sehen, durchaus noch spüren, dass nicht ein rein historisches Interesse sie fesselt. Das autoritäre Erziehungsprinzip und die dahinterliegende Psychodynamik sind zu einem Teil in uns verankert – sie sind uns auch innerlich geläufig.

Denn wie bereits im ersten Kapitel beschrieben, ist Autoritarismus als eine Art innere Logik, die das Leben an Gesten aus Gehorsam und Aggression aufhängt, nach wie vor weit verbreitet. Während man sich für die erste Hälfte des 20. Jahrhunderts und auch noch für die ersten Nachkriegsjahrzehnte gut vorstellen kann, wie Gewalt durch die Familie und den Patriarchen vermittelt wird, erscheint es heute in Zeiten liberaler Erziehung schwer einsehbar, dass Eltern noch ernsthaft autoritäre Prinzipien vermitteln. Doch auch, wenn Familienleben heute ganz andere Formen angenommen hat, setzen sich autoritäre Ideale nach wie vor häufiger durch, als man denkt.

Graue Zeiten, nicht weit weg

In den ersten Versuchen, die Entstehung von autoritärem Denken und Fühlen zu erklären, griffen Wissenschaftler wie Theodor Adorno noch auf Sigmund Freuds Triebtheorie zurück. In den »Studien zum autoritären Charakter« beschrieb er die Dynamik ganz ähnlich, wie Haneke sie in seinem Film so qualvoll aufblättert: Es gibt einen strengen Patriarchen, um den herum die Familie organisiert ist, Kinder müssen der Autorität gehorchen, sind Gewalt und Angst ausgesetzt, bekommen dafür aber auch Schutz. Der innere autoritäre Mechanismus verselbständigt sich dann – angelehnt an Freud – folgendermaßen: Wer sich unter einer Autorität anpassen muss und das auch tut, ist einerseits geborgen, andererseits sehr oft wütend, ängstlich, frustriert, denn viele eigene lebendige Impulse, Lust oder Freude muss man in dem System unterdrücken, aufwieglerisch und stark darf man nicht sein. Die aggressiven Emotionen stauen sich über Jahre auf, dürfen sich aber nie gegen den eigentlichen Verursacher richten, denn der ist viel zu stark. Doch irgendwo müssen sie sich entladen. Das trifft dann oft vermeintlich Schwächere, die gerade da sind. Oft aus gesellschaftlichen Gruppen, die ohnehin ungestraft als Sündenböcke gesehen und adressiert werden dürfen. Und wenn der autoritär zurechtgestutzte Nachwuchs dann irgendwann selbst mehr Macht bekommt, hat er endlich Gelegenheit, nicht nur »autoritären Gehorsam« zu zeigen, sondern immer mehr in Richtung »autoritäre Aggression« zu agieren. Wer so aufgewachsen ist, distanziert sich später nur schwer vom Gewaltprinzip. Um Ertragenes überhaupt dauerhaft auszuhalten, gibt es eine »Identifikation mit dem Aggressor«, die oft lebenslang bestehen bleibt. Die nächste Generation von autoritär agierenden Menschen ist dann auf dem Weg. Dass die autoritären Grundmuster so über Generationen eingeübt und weitergegeben werden, mag wenigstens zum Teil erklären, warum der regressive Ruf nach starken Führern, die gleichzeitig strafen und Geborgenheit geben, nach wie vor Teil unserer seelischen Ausstattung und dementsprechend eine Forderung in der politischen Landschaft ist.

Wenn man sich durch die Generationen hindurch orientiert, dann wird klar, dass Menschen, die heute 70 oder 80 Jahre alt sind, die Prägungen klassischer autoritärer Familien zum Teil noch mit voller Wucht erfahren haben. Die Generation der Kriegskinder und Nachkriegskinder gilt heute als die »geprügelte Generation«, die von oft überforderten Müttern oder frustrierten Kriegsverlierer-Vätern mit Teppichklopfern, Rohrstöcken und Gürteln verprügelt wurde. Die Journalistin Ingrid Müller-Münch hat über diese traumatisierenden Szenen, die eine autoritäre Prägung natürlich stark vertiefen, ein Buch geschrieben und weist darauf hin, dass in diesen Kindheitsszenarien der 1940er-, 1950er- und 1960er-Jahre auch die nationalsozialistische Ideologie von Härte und Disziplin mitschwang und zum Teil weiterlebte. (Siehe Kasten Seite 59.) Auch etwas jüngere Alte ab 60 haben solche autoritären Prägungen zu Hause zum Teil noch erlebt. Wie selbstverständlich die Härte der Erziehung in den Nachkriegsjahrzehnten noch vom NS-Ideal geprägt war, sieht man auch daran, dass das Buch von Johanna Haarer »Die deutsche Mutter und ihr erstes Kind«, das zu Zeiten des Nationalsozialismus der empfohlene Ratgeber für die Kindererziehung war, noch bis in die 1980er-Jahre gut verkauft wurde. Dort wird unter anderem gepredigt, dass Mütter ihre Kinder möglichst nicht hochheben und trösten sollen, wenn sie weinen, das verweichliche sie. Außerdem empfiehlt das Buch, eigensinnige Kinder sofort zu isolieren und den starken Willen wenn möglich sofort zu brechen. Diese über Jahrzehnte immer wieder propagierte und dann auch eingeübte mütterliche Härte hat sich möglicherweise ebenso hartnäckig über Generationen weitergeschleppt wie die vielbesprochene körperliche Gewalt. Jedenfalls beobachten Psychotherapeuten bis heute, dass viele Klienten unter einer kalten und wenig zugewandten Beziehung zur Mutter oder auch zum Vater leiden oder wenigstens in der Kindheit darunter gelitten haben. Immer wieder gibt es übrigens auch gegenwärtig einen Teil von psychotherapeutischen Klienten, die massive Traumatisierungen durch prügelnde Elternteile erfahren haben. Auch wenn die autoritären Erziehungsstile nun seit einigen Jahrzehnten verpönt sind, Kälte, mangelnde Zuwendung und autoritäre Gewalt sind in der Gruppe der jetzt 30- bis 40-Jährigen immer noch spürbar und erlebt worden. Und wenn man bedenkt, dass über fünfzig Prozent der hiesigen Bevölkerung über 40 Jahre alt sind, kann man nachvollziehen, wie viele Menschen durchaus noch »klassische« autoritäre Prägungen und Einstellungen zu Hause mitbekommen haben.

Viele Frauen und Männer, die jetzt selbst Eltern sind, diskutieren mit den eigenen Eltern immer mal wieder den Erziehungsstil: Oft sind heutige Großmütter und Großväter, die nun 60 bis 80 Jahre alt sind, der Meinung, dass die jüngere Generation die Kinder »verzärtele«, ihnen zu viel »Raum« und Freiheiten gebe oder sie zu »Tyrannen« erziehe. Auch wenn so eine Kritik im Einzelfall berechtigt sein kann, hier spricht durchaus immer noch eine ursprünglich autoritär geprägte Generation, die eine ganz andere Härte für wichtig hält und die verwundert ist über eine jüngere, eher liberale Art der Elternschaft.

Subtile Mechanismen von Anpassung und Leistung

Mittlerweile hat sich am alten Erziehungsstil von Härte, Gewalt und Gehorsam also tatsächlich viel geändert.

Seit dem Jahr 2000 – letztlich erstaunlich spät – gilt das »Grundrecht auf gewaltfreie Erziehung für Kinder«, das gesetzlich festlegt, dass Kinder heute nicht mehr von den Eltern geschlagen werden dürfen. Und kaum ein jüngeres Elternteil würde heute noch ernsthaft mit Prügelstrafen erziehen wollen, auch wenn der Kinderschutzbund erfasst hat, dass auch heute noch zehn Prozent aller Kinder körperlich misshandelt werden. Allerdings oft nicht, weil die Eltern das gut und richtig finden, sondern weil sie überfordert sind und mit den eigenen Emotionen nicht umgehen können. Insgesamt bedeutet dies, dass wir aus den traditionellen autoritären Erziehungsmustern nach und nach ganz herausgewachsen sind. Dass wir trotz aller politischen Rückschläge, die gerade zu sehen sind, in den letzten Jahrzehnten in einer liberaleren Gesellschaft angekommen sind, mag auch mit dieser schrittweisen Veränderung von Erziehungsstilen zu tun haben und kann uns hoffnungsvoll stimmen.

All das heißt allerdings nicht, dass autoritäre Mechanismen aus der Erziehung ganz verschwunden sind, so Angela Moré, Gruppenpsychoanalytikerin und Professorin für Sozialpsychologie an der Universität Hannover. Nur weil die frühen psychodynamischen Erklärungsversuche – prügelnder Vater, prügelnder Nachwuchs – heute nicht mehr in die Zeit passen, heiße das nicht, dass das Grundprinzip der autoritären Dynamik hinfällig geworden sei. Moré sagt in einem Interview für »Psychologie Heute«: »Es ist sicher, dass durch autoritäre Strukturen in Familie und Gesellschaft auch weiterhin starke Entwicklungsverzerrungen auftreten können.« Es gilt, ein bisschen genauer hinzuschauen. Wo immer mit Zwang erzogen wird, wo immer man Kinder als eine Art Tyrannen sieht, deren wilde und eigenständige Impulse von Anfang an gebogen und im Zweifel auch gebrochen werden müssen, ist ein autoritäres und gewaltvolles Prinzip am Werk, auch wenn es mit den ursprünglichen Schwarz-Weiß-Bildern aus dem »Weißen Band« oberflächlich gesehen nichts mehr zu tun hat.

Wenn man verstehen will, wo sich eine gewaltvolle und deshalb auch autoritäre Erziehung heute noch vollzieht, kann man zunächst einmal anfangen, die veraltet wirkenden Begriffe »Gewalt« und »Gehorsam« in die moderneren Kategorien »Anspruch« und »Anpassung« zu überführen. Laut Angela Moré sind etwa alle Milieus, in denen Kindern sehr viel Leistung abverlangt wird, in denen Kinder vor allem funktionieren müssen, weil die Eltern ehrgeizig sind oder auch, weil sie selbst permanent abwesend sind und arbeiten, letztlich autoritäre Milieus. »Wo Kindern gesagt wird, dass sie unauffällig bleiben sollen, dass sie stets und von Anfang an gute Leistungen bringen sollen und nichts anderes akzeptabel ist, werden autoritäre Prinzipien eingeübt«, so Moré. Die Folgen dieser autoritären Prägung gleichen denen von früher: Wo Kindern viel abverlangt wird, wo sie nicht um ihrer selbst willen geliebt oder akzeptiert werden, müssen sie nach wie vor viel Frust und Aggression verarbeiten. Und diese schlägt sich weiterhin oft dort nieder, wo man Schwächere gängeln kann oder wo man auf andere herabblickt.

Man mag ein Denken in diese Richtung vielleicht etwas befremdlich finden angesichts der Diskussion um Helikopter-Eltern, die alles für ihre Kinder tun, oder auch angesichts von Eltern-Kind-Szenen, die sich in Restaurants oder Supermärkten immer wieder beobachten lassen und bei denen der Eindruck entsteht, dass Kinder heute viel dürfen, vielleicht sogar zu viel. Doch man kann dem entgegenhalten, dass dies nur ein Teil der Wahrheit ist: Auch aufgrund von gesellschaftlichen Strukturen (mehr dazu in Kapitel drei) sind Kinder und auch Erwachsene heute tatsächlich einem erheblichen Leistungsdruck ausgesetzt, der von den Eltern selbst als bedeutsam erlebt wird – und der dann auch auf die Ansprüche an die Kinder übertragen wird. Eltern sind heute permanent im Stress und in Sorge, der Nachwuchs möge in der komplexen Welt funktionieren und zurechtkommen. Ein einziger Blick im eigenen Bekanntenkreis reicht, um einzuschätzen, wie viele Eltern aus dem Wunsch, »das Beste für die Kinder zu wollen«, viel zu viel Druck ausüben – und dabei je nach Persönlichkeit natürlich auch in autoritäre Mechanismen verfallen. Ein Extrembeispiel und eindrucksvoller Beleg für diese Entwicklungen sind die Schilderungen des Jugendpsychiaters Professor Michael Schulte-Markwort, der in seiner Ambulanz für Kinder und Jugendliche an der Universitätsklinik in Hamburg-Eppendorf heute bereits Grundschulkinder und Vorpubertäre mit Burnout behandelt, die massive Versagensängste oder depressive Symptome erleben, weil sie nur noch lernen oder zumindest das Gefühl haben, ständig funktionieren zu müssen. Auch wenn dies Extreme sind, zeigt sich, dass Druck und die permanente, oft implizite Leistungsanforderung eine neue autoritäre Dynamik von »Leistungsanspruch« und »Anpassung« gebahnt haben, die auch ohne einen prügelnden Patriarchen auskommt.

Funktionieren, statt lebendig zu sein

Um die modernen Mechanismen von autoritären Prägungen besser begreifen zu können, bedarf es allerdings einer weiterentwickelten tiefenpsychologischen Theorie zum Thema. Angela Moré sieht hier etwa als eine zeitgemäße psychodynamische Verdeutlichung den Begriff des »falschen Selbst«, ein Konzept, das auf den britischen Kinderarzt und Psychoanalytiker Donald Winnicott zurückgeht. Was hat es damit auf sich? Die Theorie geht davon aus, dass Kinder, die sich von klein auf nicht individuell entfalten dürfen, die viel leisten und funktionieren müssen, nicht der Frage nachgehen dürfen, wer sie selbst sind, oder eigene Wünsche nach Zuneigung nicht bedingungslos »beantwortet bekommen«. Sie entwickeln mit der Zeit eine Art »falsches Selbst« – eine angepasste und erwünschte Schablone, die immer weiter wegführt von einem »echten«, persönlichen Selbst, das kindliche Bedürfnisse und eigene, eigensinnige Ideen entwickeln kann. Den Eltern ist oft nicht einmal bewusst, dass sie die Entwicklung ihrer Kinder mit lauter Bedingungen oder Forderungen torpedieren, oft sind sie selbst autoritär erzogen und mussten wenigstens zum Teil ein »falsches Selbst« entwickeln. Eltern fordern deshalb selten offen von ihren Kindern, so oder so zu sein, besonders viel zu leisten oder gefälligst ohne sie klarzukommen. Doch subtil geben sie etwa durch eine verschlossene, kalte Miene, durch Schweigen, Herablassung und Liebesentzug eine Richtung vor, sanktionieren eher chaotische oder lustvolle Impulse ihrer Kinder und drängen sie so in die angepassten Schablonen eines »falschen Selbst«. All das läuft, wie gesagt, nicht mehr so deutlich sichtbar ab wie vor 100 Jahren – doch subtile Anpassungsforderungen werden in vielen Familien stetig und täglich weitergegeben.

Ein griffiges Beispiel wäre eine Familie, wie man sie in Großstädten wie Hamburg, München oder Köln oft antrifft: Beide Eltern sind erfolgreich im Beruf, beide sind ehrgeizig, sagen vielleicht von sich, »dass sie ein bisschen perfektionistisch und hart zu sich selbst sind«, und nehmen auch Sport oder Musizieren wichtig. Erziehen diese Eltern nun ein Kind, das vielleicht nicht vom ersten eigenen Schritt an einen Fußball kickt, nicht schnell oder besonders aufgeweckt erscheint, sondern lieber ruhig herumsitzt, sich wenig bewegt und interessiert, werden Eltern, die selbst leistungsorientiert sind und autoritär ticken, möglicherweise versuchen, das Kind zu einem aufgeweckten und vielleicht auch zu einem sportlichen Kleinkind zu machen. Oft gelingt das im Laufe der Jahre sogar. Der Preis dafür ist aber, ohne dass es die Eltern gewollt oder bewusst bemerkt hätten, dass sich ihr Kind früh sehr stark an die elterlichen Wünsche anpasst.

Dieses Beispiel illustriert zwar den Mechanismus, reicht allerdings noch nicht aus, um ein geradezu pathologisches »falsches Selbst« zu erklären. Vollzieht sich das Prinzip des »in Richtung des Erwünschten und Konformen Biegens« aber in mehreren Lebensbereichen und fängt es schon bei kleineren Kindern im Kindergarten-, Vorschul- oder frühen Grundschulalter an, bildet sich bei den Kindern viel angestauter Frust und Wut, die oft hinter falschen Selbstanteilen verborgen werden. Die Folge: Das Kind weiß nicht genau, wer es ist, hat oft kein stimmiges Gefühl für sich und wenig natürliches Selbstvertrauen. Es muss sich verbiegen und beweisen. Es muss sich zusammenreißen und darf wenig Schwäche zeigen. Die eigene Bedürftigkeit oder der Wunsch nach Nähe wird bei diesen Kindern – wie bei der klassischen autoritären Erziehung auch – immer weiter in den Hintergrund treten und auf Dauer abgespalten. So fühlen Kinder mit hohen falschen Selbstanteilen ihre Bedürfnisse nach Nähe, Ruhe, Schutz oder dem Zulassen von Schwächen nicht mehr gut, sie haben keinen Zugang mehr dazu. In der Folge sprechen sie diese Gefühle mit einer größeren Wahrscheinlichkeit auch anderen ab. Wie in der klassischen autoritären Dynamik werden Kinder und Heranwachsende dann irgendwann das erlittene Prinzip – Anpassung, Gehorsam, Leistung, nicht jammern – auch auf andere übertragen. Sie haben wenig Empathiefähigkeit für sich selbst gelernt und somit auch nicht für andere.

Irgendwann kehrt sich dieses Prinzip dann nach außen und wird weitergegeben: Wenn ein Jugendlicher oder auch Erwachsener, der im Sinn eines falschen Selbst erzogen ist, auf Menschen trifft, die schwächer sind und Hilfe brauchen, dann wird es schwieriger, Mitgefühl zu entwickeln. Wer selbst nicht sehr viel Mitgefühl erfahren hat, kann auch nur schwer eigene Schwäche eingestehen – warum sollte man es also bei anderen tun? Ein prototypisches Beispiel hierfür wäre ein nur mäßiges Mitgefühl mit Geflüchteten, die nach einer entbehrungsreichen und lebensgefährlichen Odyssee in Deutschland ankommen. Wer selbst das Gefühl hat, ständig alles Mögliche zu entbehren, und »hart« und »maskenhaft« auftritt, der wird auch für andere nicht so leicht Einfühlung aufbringen, sondern eher Wut oder Ärger entwickeln.

Ein bisschen »falsches Selbst« schadet nicht

Das Konzept des »falschen Selbst« ist, anders als die klassische Dynamik des »autoritären Charakters«, offener. Das heißt: Beinahe jeder wird im Laufe seiner Erziehung auch »falsche Selbstanteile« entwickelt haben und zum

Teil auch haben müssen, um in der Gesellschaft zurechtzukommen. Daneben existieren aber immer noch genug andere Anteile, die zum eigenen Selbst gehören, die man als kraftvoll und stimmig erlebt und für die man sich geliebt fühlt oder früher fühlte. Die Dynamik, die Angela Moré beschreibt, zeigt dennoch: Wenn es durch die familiäre Prägung ein Zuviel an falschen Selbstanteilen gibt, dann entsteht ein mehr oder weniger geschlossenes maskenhaften Selbst. Wer so weit von der eigenen Lebendigkeit und inneren Wahrheit wegerzogen wurde, dem fehlt es nicht nur an Empathie sich selbst und anderen gegenüber. Das funktionale, also »falsche« Selbst wurde dann in so vielen Aspekten angenommen, dass man nicht einmal mehr seine eigenen emotionalen Bedürfnisse ahnt. Und auch den in der Kindheit und Jugend erlebten Mangel – z.B. nicht so geliebt zu werden, wie man ist – kann man gar nicht mehr bewusst spüren. Das führt zu einem eklatanten und unbemerkten Selbstwertproblem. Umso wichtiger wird es in diesem Stadium, über Abwertungen und Verurteilungen anderer den Selbstwert zu stabilisieren.

Interessanterweise bekommt man mit Winnicotts Theorie vom »falschen Selbst« nicht nur ein gutes Gefühl für Abstufungen in der Dynamik, sondern sieht auch eher Ansatzpunkte für Veränderung: Wenn wir alle eine Mischung aus »falschen« und »echten« Selbstanteilen in uns tragen, kann ein Ausbau der echten Selbstanteile, die man vielleicht als erwachsenes, eigenes Selbst sehen kann, dazu führen, dass man Mechanismen von Perfektionismus und Unerbittlichkeit sich selbst und auch anderen gegenüber differenzierter wahrnimmt und eher abpuffern kann. Ein Bekannter von mir, Leiter einer Stiftung und vom Typ her sehr sozial und sehr ehrgeizig, gestand mir vor einiger Zeit, dass er immer, wenn er plötzlich merke, dass er keine Lust mehr habe, einem Bettler Geld zu geben und sich bei einem Gedanken ertappe wie »Soll der doch einfach selbst mal hart arbeiten«, daran sofort erkennen könne, dass er selbst komplett überarbeitet sei und sich, gemäß seiner eigenen familiären und sehr autoritären Prägung, gerade mal wieder zu viel abverlange. Für ihn sei diese Meldung aus dem »falschen Selbst« ein Warnzeichen, das mittlerweile beinahe zur Burnout-Prophylaxe geworden sei. Ihm sei das ein Signal, Pause zu machen oder sich zu fragen, was er gerade selbst brauche, statt sich in Abwertung und Wut auf andere zu flüchten. Wenn ihm das klar sei und er anfinge, sich um sich selbst zu kümmern, z.B. durch Joggen-Gehen oder einen Abend vor dem Fernseher, dann verschwände der Groll schnell wieder und er könne auch wieder Mitgefühl empfinden. Diese Art der Selbstreflexion ist ein guter erster Schritt, um mit eigenen abwertenden, autoritären Impulsen umzugehen. (Mehr zum Thema Selbsterkenntnis und Umgang mit eigenen autoritären Impulsen folgt in Kapitel neun.)

Eine Auseinandersetzung mit den Anteilen des falschen Selbst lohnt sich also für jeden. Und erst recht für jeden, der während des Lesens dieses Kapitels den Eindruck gewonnen hat, selbst im Sinne einer rigiden, autoritären Dynamik geprägt oder mit sehr viel Leistungsdruck in ein »falsches Selbst« hinein erzogen worden zu sein. Angela Moré ist jedenfalls der Ansicht, dass auch Menschen, die extrem autoritär geprägt sind und dies zum Beispiel auch in ihren rechtsgerichteten politischen Einstellungen ausdrücken, durch eine Auseinandersetzung mit »falschen

Selbstanteilen« wachsen und autoritäre Pfade verlassen können. »Es gibt hier keinen Determinismus«, sagt Moré. Man kann das falsche Selbst verkleinern, es durch mehr »echte« Selbstanteile ersetzen. Man kann lernen, mitfühlender zu werden oder die eigenen Aggressionen zu spüren. Man kann sogar lernen, zu erspüren, wann man anfängt, andere massiv abzuwerten oder abzukanzeln – und verstehen lernen, was das mit der eigenen Prägung zu tun hat. Unzählige Menschen sind solche Wege schon gegangen. Oft auch, indem sie in Psychotherapien oder Beratungen mit jemandem gesprochen haben, der ihnen zuhörte oder das Gefühl gab, erwünscht zu sein.

In der Dokumentation »Exit – Mein Weg aus dem Hass« hat die norwegische Filmemacherin Karen Winther den sehr bekannten Neonazi-Aussteiger Ingo Hasselbach befragt. In den 1990er-Jahren war er der Kopf einer Ostberliner Skinheadgruppe, wurde in der Zeit schon einmal ein ganzes Jahr lang von einem Filmemacher begleitet, der verstehen wollte, was ihn zu seinem Hass und seinen Taten antrieb. Hasselbach, das zeigen Ausschnitte aus den damaligen Interviews, hatte eine typische Agenda eines verwahrlosten und vernachlässigten Jugendlichen hinter sich, der sich ohne viel elterliche Fürsorge durchschlug – und dies bald auch ganz wörtlich. Er agierte gewalttätig und abwertend, trat nicht als ein Opfer auf und wurde in dem Film auch nicht als eines dargestellt. Doch durch das Jahr mit dem Filmemacher, der sich für ihn interessierte und der ihn in den Interviews immer wieder zur Reflexion über seine politischen Ansichten zwang, stellte sich für Hasselbach irgendwann eine Veränderung ein. Er merkte zum einen, dass jemand ihm seine menschenverachtende und gewaltverherrlichende Gesinnung nicht durchgehen ließ, zum anderen aber auch, dass jemand ihn »als Mensch« wahrnahm. Über den Austausch – den man mit einer Psychotherapie nicht vergleichen kann, aber in dem es einen hohen Grad an gegenseitiger Aufmerksamkeit gab – konnte Hasselbach tatsächlich mehr von sich selbst und seinen inneren Dynamiken verstehen. Er wurde nach Ende des Drehs entschiedener Aussteiger und gründete »Exit«, ein Programm für Menschen, die der rechtsextremen Szene den Rücken kehren wollen. Er hat sich also während der Zeit auf einige und echte Selbstanteile besonnen und setzt diese heute ein. Dennoch deutet er auch an, dass die innere Auseinandersetzung mit dem Thema für ihn niemals aufhören wird.

Zurück zum Versorgtwerden

Die Geschichte von Ingo Hasselbach ist natürlich idealtypisch und spektakulär und wohl auch deshalb oft zitiert und später sogar noch als Spielfilm verarbeitet worden. Doch jeder kann als Kernidee mitnehmen, dass es sich lohnt, die Anteile des »echten Selbst« zu stärken und unabhängiger von autoritären Impulsen und dem Ruf nach Autoritäten sowie nach Recht und Ordnung zu werden. Und zwar sowohl unabhängiger von den Prägungen der eigenen Eltern als auch von den autoritären Versprechungen einiger Politiker.

Häufiger sieht man im Augenblick allerdings, dass viele Menschen – die wahrscheinlich auch familiär autoritär geprägt sind – verstärkt in eine Art psychische Regression fallen, also sich öffentlich in eine kindliche Position begeben, wo sie so agieren, als müssten sie weder für ihre hasserfüllten Äußerungen noch für ihre Wünsche, von anderen versorgt und geführt zu werden, Verantwortung übernehmen. Man spürt in den öffentlichen Äußerungen von Menschen, die sich zu rechtsextremen Positionen hingezogen fühlen, zum Beispiel oft eine gewisse Forderungshaltung, andere mögen dafür sorgen, dass sich etwas im Land oder sogar in ihrem ganz persönlichen Leben verändere. Solange das nicht der Fall sei, würden sie eben auch weiter ihren Hass und ihre Aggression zeigen, so die Argumentation. Das kann absurde Blüten treiben, wie etwa im Fall eines Pegida-Befürworters aus Sachsen, der vor einiger Zeit der SPD-Abgeordneten und Ministerin für Gleichstellung und Integration, Petra Köpping, eine Postkarte schrieb, auf der er ihr sagte, er würde aufhören, bei Pegida mitzumarschieren, wenn sie dafür sorgen würde, dass er eine Frau finde. Denn, so der reale Hintergrund, in den strukturschwachen Gebieten, oft nahe der Grenze zu Tschechien, gibt es mittlerweile einen Männerüberschuss, der es tatsächlich vielen schwer macht, eine Partnerin zu finden. Dieses Beispiel, das unter anderem in einem Artikel in der New York Times mit unterschwelligem Spott geschildert wurde, zeigt durchaus, dass der klagende Mann irgendwo schon ahnt, was er »eigentlich« – also für sein »wahres Selbst« – brauchen würde: eine Beziehung, Nähe, Liebe und so weiter. Insofern ist er im Gegensatz zu anderen rechten Protestlern möglicherweise schon einen entscheidenden Schritt weiter. Doch die Idee, dass eine Politikerin dieses sehr persönliche Problem für ihn lösen möge, zeigt auch, welche Position man sich hier von Staat oder Politik wünscht: die einer versorgenden und allumfassenden Macht, die alle persönlichen Bedürfnisse sieht und befriedigt. Ein Wunsch, der für ein Kind seinen Eltern gegenüber angemessen wäre, aber nicht für einen erwachsenen Bürger. Es ist ein dringender Wunsch nach Vater Staat. Oder »Mutti« Merkel – die man nicht mehr respektiert, wenn sie nicht alles so richtet, wie man es erhofft hat.

Dass autoritäre Prägungen – seien sie nun im Sinn von gewaltvoller Erziehung oder einer Einpassung in ein falsches Selbst erfolgt – niemals die »erwachsenen« und eigenständigen Anteile einer Person fördern, wird an einem Beispiel wie diesem deutlich. Ebenso kann man auch sagen, dass autoritäre Denkmuster niemals die demokratischen Anteile einer Gesellschaft fördern, denn sie sind ja letztlich das Gegenteil. Es ist deshalb durchaus angebracht und demokratieförderlich, wenn Menschen sich zu selbstbestimmten, mündigen, freien Individuen entwickeln können.

Das heißt natürlich – verkürzt zusammengefasst –, dass eine möglichst liberale, freie Erziehung, bei der Kinder schon lernen, selbstbewusst zu ihren eigenen Stärken und Bedürfnissen zu stehen, eine Demokratisierung der Gesellschaft fördern würde. Einige Pädagogen und Kinderärzte, etwa der Autor Herbert Renz-Polster, argumentieren ganz klar in diese Richtung. In seinem Buch »Erziehung prägt Gesinnung« beschreibt er unter anderem, dass eine liebevolle Erziehung, die falsche Selbstanteile möglichst gering hält und nicht zu ehrgeizig ist, Empathie-Fähigkeit und Selbstvertrauen stärkt – und damit autoritäre Impulse und Wünsche nach einem starken Führer oder nach der Abwertung anderer schwächer werden lässt. Interessant an Renz-Polsters Ausführungen ist, dass er die liebevolle Bindung noch weit vor das Thema Bildung stellt. Das scheint mir eine bisher zu selten formulierte, aber sehr berechtigte Meinung: die autoritäre Prägung und das »falsche Selbst« werden jedenfalls durch Bildung allein nicht aufgelöst werden.

Wer all das, was jetzt über familiäre Prägungen gesagt wurde, auf die Formel »Wir brauchen mehr Liebe, dann ist alles gut« bringen will, der hat vielleicht noch nicht einmal komplett Unrecht. Nur: So einfach und monokausal ist es eben auch nicht. Vor allem auch deshalb nicht, weil wir in einer Gesellschaft leben und nicht nur auf den Mikrokosmos unserer familiären Bindungen beschränkt bleiben. Autoritäre Prägungen finden heute auch und vielleicht mittlerweile sogar hauptsächlich im institutionellen Rahmen von Schulen, Behörden sowie Gerichten und Firmen statt und werden auch im öffentlichen und medialen Diskurs verfestigt. Da ist Liebe nicht die Antwort auf alle unsere Fragen. Eher geht es darum zu verstehen, wie autoritäre Prinzipien durch die Gesellschaft vermittelt werden und was wir aktiv tun können, wenn wir mehr demokratische und nicht autoritäre Ideen im Land generieren wollen. Darum geht es im folgenden Kapitel.

ZUSAMMENFASSUNG: Was ist wichtig?

1. Die »autoritäre Erziehung« des frühen 20. Jahrhunderts – mit Prügel, Kälte, Lustfeindlichkeit – wirkt teilweise bis heute nach und fördert autoritäre Einstellungen und Hass. Auch in der modernen, liberalen Erziehung findet man noch autoritäre Dynamiken: Leistung, Anpassung und eine Art »falsches Selbst« werden oft vom Nachwuchs gefordert. All das führt dazu, dass nicht demokratische, sondern autoritäre Prinzipien attraktiv bleiben. **Was folgt daraus?** Kinder und Jugendliche so zu erziehen, dass sie nicht nur »funktionieren«, sondern auch »selbstbestimmt leben« lernen, ist eine wichtige Voraussetzung, wenn wir Hass und autoritäre Aggression reduzieren wollen.

2. Sehr viele Menschen sind heute zumindest zum Teil autoritär geprägt, haben zu Hause Härte, Kälte oder hohen Leistungsdruck erfahren. Wer seine eigene Geschichte versteht, kann als Erwachsener oft weniger rigide sein und eher erkennen, wann man auf andere letztlich grundlos aggressiv und unerbittlich reagiert. **Was folgt daraus?** Es lohnt sich, eigene autoritäre Prägungen und Mechanismen zu kennen und zu verstehen und abwertenden Impulsen bewusst entgegenzutreten. Jeder hat die Wahl.

3. Wer in einem ungesunden Maß in einem »falschen Selbst« lebt, sich also quasi kaum individuell entwickelt hat, sondern sich aus Angst oder Mangel an anderen Möglichkeiten sehr an die Wünsche der Eltern oder Autoritätspersonen angepasst hat, der neigt eher zu autoritärer Aggression, zur Abwertung anderer und zu Empathielosigkeit. Oft wissen Menschen mit einem derart ausgeprägten falschen Selbst nicht mal, dass ihnen früher Zuwendung oder Zuspruch gefehlt haben. **Was folgt daraus?** Besonders aggressive und hasserfüllte Personen – belegt ist das etwa für jugendliche Rechtsextreme – können ihren Hass oft nicht mit einem Mangel an Selbstvertrauen in Verbindung bringen. Die Prägung sitzt zu tief, um sie zu überschauen. Viele rigide denkende Personen werden die psychologischen Zusammenhänge zum Thema deshalb wahrscheinlich als Unsinn abtun. Wer aber ein emotionales Packende findet oder spürt, dass an der Dynamik etwas dran sein könnte, kann vom psychologischen Wissen profitieren.

PSYCHOLOGISCHE HINTERGRÜNDE: Die häusliche Gewalt der Nachkriegsjahre

In ihrem Buch »Die geprügelte Generation« beschreibt die Journalistin Ingrid Müller-Münch, dass vor allem Menschen, die in den späten 1940er-Jahren oder in den 1950er- und 1960er-Jahren geboren wurden, oft noch Opfer von häuslicher, elterlicher Gewalt wurden. Der Nachwuchs wurde damals oft mit Teppichklopfern, Gürteln und Stöcken verdroschen, häufig mit der Begründung, dass »dies das Beste für die Kinder« sei, vielfach aber auch sadistisch motiviert und oft von starken Impulskontroll-Verlusten auf Seiten der Eltern begleitet. Die Fallbeispiele in Müller-Münchs Buch zeigen, wie traumatisiert diese geprügelten Kinder noch heute, als Erwachsene oder ältere Menschen, sind. Das Thema von Müller-Münchs Buch ist zwar nicht explizit die autoritäre Prägung, dennoch zeigen die Berichte, wie starke autoritäre Aggression – z.B. die Vorstellung von unbedingtem Gehorsam und harten Strafen – als praktisches Mittel und Wertmaßstab in allen Schichten eingesetzt wurde.

Dass man das Ausmaß der gewaltvollen Erziehung in den Nachkriegsjahrzehnten heute stark unterschätzt, hat laut Müller-Münch auch damit zu tun, dass darüber oft betreten geschwiegen wird. Die Autorin erzählt etwa von einer privaten Verabredung mit einem Ehepaar, das seit dreißig Jahren verheiratet ist. Die Frau berichtet stolz, dass sie und ihr Mann von ihren Eltern niemals geschlagen worden seien. Der Mann schweigt, erzählt dann aber, dass er von seiner Mutter regelmäßig verprügelt wurde. Seine Ehefrau fällt aus allen Wolken. Das Tabu, die Scham, die Verletzung waren einfach zu groß, um darüber zu sprechen. Müller-Münchs Buch und die Reaktionen von Lesern zeigen: Die mit körperlicher Gewalt einhergehenden autoritären Prägungen sind oft schwer zu durchbrechen, die Verstrickungen schwer zu lösen. Umso wichtiger ist es, sich damit auseinanderzusetzen.

(Ingrid Müller-Münch: Die geprügelte Generation. Kochlöffel, Rohrstock und die Folgen, Klett-Cotta, 2012)

KAPITEL DREI:
DIE SEHNSUCHT NACH STÄRKE

Autoritäre Einstellungen werden heute vor allem durch eine Gesellschaft vermittelt, die Anpassung und Leistung verlangt. Eine starke Ökonomie und staatliche Institutionen wie Schule und Behörden fördern und bedienen die autoritären psychischen Dynamiken.

In Kapitel drei wird beleuchtet, wie Staat und Wirtschaft das autoritäre Prinzip weiterführen – und warum Bürger sich diesem oft freiwillig und sogar gerne unterordnen. Vorsicht: Wut und Hass entstehen in dem Prozess trotzdem.

> »Immer Druck, Druck, Druck! Druck wie im Schnellkochtopf. Und wenn du dem nicht standhältst, dann bist du 'n schlechter Schnellkochtopf.«
> Stromberg, aus der gleichnamigen TV-Serie

Die Zeit der Despoten ist hierzulande seit Jahrzehnten vorbei: Brüllende Familienoberhäupter, die Disziplin verlangen, sind Geschichte. Martialische Führerfiguren in der Politik sind es ebenfalls weitgehend. Und auch in Firmen sind cholerische, alles kontrollierende Bosse ein Auslaufmodell – Teams setzen sich stattdessen selbst Leistungsziele und halten sie ein. Zahlreiche Studien zeigen, dass dies möglich ist. Dass es mit der ungebrochenen Autorität einzelner Personen vorbei ist, ist ein echter Gewinn. Doch bedeutet das nicht, dass sich autoritäre Prinzipien generell aus Staat, Wirtschaft und Gesellschaft verabschiedet haben. Im Gegenteil: Heute haben Institutionen wie Behörden, Schulen, Gerichte und Unternehmen, sei es die »eigene Firma« oder global agierende und deshalb mächtige Konzerne, diese autoritäre Funktion übernommen. So ist es in den letzten Jahrzehnten beispielsweise nicht mehr so einfach möglich, dass ein aggressives Elternteil seine Kinder ungebremst herumkommandiert oder gar durch Schläge traumatisiert, denn das Jugendamt oder die Schule würden hier eingreifen und ein übergeordnetes Korrektiv darstellen. Auch das ist natürlich eine positive Entwicklung. Dieses Beispiel zeigt aber auch, dass Institutionen heute strukturierende und erzieherische Funktionen übernehmen, die früher in der Familie lagen. Ähnliches gilt für Unternehmen: Obwohl viele Menschen seit einigen Jahrzehnten in flachen Hierarchien ohne omnipräsente Chefs und mit mehr Selbstbestimmung arbeiten, greifen Firmen gleichzeitig stärker als noch vor zwanzig oder dreißig Jahren in die private Zeit der Mitarbeiter ein, fordern mehr Erreichbarkeit und bekommen den gleichen oder sogar einen höheren Einsatz und oft effizientere Ergebnisse als in früheren Jahrzehnten.

Man kann also sagen, dass personelle, autoritäre Macht früherer Zeiten heute zumindest zu einem Teil auf die Organisationsebene, also auf Staat und Ökonomie übergegangen ist. Das alles heißt natürlich nicht, dass wir in einem »autoritären Staat« leben. Wir leben in einem demokratischen Staat, in dem gewisse autoritäre Prinzipien strukturell weiter bestehen und somit fest in der Gesellschaft verankert sind. Die Konsequenz davon ist, dass umfassende Prinzipien von Zwang und Kontrolle auf der einen Seite und Gehorsam und Anpassung auf der anderen Seite nach wie vor zu unserem Lebensalltag gehören. Sie prägen uns nach wie vor und ermuntern Bürger, die äußeren und inneren autoritären Dynamiken – die den demokratischen ja durchaus entgegenstehen – weiter zu bejahen und zu verfestigen. Dass also bis heute bei Teilen der Bevölkerung hohe Autoritarismus-Werte messbar sind, ist nicht allein durch die im letzten Kapitel beschriebenen familiären Muster, durch elterlichen Leistungsdruck und elterliche Erziehung zum »falschen Selbst« zu erklären, sondern zu einem guten Teil auch den Werten geschuldet, die durch Staat und Ökonomie vermittelt werden.

Dabei vergessen wir leicht, dass ein Arbeitsamt, ein Kindergarten, eine Universität oder »unsere« Firma zwar keine persönliche oder innige Beziehung zum Einzelnen eingeht, dennoch besteht hier unterschwellig auch eine pädagogische und psychologische Beziehung: Im Kontakt mit Institutionen werden Bürger psychisch geprägt, bekommen Werte und Maßstäbe vermittelt und reagieren auf diese Eingaben auch als Menschen mit Emotionen, Einstellungen, Gedanken, Verhalten. Dabei ist es übrigens nicht nur so, dass die Institutionen vom Einzelnen ausschließlich fordern – sie geben auch auf der psychischen Ebene etwas zurück, etwa Stolz, Sicherheit, Identität für den, der sich anpasst. Dabei vermitteln Schulen, Ämter und Konzerne ihre Forderung nach Anpassung heute weniger in Gesprächen oder durch autoritäres Auftreten Einzelner, sondern durch Antragsformulare, Notendurchschnitte, Vorschriften, Deadlines oder vereinbarte Kennzahlen. Dass dabei wenigstens zum Teil auch strukturelle Gewalt ausgeübt wird, liegt auf der Hand – und ist bis zu einem bestimmten Punkt auch unumgänglich. Wer sich in eine Gesellschaft einpasst, muss auch mal eigene Wünsche zurückstellen, füllt auch mal sperrige Formulare aus, weil es von ihm verlangt wird, probiert, den Numerus Clausus für ein bestimmtes Studienfach zu erreichen, oder macht im Job Überstunden, weil anvisierte Unternehmensziele erreicht werden wollen. Dass diese Art des sich Einlassens auf eine Gesellschaft zum Teil auch mit schmerzhaften Anpassungsprozessen verbunden ist, wird fast jeder Leser von sich selbst kennen, oft etwa aus Schul- und Jugendzeiten. Vieles davon gehört zur Vergesellschaftung schlicht dazu.

Doch nun kommt ein Punkt, wo es interessant wird: Einige Sozialwissenschaftler und Sozialpsychologen weisen darauf hin, dass Menschen hierzulande nicht einfach nur »in den sauren Apfel beißen« und sich halt ein wenig der Gesellschaft, wie sie eben ist, anpassen. Es scheint so zu sein, dass viele Bürger die Beziehung zu den staatlichen und wirtschaftlichen Autoritäten eher übererfüllen, sich stark auf diese Beziehung stützen und ihr entgegenkommen. Das zeigt vor allem eins: Es gibt scheinbar auch auf Seiten der Bürger eine gewisse Sehnsucht nach dem Dazugehören zu einem größeren, starken Staat oder einer glanzvollen, starken Firma, so dass man sich bereitwillig auf das Prinzip von »Ich mache mit und du gibst mir Stärke« emotional stark einlässt. Das funktioniert, solange die Institution einer Person im Alltag wenigstens zum Teil Identität, Selbstbewusstsein, Eindeutigkeit und Sicherheit gibt. Es muss keine wirklich »glanzvolle« oder perfekt funktionierende Firma, Uni, Schule etc. sein – der autoritäre Kitt, der entsteht, besteht primär aus einer gefühlten Stärke, ist also subjektiv und relativ.

»Wenn die Unterordnung unter Leistungsansprüche oder die Forderungen nach Anpassung derart bereitwillig übernommen werden, dann handelt es sich weiterhin um eine autoritäre Dynamik«, erklärt der Leipziger Sozialpsychologe Oliver Decker. Sozialwissenschaftler sprechen in dem Zusammenhang oft von einem »sekundären Autoritarismus«, das heißt, dass der Staat oder die Wirtschaft die autoritäre Dynamik sowie die Wünsche und Sehnsüchte nach Führung, Sicherheit, Identität und Selbstvertrauen bedienen, wie es früher reale Personen wie »der Chef«, »der starke Vater« oder »der starke Führer« getan haben. Wenn Bürger es also mit der Erfüllung von Leistungs- und Anpassungsforderungen beinahe übertreiben, kann man davon ausgehen, dass psychologisch gesehen dieses Verhältnis zu staatlichen und ökonomischen Institutionen nicht ausschließlich durch demokratische Mündigkeit und eine Beziehung auf Augenhöhe bestimmt ist. Eine autoritäre Dynamik wird zum Teil unbewusst weitergelebt und erfüllt – entsprechende autoritäre Haltungen schreiben sich so immer weiter fort.

Ein griffiges Beispiel ist das Verhältnis vieler Menschen zu ihrer Arbeit. Obwohl viele oft gar nicht komplett einverstanden mit dem sind, was in ihrem Unternehmen passiert, im Gegenteil oft sogar unterschwellig unzufrieden sind, passen sie sich trotzdem stark an und arbeiten oft viel mehr, als sie vertraglich müssten oder was sie leisten können. Wer sich heute die Zahlen von Burnout-Erkrankungen anschaut, der sieht, wie bereitwillig viele Mitarbeiter sich für ihre Unternehmen aufopfern. Obwohl bei solchen Erschöpfungsdepressionen natürlich immer auch äußere Faktoren eine Rolle spielen, etwa die Arbeitsverdichtung, Zeitdruck, Personalmangel, schlechte Führung, so weisen Psychologen und Psychotherapeuten, die sich mit dem Thema beschäftigen, immer wieder darauf hin, dass natürlich auch Persönlichkeitsfaktoren eine Rolle spielen, wenn Menschen in Folge solcher Umstände in eine chronische Erschöpfung rutschen. Wer nicht sicher spüren oder realistisch einschätzen kann, was für ihn gut ist und wo seine Belastungsgrenze liegt, wer anderen gefallen will oder an sich den Anspruch hat, alles perfekt zu machen, der ist erwiesenermaßen stärker gefährdet als andere Personen, die dem gleichen Stress und den gleichen Anforderungen ausgesetzt sind. Es ist sicher kein Zufall, dass die Aufzählung von Burnout-Risikofaktoren wiederum zu bestimmten Merkmalen passen, die bei autoritär strukturierten Personen vermehrt auftreten: Anpassung und Gefallenwollen, weit weg von sich selbst sein, also letztlich mit einem »falschen Selbst« identifiziert sein, Härte zu sich selbst und Gehorsam, Härte dann auch zu anderen, Regelkonformität, auch wenn man erschöpft ist.

Natürlich ist es heute oft schwer, sich dem Druck der Unternehmen und ihrer Anforderungen zu entziehen, die nicht selten von einer indirekten Angstmache begleitet sind, indem sie suggerieren: »Wer es nicht schafft, fliegt raus.« Diese Art Drohszenario ist allerdings ebenfalls ein Merkmal einer autoritären Dynamik. Für Menschen, die eher auf »Gehorsam« und auch auf »Konformität« Wert legen und eine »harte Hand in der Führung« existenziell wichtig finden, ist das Entkommen aus den Anforderungen und auch aus den Angstszenarien besonders schwer. Auch, weil sie oft mehr als andere vom System »Firma« profitieren. Die Identifikation mit den Ergebnissen, das Dazugehören zu etwas Starkem gibt autoritär geprägten Menschen mehr Sicherheit als anderen. Allerdings funktioniert das nur so lange, wie das autoritäre Geben und Nehmen auch wirklich gut läuft. Weil dies heute nicht mehr selbstverständlich ist – sich angestrengt zu haben, heißt beispielsweise nicht mehr automatisch, dass man im Job weiterkommt oder in der Firma bleiben kann –, werden an vielen Stellen autoritäre Beziehungen gelöst, die bisher mit dem Arbeitgeber oder dem Staat bestanden. Dann suchen Menschen, die autoritäre Dynamiken brauchen, mit hoher Wahrscheinlichkeit nach anderen Möglichkeiten. Im schlechten Fall suchen sie Halt bei populistischen Parteien. Aber dazu später mehr.

Die wunderbare, starke D-Mark

Vorher lohnt noch ein Exkurs in die Jahrzehnte, in denen das Andocken an einen großartigen, demokratischen Staat und an eine starke Wirtschaft für die Bürger ein echter Gewinn war und sich diese Identifikation quasi als unverhoffte Rettung anbot: Die Rede ist von den Nachkriegsjahrzehnten des Wiederaufbaus und des so genannten Wirtschaftswunders. Tatsächlich hat das Umschalten der »autoritären Dynamik« von einer leibhaftigen, faschistischen und großmannssüchtigen Führerfigur auf eher nicht personifizierte Autoritäten hierzulande in dieser Zeit für viele reibungslos funktioniert. Bereits früh nach der Niederlage der Nationalsozialisten, die für viele Deutsche ja auch ein Zusammenbruch des Selbstbildes als »großartiges« oder »überlegenes« Volk hätte sein müssen, war die »starke Wirtschaft« als neue, stärkende Identifikations- und Projektionsfläche sehr schnell zur Stelle.

Das stützen Studien: Die Sozialpsychologen Immo Fritsche und Eva Jonas haben herausgefunden, dass Deutsche die starke Wirtschaft, besonders das Symbol der »starken D-Mark«, als eine psychische Sicherheit bewerteten, die sie angesichts von Bedrohungsszenarien besonders hochhielten. Und andere Daten zeigen, dass die Deutschen mehr als andere Nationen stolz auf ihre Wirtschaft sind und sich damit identifizieren. Das Gefühl von Stolz und Sicherheit angesichts von nationaler Wirtschaftskraft hat also nicht ausschließlich etwas mit der verbesserten wirtschaftlichen Situation des Einzelnen zu tun. Es geht auch nicht allein darum, sich am persönlichen Wohlstand oder an dem der Nachbarn zu freuen. Die starke Wirtschaft scheint auch für sich selbst genommen als Autorität zu funktionieren, die ein psychisches Bedürfnis erfüllt.

Einige Sozialwissenschaftler weisen angesichts solcher Befunde darauf hin, dass die Deutschen in den Jahrzehnten nach dem Zweiten Weltkrieg die rasch wieder florierende Wirtschaft als eine Art »narzisstische Plombe« genutzt haben. Emotionen der Niederlage, des Versagens, der Scham, die nach dem verlorenen Krieg bei vielen autoritär gestrickten Anhängern des NS-Regimes aufkeimten, wurden so gleich wieder übertüncht und verdrängt. Ein neuer Stolz, zum Teil durchaus vergleichbar mit narzisstischen Größenfantasien aus der NS-Zeit, hat sich in den 1950er-, 1960er- und 1970er-Jahren für viele Menschen auf das Thema »Deutsche Wirtschaft« verlagert.

Dass die rasche »Neuerfindung der Deutschen« als Wirtschaftsmacht und das sich Festhalten an dem vermeintlich sauberen Neuanfang zur »Stunde Null« auch eine vertane Chance war, autoritäre Strukturen von Aggression und Gehorsam zu hinterfragen und dann zu verändern, darüber schrieben etwa die Psychoanalytiker Alexander und Margarete Mitscherlich in ihrem Buch

»Die Unfähigkeit zu trauern. Grundlagen kollektiven Verhaltens«, einem Klassiker der Politischen Psychologie. Sie sprechen von einer »manischen Abwehr durch Ungeschehen-Machen im Wirtschaftswunder« und kommen ebenfalls zu der Einschätzung, dass Wohlstand und Wirtschaftskraft zum Teil als Plombe eingesetzt wurden und damit gefährliche emotionale Dynamiken rund um Autoritarismus und deutsche Großmannssucht viel zu wenig hinterfragt und aufgearbeitet und daher auch viel zu stark konserviert wurden. (In der DDR verliefen diese Prozesse etwas anders. Siehe dazu Kasten Seite 81.)

Gegen einen grundsätzlichen Stolz auf die wirtschaftliche Leistung des eigenen Landes ist natürlich nichts zu sagen. Im Gegenteil. Leider sind Stolz und Sicherheit, die mit der starken deutschen Wirtschaft verbunden sind, oft eher unreflektiert, die Identifikation hat einen emotionalen Mehrwert und kompensiert eine nicht genug beachtete Lücke. So wird das autoritäre Prinzip immer weitergetragen.

Man könnte es anders machen

Bisher wurde hier aus der Perspektive des einzelnen Bürgers geschaut, der sich in die autoritären Strukturen von Firma, Wirtschaft oder Staat gern und bereitwillig einordnet und der viele Jahrzehnte für diese Bindung auch einen positiven Gewinn erhielt: Sicherheit, Stolz, Macht, Ordnung. Da es sich hier um ein psychologisches Buch handelt, sei der genaue Blick vom Individuum aus ins Kollektiv erst einmal erlaubt. Doch natürlich muss man auch von der anderen Seite gucken. Es stellt sich die Frage, was der Staat, die Wirtschaft dafür tun, um autoritäre Prinzipien für die Bürger oder Mitarbeiter durch demokratischere Prinzipien und Strukturen zu ersetzen. Hier eine erschöpfende Antwort zu geben, würde den Rahmen des Buches sprengen, es sei nur so viel gesagt: Die Initiativen des Staates, seinen Bürgern Angebote zu machen, die nicht autoritäre Prinzipien – zum Beispiel Anpassung und Leistung – zementieren, sondern eher kritisches Denken, Entfaltungsmöglichkeiten und eine Anerkennung der Lebensart jedes Einzelnen fördern, sind nicht so zahlreich, wie sie sein könnten. Hier ein einfaches Beispiel:

In der Institution Schule sind Leistungsdruck und die Forderung von Gehorsam und Anpassung noch immer weit verbreitet. Das Abitur nach zwölf statt nach 13 Jahren anzubieten ist eine Maßnahme, die Schulleitern, Lehrern, Schülern und auch Eltern gleichermaßen viel Druck macht und autoritäre Prinzipien nach wie vor zum Teil gewollt, zum Teil unfreiwillig fördert. Zwar ist die Regelung in einigen Bundesländern mittlerweile wieder rückgängig gemacht worden, in Hamburg, Bremen und dem Saarland besteht sie aber weiterhin. Man wollte und will hier Kinder und Jugendliche einfach früher für den Arbeitsmarkt fit machen, um im internationalen Vergleich standzuhalten, hieß es. Tatsächlich passiert vor allem eins: Die Anspannung und die Dringlichkeit werden erhöht, die Spielräume werden verkleinert. Der Physikprofessor und TV-Moderator Harald Lesch, Frontmann der populärwissenschaftlichen Sendung »Terra X«, hat 2016 in einem Interview eine Art »demokratischen« Gegenentwurf zu im Moment mit autoritärem Druck funktionierenden Ausbildungsstrukturen von G8, Bachelor und Master geliefert, die er als »Zeitkompressionsinstrumente« bezeichnet. Seine Kritik: »Man versucht also, Zeit zu komprimieren. Dabei weiß jeder, wir werden immer älter, wir werden immer länger arbeiten.« Lesch fordert in seiner Vision von einer besseren Bildung und Ausbildung ein Abitur in 14 Jahren – also G10 – mit der Möglichkeit, eigene Kompetenzen zu entdecken und auszubauen. Außerdem bringt er die Idee eines freiwilligen sozialen Jahres für alle Schüler mit sechzehn Jahren ein als eine Art berufliche, gesellschaftliche und menschliche Orientierung nach der 10. Klasse. Die Vision von Lesch enthält gute Ideen, mehr Freiheiten für alle Beteiligten und hätte sogar einen Mehrwert für den Staat, der unter anderem durch das in die Schulzeit eingebundene soziale Jahr von den verantwortungsvolleren und weitsichtigeren jungen Erwachsenen profitieren würde. Dass Leschs zum Teil natürlich auch polemisch formulierter Vorschlag heute aber geradezu traumtänzerisch wirkt und sofort mit dem Hinweis auf einen abstrakten Leistungsvergleich mit anderen Ländern pariert würde, zeigt auch, wie weit die Logik von unbedingter Leistung und Anpassung immer noch fortbesteht – sich im Ausbildungssystem vielleicht sogar verschärft hat.

Weitere Beispiele von institutionellen Prozessen, die wenigstens teilweise Anpassung, Gehorsam und unterschwellige Aggression fördern, können hier nur stichwortartig angerissen werden: Eine zu starke Bürokratisierung aller Bereiche, in denen der Staat Geld an Bürger auszahlt, etwa bei Hartz-IV-Empfängern, die beispielsweise oft auch Bagatellbeträge ans Amt zurückzahlen müssen, wenn Berechnungen nicht gestimmt haben, obwohl der Verwaltungsaufwand dieser Abrechnungen hohe Kosten verursacht. Auch erwähnenswert sind Studienreformen wie der Bologna-Prozess, die den Verschulungsgrad von universitärer Bildung so weit zugespitzt haben, dass kaum ein Studierender mehr abseits vom Prüfungsstoff etwas Neues lernen oder entdecken kann. Auch Firmen könnten sich – und einige tun es ja auch bereits – um selbstbestimmtere Arbeitsbedingungen und eine bessere betriebliche Gesundheitsförderung kümmern, die Mitarbeiter nicht einfach nur fitter, anpassungs- oder leistungsfähiger, sondern auch stärker und damit letztlich »mündiger« macht.

Das hier soll nicht in einen 360-Grad-Tadel ausarten: Es geht bei dieser Aufzählung schlicht darum, zu zeigen, dass es auch strukturelle Spielräume im Staat und in der Wirtschaft gäbe, die autoritäre Prinzipien und damit autoritäre Reflexe stärker abbauen würden – und die Entwicklung der Bürger zu mehr Selbstbestimmung, Selbstvertrauen und Eigenverantwortung fördern könnten.

Die Bilanz stimmt nicht mehr

In den letzten Jahren scheint nun das Gleichgewicht der autoritären Bindung zwischen Staat und Bürger sowie zwischen Arbeitgeber und Arbeitnehmer aus der Balance zu geraten. Es stellt sich die Frage: Bekommt der Bürger, der seine Eigenständigkeit zurücksteckt, oder der Arbeitnehmer, der sich anpasst, heute noch die für die autoritäre Dynamik so wichtigen emotionalen Rückzahlungen von Sicherheit, Stolz und Selbstvertrauen? Die Antwort lautet: Zumindest subjektiv scheinen die, die bisher auf staatliche oder wirtschaftliche Autoritäten auch emotional gebaut haben, das nicht mehr durchgängig so zu empfinden. In seiner Befragungsstudie »Deutsche Zustände«, die seit 2002 läuft, hat der Soziologe Professor Wilhelm Heitmeyer von der Universität Bielefeld unter anderem diese Frage genau aufgeschlüsselt. Heitmeyer kommt zu dem Schluss, dass die Mischung aus Globalisierung, Flexibilisierung und Ökonomisierung, die in den letzten beiden Jahrzehnten für jeden Einzelnen zu einer spürbaren Realität geworden ist, sehr viel verändert hat. Heitmeyers Analyse zufolge funktionieren – zumindest gefühlt – alte Sicherheiten der ersten Nachkriegsjahrzehnte nicht mehr, und Menschen, die sich sehr an Konformität, Gehorsam, am Willen des Stärksten und an dem Satz »Leistung lohnt sich« ausgerichtet hatten, fühlen sich heute nicht mehr sicher. Dabei geht es allerdings nicht nur um Angst. Es zeigt sich auch, dass Menschen, die das Gefühl haben, Staat oder Wirtschaft seien nicht mehr stark genug, um sie zu schützen – und das, obwohl sie sich doch so lange und so beharrlich auf die autoritäre Beziehung eingelassen haben –, nun enttäuscht und wütend sind und verstärkt Aggression zeigen. Viele lösen alte Bündnisse mit dem demokratischen System und wenden sich undemokratischen Ideen zu, die scheinbar mehr Schutz bieten. Oder sie verharren zwar dort, wo sie gerade sind, lenken aber ihre Aggression auf Schwächere und reagieren mit zunehmendem Hass gegenüber Geflüchteten oder Menschen anderer Herkunft oder Religion. Zusammenfassend gesagt: Das autoritäre Prinzip, also der Wunsch nach Größe und Sicherheit, der in der wirtschaftlich starken BRD der Nachkriegsjahrzehnte und auch in den Wendejahren für viele befriedigt wurde, ist für viele keine emotionale Stütze mehr. Besonders bei Menschen, die sehr starke autoritäre Wünsche und

Sehnsüchte haben, führt das nun sichtbar dazu, dass sie nach neuen autoritären Alternativen suchen.

Deutlich wird das auch anhand von Zahlen aus den Erhebungen von Wilhelm Heitmeyer, die ganz klar zeigen können, dass in Zeiten von größeren Wirtschaftskrisen, wie beispielsweise in den Jahren 2008/2009, der Prozentsatz der fremdenfeindlichen und nationalistischen, kurz der rechtsextremen Einstellungsäußerungen, sofort in die Höhe schnellt. Dabei ist offensichtlich, dass die feindselige oder autoritäre Reaktion oft nicht durch eine reale, persönliche Einbuße von Einkommen, Wohlstand, Geld oder Status ausgelöst wird. Schon das Gefühl, dass Status und Wohlstand im eigenen Leben oder im eigenen Staat bedroht sein könnten, reicht aus, um die autoritären Reflexe gegen Schwächere und für eine starke Führung wiederzubeleben. Dieses Beispiel verdeutlicht, dass eine mittelschwere, globale Wirtschaftskrise – die für Bürger vieler anderer Länder weitaus verheerendere Auswirkungen hatte als für die meisten Bürger hierzulande – ausreicht, um einen Teil der Bevölkerung so zu verunsichern, dass sie anfangen, den demokratischen Prinzipien bzw. der »Demokratie, wie sie hier praktiziert wird« zu misstrauen. Es kann sich jeder selbst eine Antwort darauf geben, wie real bzw. irrational die Ängste und Bedrohungen sind, die hier erlebt werden. Und jeder mag auch für sich selbst bewerten, welche Folgen es hätte, wenn viele Bürger aus dem demokratischen Tritt kommen, sollte es mittlere oder auch ernstere wirtschaftliche Krisen geben.

Der Sozialpsychologe Oliver Decker erklärt, dass man an den gegenwärtigen gesellschaftlichen Entwicklungen gut sehen kann, wie sehr die Demokratie der Bundesrepublik immer noch auf autoritären Mustern aufbaut und wie wenig Demokratie letztlich eingeübt und in Krisenzeiten gefestigt ist. Nun zeigt sich, was als eine unerwünschte Nebenwirkung von autoritären Prinzipien und Strukturen immer passieren kann: »Das sich Unterordnen und Selbstaufgeben für eine Autorität ist immer nur die zweitbeste Wahl. Sie ist gut, wenn die Autorität das zurückgibt, was man sich erhofft. Tut sie das nicht, bricht autoritäre Aggression und Wut gegen vermeintlich Schwächere durch.« Die beste Wahl wäre es also, wenn Bürger sich stärker in Richtung Freiheit und Eigenständigkeit entwickeln könnten, wenn sie ihre eigenen Bedürfnisse erkennen, sich für diese einsetzen und gleichzeitig auch noch einen Sinn für das Gemeinwohl entwickeln lernen. Solche demokratischen Fähigkeiten entfalten sich aber nicht, wenn Politik und Staat der Bevölkerung wie einst Helmut Kohl permanent Wirtschaftswachstum und »blühende Landschaften« versprechen und Bürger diese scheinbar hundertprozentige Sicherheit auch selbstverständlich erwarten – oder andernfalls anfangen, der Demokratie zu misstrauen.

Zu wenig Solidarisierung

Es ist bisher schon an einigen Stellen gesagt worden, dass Wirtschaftskrisen, persönliche finanzielle Einbußen oder ein Gefühl, »abgehängt« zu sein, nicht allein dazu führen, dass Menschen ihre politischen Ansichten nach rechts verlagern. Man würde allerdings die sozialen Realitäten und auch die Analysen zu den »Deutschen Zuständen«, die die Bielefelder Forscher um Wilhelm Heitmeyer vorgenommen haben, komplett missverstehen, wenn man nicht auch gesellschaftlichen Missständen Raum geben würde, die zunächst vor allem jene treffen, die schwächer sind, also finanziell oder sozial keine gute Situation haben. Denn natürlich gibt es einige ungünstige nationale und globale gesellschaftliche Entwicklungen, die die Kluft zwischen Arm und Reich vergrößert haben und die den Rückgriff vieler Bürger auf autoritäre Forderungen vielleicht nicht verursachen, aber verstärken. Ein zentraler Aspekt von Heitmeyers Studien ist es, immer wieder darauf hinzuweisen, dass zwar nicht die reale Verarmung der Gesellschaft oder der Zusammenbruch des Wirtschaftssystems droht, dass sich in den letzten zwei bis drei Jahrzehnten aber das gesellschaftliche Klima hierzulande generell in eine problematische Richtung verändert hat. Heitmeyer beobachtet eine soziale Regression und meint damit, dass sich der Staat und auch Firmen faktisch immer mehr aus der sozialen Sicherung, aus der sozialen Verantwortung und der Versorgung von Notleidenden zurückziehen. Ein eklatantes Beispiel dafür ist etwa die Hartz-IV-Gesetzgebung, eines der vielen Beispiele für eine harsche neoliberale Politik, die seit Beginn des neuen Jahrtausends immer weiter um sich gegriffen hat. Hier hat der Staat seine Anforderung an arbeitslose oder von Armut bedrohte Menschen eklatant verändert. Menschliche Schicksale wurden durchökonomisiert. Es wurde und es wird bis heute erwartet, dass Arbeitslose permanent Bemühungen nachweisen, sich weiterzubilden, um wieder Arbeit zu finden, zum Teil wurden und werden Betroffenen auch unsinnige Maßnahmen aufgedrängt, nur damit sie tätig, aktiv und »wirtschaftstauglich« wirken. Die unterschwellige Begründung für die Reformen ähnelt vielen anderen: »Wir müssen wettbewerbsfähig bleiben. Jeder muss mehr leisten.«

Die umfassenden Gesetzesänderungen am Arbeitsmarkt haben nicht nur, wie oben beschrieben, die autoritären Beziehungsanteile zwischen Staat und Bürgern verstärkt, die staatlichen Maßnahmen haben auch eine Haltung kultiviert, die man laut Heitmeyer eine »Ökonomisierung des Sozialen« nennen könnte. Bedürftigkeit oder Schwäche wurden im Staat stärker als in früheren Jahrzehnten als eine »Last« angesehen – denn sie kosten Geld. Gleichzeitig wurde das vor allem in Amerika vorherrschende Prinzip, wonach jeder seines Glückes Schmied sei, immer stärker verbreitet – man denke nur an das Anpreisen der »Ich-AGs«, die für einige Menschen möglicherweise eine Chance darstellten, für andere aber von Anfang an zum Scheitern verurteilt und unrealistisch waren.

Die Reformen, die sich insgesamt von der sozialen Komponente in Politik und Gesellschaft mehr und mehr verabschiedeten, haben letztlich nicht nur zu Druck und Verunsicherung, sondern vor allem zu einem Klima der Entsolidarisierung geführt. »Das heißt, soziale Beziehungen, Verhältnisse zu fremden Gruppen etc. werden ausschließlich nach ihrer Nützlichkeit, Verwertbarkeit und Effizienz bewertet«, fasst Wilhelm Heitmeyer in seinem Buch »Autoritäre Versuchungen: Signaturen der Bedrohung« zusammen.

Wenn ein solcher Geist im Land herrscht, hat das wiederum erhebliche psychologische Auswirkungen: Konkurrenzgefühle werden stärker. Jeder, der bedürftig ist, wird bewertet und muss sich fragen lassen, ob er dies auch tatsächlich ist. Menschen, die sehr viel leisten und sehr erfolgreich sind, halten es für selbstverständlich, dass sie mehr Rechte besitzen und auf andere herabgucken können. Bewertung wird ein selbstverständlicher Teil der Gesellschaft und bei vielen Menschen steigt die Angst, sie könnten selbst Opfer der zunehmenden Härte und Leistungsforderung werden. Dass sich die Entsolidarisierung und die Konkurrenz der Bürger untereinander zum Teil ohnehin in politischen und gesellschaftlichen Einstellungen niederschlägt, hat Heitmeyer bereits 2007 messen können. Damals stimmten etwa 40 Prozent der Befragten der Aussage zu: »Wir können uns in dieser Gesellschaft nicht mehr viel Nachsicht leisten.« Ähnlich viele befürworten den Satz: »Wir nehmen in dieser Gesellschaft zu viel Rücksicht auf Versager.« Diese Ergebnisse belegen, dass über die Ökonomisierung des Sozialen die autoritären Dynamiken – mit Denkmustern wie »Es gibt Stärkere und Schwächere und Leute, die uns zur Last fallen, müssen bestraft werden« – einen Aufschwung und Bestätigung bekommen. Autoritäre Struktur und Ökonomisierungslogik gehen eine unheilvolle Allianz ein und nehmen Fahrt auf. Für Zeitgenossen, die ohnehin autoritär eingestellt sind, ist das gesellschaftliche Klima eine Steilvorlage.

Dass heute der gesellschaftliche Umgang mit »Minderleistern« eher an ein Wirtschaftsunternehmen denken lässt, aber nicht sinnvoll für einen Staat ist, zeigen weitere Erhebungen aus dem Bielefelder Team. Bereits 2010 stimmten über 60 Prozent der Befragten der Aussage »Die sozial Schwachen müssen lernen, sich selbst zu helfen« voll oder latent zu. Auch die Aussage »Wer sich nicht selbst motivieren kann, ist selbst schuld, wenn er scheitert« wurde von 43,6 Prozent der Befragten für richtig befunden. Leser, die diese Aussagen hier überdenken und für sich nachvollziehen, werden merken, dass die Schwelle, diesem rein wirtschaftlichen Denken zuzustimmen, stark gesunken ist. Wir alle zahlen damit aber dauerhaft auf das Konto der Entsolidarisierung ein.

Die gesellschaftliche Stimmung führt übrigens auch dazu, dass sich zahlreiche sehr wohlhabende Menschen mittlerweile im Recht fühlen, sich mit anderen, die weniger besitzen, nicht mehr zu solidarisieren und diese sogar in einem hohen Maße abwerten oder sogar verachten. Das ist eine der erschreckendsten Folgen: In einer Studie von 2010 zeigten Heitmeyer und Kollegen, dass Abwertungsimpulse bei den sozial obenstehenden und wohlhabenden Menschen sogar oft stärker sind als bei Menschen mit mittlerem und niedrigem Status. Die wohlhabendsten Menschen im Land neigten stärker zu Islamophobie und werteten auch Wohnungslose und Langzeitarbeitslose stärker ab. Das heißt auch, dass die unternehmerische Mentalität, wenn sie in den Sozialstaat einzieht, laut Heitmeyer »insbesondere bei Menschen in oberen Statuspositionen als Legitimierung gesellschaftlicher Hierarchien wirkungsvoll« ist.

All das zeigt, dass die aktuelle emotionale Unwucht, die mit der Abwertung anderer, mit Rassismus und Rechtsruck einhergeht, gerade auch von der zunehmenden Entsolidarisierung und der Ökonomisierung der Gesellschaft mitgeprägt wird. Belastend ist für viele also nicht die Angst, Wohlstand, Status und Geld einzubüßen, belastend sind vor allem die bereits erlebten oder drohenden Abwertungen, der Konkurrenzdruck, die Frage, wer »Schuld« an einem eventuellen Abstieg sein könnte, sowie der erlebte oder gefühlte Mangel an Solidarität im Land. Zum anderen befeuern die allgegenwärtigen Bewertungen und Abwertungen das Schlüsselthema der autoritären Dynamik: Rassismus, Diskriminierung, das Pflegen von Vorurteilen, Ideologien von Ungleichwertigkeit und Ressentiments. Im nächsten Kapitel wird das Thema Rassismus und Vorurteil deshalb eingehend beleuchtet.

ZUSAMMENFASSUNG: Was ist wichtig?

Obwohl wir in einer Demokratie leben, gibt es autoritäre Mechanismen, die in der Beziehung zwischen dem Einzelnen und dem Staat oder der Wirtschaft greifen. Die autoritäre Dynamik beruht auf Gegenseitigkeit: Der Staat bietet mehr davon an, als für eine Demokratie gesund ist. Viele Bürger haben aber auch eine größere Sehnsucht nach Anlehnung an Autoritäten, als gesund ist. **Was folgt daraus?** Was hat man davon, zu einem demokratischen Staat wie Deutschland zu gehören oder in einer florierenden Firma zu arbeiten? Wer seinen eigenen autoritären Sehnsüchten auf die Spur kommt, ist weniger verführbar. Die Verantwortung liegt aber nicht allein bei den Bürgern: Der Staat könnte ebenfalls dafür sorgen, Strukturen zu schaffen, in denen der Einzelne mit seinen Bedürfnissen mehr Anerkennung erhält und demokratische Impulse gefördert werden.

1. Wenn der starke Staat und die wachsende Wirtschaft schwächeln, wenn Wirtschaftskrisen aufziehen oder Wohlstandsversprechen scheinbar nicht eingelöst werden, dann machen sich autoritäre Wut und Aggression Luft – vor allem bei Bürgern, die sich vorher sehr angepasst haben oder von der psychischen Konstitution her auf einen starken Staat angewiesen sind. **Was folgt daraus?** Sich fragen, ob man eine Demokratie eigentlich nur gut findet, solange alles blendend funktioniert. Mit anderen darüber sprechen, wie sie es sehen.

2. Wir leben im Augenblick in einer wenig solidarischen Gesellschaft. Die Logik der Ökonomie – wer nicht genug leistet, fällt uns zur Last – ist weit verbreitet. Das fördert Abwertungsprozesse, Vorurteile, Unerbittlichkeit, was starke

Auswirkungen auf die Psyche der Bürger hat und letztlich zur Befürwortung von Haltungen führt, die von Rechtspopulisten vertreten und ausgebaut werden. **Was folgt daraus?** Wer dafür sorgen will, dass rechtsextreme Haltungen zurückgedrängt werden, dem sollte es am Herzen liegen, die Spaltung in der Gesellschaft möglichst zu verkleinern. Das gilt natürlich für persönliche Haltungen ebenso wie für Parteiprogramme.

PSYCHOLOGISCHE HINTERGRÜNDE: Autoritäre Prägung in Ostdeutschland

Immer wieder hört man im Augenblick die Frage: »Warum ist der Rechtsruck im Osten so stark ausgeprägt?« Betrachtet man die bisher beschriebenen Ursachen und autoritären Dynamiken, dann hält diese für Bürger aller Bundesländer gleichermaßen Erklärungen bereit. Doch ist anhand dieses Kapitels auch klar geworden, dass auch bestimmte institutionelle und staatliche Strukturen und gesellschaftliche Organisationsformen zur autoritären Prägung beitragen. Diese sind in Ostdeutschland über Jahrzehnte völlig andere gewesen als im Westen. Daraus ergeben sich Besonderheiten.

»Der Osten erzählt sich über zwei Diktaturen – also in dieser Dopplung«, sagt beispielsweise die Schriftstellerin Ines Geipel in einem Interview mit dem Deutschlandfunk zu ihrem Buch »Umkämpfte Zone: Mein Bruder, der Osten und der Hass«. In diesem halb literarischen, halb dokumentarischen Buch verzahnt Geipel NS-Geschichte und DDR-Zeitgeschichte mit ihrer eigenen Familiengeschichte und macht damit klar, dass die staatliche Struktur die familiäre Struktur und dadurch zum Teil auch die psychische Struktur der Einwohner eines Landes bedingt. Exemplarisch beschreibt sie, dass es in der DDR eine spezielle autoritäre Prägung gab: Die NS-Zeit wurde im Osten nach 1945 sehr viel weniger in der öffentlichen Diskussion aufgearbeitet als im Westen, daher auch nicht die autoritären Strukturen aus dieser Zeit. Gleichzeitig nahm ein neues autoritäres System bereits wieder Fahrt auf. Geipel erzählt über ihren Vater, einen Stasi-Agenten, den sie als »kalten Krieger« beschreibt und der zu Hause sehr gewaltvoll agierte. Dass nicht in allen Familien diese extreme Atmosphäre des Hasses herrschte, ist Ines Geipel bewusst. Doch ist sie der Meinung, dass ihre Gewaltgeschichte dennoch prototypisch für viele Menschen ist, die in der DDR aufgewachsen sind. Geipel fordert daher, dass Menschen aus dem Osten sich mit dieser gewaltvollen und autoritären Prägung deutlich auseinandersetzen sollten. Dass die nicht aufgearbeitete Doppeldiktatur zum Teil auch den gegenwärtigen Rechtsruck im Osten und erst recht einige besonders gewaltvolle rechtsextreme Hass-Täter hervorgebracht hat, dessen ist Ines Geipel sich sicher. Dass der Hinweis auf diese Zusammenhänge nicht neu ist, betont die Autorin in dem Gespräch mit dem Deutschlandfunk, sagt aber auch: »Ich habe den Eindruck, der Osten wird ein Stück weit umgeschrieben. Wir vergessen relativ viel, wir vergessen auch die Härte, die harte Substanz dieser Diktatur.« Außerdem wehrt sie sich dagegen, dass die DDR- und auch die Wende-Geschichte als Opfererzählung verwendet wird: »Diktaturen sind per se auch Verantwortungsentlastung«, sagt Geipel. »Und in meinen Augen verharrt der Osten in dieser Entlastung seit mittlerweile 80 Jahren.« Eine zugespitzte These, die allerdings deutlich macht, worum es geht: eine bewusste Auseinandersetzung mit der eigenen Geschichte und mit den zeitgeschichtlichen autoritären Prägungen.

Zum Weiterlesen: Ines Geipel: Umkämpfte Zone. Mein Bruder, der Osten und der Hass. Klett-Cotta, 2019

KAPITEL VIER:
»WIR SIND BESSER ALS IHR.«

Ein Hauptelement der autoritären Dynamik ist das aggressive Abwerten anderer und eine »Ideologie der Ungleichwertigkeit«. Es ist also nicht verwunderlich, dass auf dem Boden dieser Prägung auch massive Vorurteile und Rassismus entstehen. Im Augenblick sind diese Tendenzen wieder überall wahrnehmbar.

In diesem Kapitel wird beleuchtet, welche psychologischen Faktoren eine Rolle spielen, wenn Vorurteile, Rassismus und Menschenfeindlichkeit zunehmen. Es sind verschiedene innerpsychische Prozesse wirksam, die unterschiedlich hartnäckig sind. Das heißt: Neben Menschen mit veränderbaren Vorurteilen gibt es leider auch eine Gruppe Unbelehrbarer.

> »Ab wann gilt man nicht mehr als Integrationsverweigerer, sondern als frustrierter Deutscher?«
> Max Czollek, Lyriker und Publizist, 2018

Die Zeiten, in denen Ressentiments vor allem an Stammtischen bei Bier und Korn gepflegt wurden, sind lange vorbei – und vielleicht gab es sie ohnehin nie. Alltägliche Gespräche lassen mittlerweile wieder tiefgreifende Vorurteile und Rassismus erkennen oder spiegeln oft die Überzeugung wider, dass bestimmte gesellschaftliche Gruppen zu den wertvollen und andere zu den weniger nützlichen gehören. Oft lässt sich gar nicht sofort einschätzen, ob eine Äußerung des Gegenübers eher achtlos und arrogant ist oder ob dahinter eine tieferliegende autoritäre Prägung oder eine »Ideologie der Ungleichwertigkeit« steckt. Oft mischen sich auch mehrere psychische Mechanismen, politische Einstellungen und Ideologien. Wie irritierend und schwer greifbar das sein kann, illustrieren folgende Beispiele:

Ein Schulhofgespräch von Elternteilen über die Schulwahl ihrer Kinder nach der 4. Klasse in einem eher wohlhabenden und beliebten Hamburger Stadtteil. Ein Vater, Mitinhaber einer Werbeagentur und gern betont hipp gekleidet, stellt gleich klar: »In der Grundschule war es okay, dass alle zusammen sind, aber jetzt will ich, dass mein Sohn unter seinesgleichen lernt.« Als eine Mutter fragt, warum der Sohn denn unbedingt auf ein Gymnasium geben soll, wehrt er ab. Es gehe ihm gar nicht um die Schulform, sondern darum, dass sein Kind ab jetzt mehr mit Mitschülern zusammenträfe, die ähnliche Werte teilten. Man könne ja »sein Kind nicht in eine Schule schicken, wo nur Pack rumläuft«. Man müsse sich doch nur mal auf den Schulhöfen der umliegenden Gymnasien umgucken. Auf die Frage, was er damit meint, antwortet er: »Da hat doch kaum einer einen deutschen Namen.« Keiner in der Gruppe widerspricht, alle schweigen betreten.

Szenenwechsel zum Mittagstischgespräch unter Kollegen und Kolleginnen. Eine kommt gerade aus Brasilien wieder, wo ihr Mann ein Jahr lang gearbeitet hat und sie mit den Kindern mitgezogen war. Sie erzählt, wie traumhaft schön Brasilien landschaftlich sei, nur leider würden die Klischees über die Südamerikaner schon stimmen: Sie seien faul und ein bisschen dumm. Sie habe jedenfalls kaum Gesprächspartner auf Augenhöhe gefunden. Der Einwand einer anderen Kollegin, sie habe selbst in zwei südamerikanischen Ländern gelebt und könne diese negative Einschätzung überhaupt nicht bestätigen und fände das auch ziemlich anmaßend, wird mit der Erwiderung quittiert: »Dann waren die Leute, die du getroffen hast, eine Ausnahme. Die meisten sind dort so.« Die beiden Kolleginnen fangen an zu streiten. Wie es weiterging, ist hier (im Augenblick) nicht so entscheidend.

Wichtiger ist: Beide Gespräche sind in einem urbanen, als wohlhabend, bildungsnah und zum Teil sogar »alternativ« geltenden sozialen Milieu abgelaufen. Es handelt sich um selbstverständlich und zunächst beiläufig geäußerte Vorurteile, hinter denen handfeste rassistische Einstellungen stecken, die jedoch häufig erst in ihrer ganzen Ausprägung sichtbar werden, wenn ein Gegenüber etwas genauer nachfragt. Wenn solche unsäglichen Aussagen im Raum stehen, fragt man sich natürlich sofort, wie man als Gesprächspartner darauf reagieren kann, soll und will. Mit diesen kommunikativen Fragen beschäftigt sich Kapitel acht (ab Seite 194). An dieser Stelle soll mit den Beispielen vor allem das Bewusstsein dafür geschärft werden, wie massiv Vorurteile und Rassismus sind, wie alltäglich die Distinktion ist, also die Spaltung verschiedener gesellschaftlicher Gruppen voneinander, und welche massiven Abwertungen dadurch stattfinden. Neben allgemeinen psychosozialen und persönlichkeitspsychologischen Faktoren, die Vorurteile und Rassismus begünstigen, trägt im Moment auch die allgemeine Atmosphäre ständiger Abwertungen dazu bei, dass Ressentiments gedeihen. Diese unterschiedlichen Faktoren machen es oft noch schwerer, das Gegenüber einzuordnen und mit den rassistischen Aussagen umzugehen. Daher werden hier nun verschiedene psychische und gesellschaftliche Mechanismen beleuchtet.

Überheblichkeit als Gesellschaftsprinzip

Tatsächlich hat der überhebliche Blick auf vermeintlich fremde, schwächere oder einfach nur »andere« Gruppen als ein gesamtgesellschaftlicher Trend zugenommen. Permanente Vergleiche, scharfe Konkurrenz und eine narzisstische Überhöhung der eigenen Gruppe sind massiv. Dafür gibt es Belege aus den unterschiedlichsten Lebensbereichen. Die Soziologin Laura Wiesböck von der Universität Wien beschreibt in ihrem Buch »In besserer Gesellschaft. Der selbstgerechte Blick auf die Anderen«, dass Menschen heute in den verschiedensten Situationen dazu tendieren, diejenigen, die ihnen ähnlich sind und die zur eigenen Gruppe gehören, fast automatisch für etwas Besseres zu halten. Diese Aufwertung der eigenen Gruppe ist oft auch eine implizite Abwertung anderer, also beispielsweise der »Nicht-Akademiker«, der »Nicht-Deutschen« oder der »Nicht-Arbeitenden«. Die Entsolidarisierug der Gesellschaft, die im letzten Kapitel ein Thema war, ist auch für Laura Wiesböck einer der Faktoren, der diese immer selbstverständlicher werdende Abwertung begünstigt. Bürger haben häufig das Gefühl, nur noch diejenigen verstehen zu müssen und nur noch für die verantwortlich zu sein, die einem ohnehin ähnlich sind. Die anderen – die vermeintlich weniger leisten, wissen oder können – werden mit Geringschätzung bedacht, verdienen quasi nicht, dass man für sie einsteht.

Selbstgerechte Vergleiche und Urteile zwischen sozialen Gruppen, sagt Wiesböck, sind allgegenwärtig. Man kann überhebliche Bewertungen durchaus als eine Vorstufe zu handfestem Rassismus oder Chauvinismus sehen, also als eine Basis dafür, dass sich eine auf »andere« Gruppen bezogene Menschenfeindlichkeit stärker durchsetzen kann. Wiesböck belegt jedenfalls, wie sich das Thema als roter Faden durch verschiedenste gesellschaftliche Bereiche zieht: In der Einwanderungsfrage werden wie selbstverständlich die eher nützlichen und die weniger nützlichen Menschen aus anderen Ländern benannt und dementsprechend behandelt. Während Fachkräfte aus den USA oder Indien bereitwillig aufgenommen werden, gelten Menschen aus manchen afrikanischen Ländern, die hier leben und arbeiten wollen, oft als solche, die Arbeitsplätze »wegnehmen«. Bei der Schulwahl darf – wie im eingangs beschriebenen Beispiel – mittlerweile laut darüber nachgedacht werden, wie das eigene Kind vor allem mit »günstigen« anderen Kindern der vermeintlichen Eigengruppe statt mit »nicht so günstigen« anderen Kindern lernen kann. Und im öffentlichen Diskurs werden Menschen, die Sozialhilfe oder Hartz IV beziehen, häufig offen abgewertet. In Dokusoaps werden sie jedenfalls seit den ersten Tagen des Privatfernsehens und bis heute verspottet. Sogar beim Konsum – wer besitzt was und wer wohnt wo – sowie in den sozialen Medien gibt es permanente Vergleiche. Auch gegen diesen fortwährenden Konkurrenz- und Bewertungsdruck wehrt man sich oft vorsichtshalber gleich wieder mit neuen Abwertungssalven.

Laura Wiesböck, die vor allem die Auswirkungen von sozialer Ungleichheit auf Migration und den Arbeitsmarkt untersucht, macht deutlich, dass heute letztlich jeder seine eigene soziale Gruppe als »anders, aber besser« wahrnimmt. Einige Psychologen reden deshalb auch von einer »narzisstischen Gesellschaft«, ein Begriff, der zwar griffig klingt, aber auch missverständlich ist: Der

Einzelne ist meist gar nicht so egozentrisch und will nur für sich alleine das Beste. Die meisten sind eher zu sehr auf ihr eigenes soziales Milieu bezogen, und zwar so stark, dass sich ein Geist der Spaltung in der Gesellschaft breitmachen konnte und dies weiter tut. Abwertungen und Ressentiments, die es ohnehin schon gibt, nehmen zu – und zwar quer durch alle gesellschaftlichen Gruppen. Die ersten Sätze von Wiesböcks Buch verdeutlichen das. Sie lauten: »Was haben eine junge Frau, die denkt, dass Wähler rechtspopulistischer Parteien dumm sind, und ein älterer Mann, der alle Migrant*innen für Sozialschmarotzer hält, gemeinsam? Wahrscheinlich mehr, als sie sich selbst eingestehen wollen. Denn obwohl sie sich voneinander abgrenzen, folgen sie demselben Prinzip: Sie werten eine ganze soziale Gruppe auf der Basis eines Vorurteils ab, stecken das Gegenüber in eine vorgefertigte Box und schmälern damit die Chance auf einen gemeinsamen Dialog.«

Auch wenn im Laufe dieses Kapitels noch deutlich werden wird, dass in der Ausprägung von Ressentiments gegen den »Anderen« und »Fremden« große Unterschiede existieren und es durchaus einen Prozentsatz von Menschen gibt, die einer manifesten rassistischen Ideologie anhängen und kaum beeinflussbar sind, so betrifft das Thema der selbstgerechten Abwertung heute beinahe jeden.

Gut für den Selbstwert

In der Sozialpsychologie ist man sich schon lange darüber im Klaren, dass die Aufwertung der eigenen Gruppe so gut wie allen Menschen Selbstvertrauen und Stabilität verschafft, also letztlich ein überall beobachtbares psychologisches Prinzip ist. Der selbstgerechte Vergleich mit anderen ist deshalb seit jeher unerfreulich weit verbreitet. Der britische Sozialpsychologe Henri Tajfel hat das bereits in den 1950er-Jahren in einer Reihe von Experimenten erkannt. Seine bekannte »Theorie der sozialen Identität« besagt letztlich, dass die Zugehörigkeit zu bestimmten Gruppen für Menschen einen Teil ihres Selbstbildes formt und sie emotional stabilisiert. Damit diese identitätsstiftende Wirkung sich auch entfaltet, ist es natürlich günstig, die eigene »Gruppe« als besser anzusehen als andere Gruppen. So kann man stolz sein und sich daran erfreuen. Damit man sich noch besser fühlt, werden die anderen dabei entweder indirekt abgewertet oder sogar direkt. Dazu kommt noch, dass man die eigene Gruppe tendenziell durch eine »rosarote Brille« wahrnimmt, man verzeiht »denen, die zu uns gehören« viel eher Fehler. Die Mitglieder der eigenen Gruppe werden auch durchweg als ähnlicher und die Gruppe selbst dadurch als geschlossener wahrgenommen, als sie tatsächlich ist, so dass es zu unbestrittenen Schlussfolgerungen kommt, wie es beispielsweise »unter uns Intellektuellen«, »unter uns SPD-Wählern« oder »unter uns Männern« zugeht. Der Zusammenschluss macht folglich stark. Für den Existenzbeweis dieses Phänomens braucht man keine sozialpsychologische Studie zu zitieren: Jeder, der einmal in einem Team gearbeitet hat, weiß, wie gut es tut, über die, die gerade nicht zum eigenen Grüppchen gehören, zu lästern. Die positiv getönte und oft komplett verzerrte Wahrnehmung der eigenen Gruppe kann man in jedem Fußballstadion beobachten, wenn ein Spieler der Lieblingsmannschaft die rote Karte bekommt und sich alle Fans einig sind, dass der Schiedsrichter grundfalsch entschieden hat.

Der Wunsch nach sozialer Identität und Zugehörigkeit lenkt also individuelle Einstellungen, Wahrnehmungen und Handlungen. Die damit verbundene Aufwertung und Begünstigung der »eigenen Leute« ist zwar nicht gerecht und verschärft soziale Probleme, aber es gibt sie – und beinahe jeder kennt sie in Ansätzen aus seinem eigenen Umfeld. Solange man solche Aufwertungs- und Abwertungsprozesse noch bei sich und den eigenen Leuten wahrnehmen, korrigieren und auflösen kann, sind Vorurteile eher peinlich als gefährlich. Wer zeitnah registriert, wann er sich billiger Selbstwert-Tricks bedient hat – beispielsweise beim Lästern oder Schimpfen über andere Gruppen –, ist mit seinen arroganten und autoritären Reflexen zumindest zum Teil im Kontakt. So hat man die Möglichkeit, sich von Vorurteilen, abwertenden oder sogar rassistischen Positionen immer wieder bewusst wegzubewegen. (Über implizite Vorurteile siehe auch den Kasten auf Seite 105.)

Immer dieses »Wir«

Doch ist das alles wirklich so einfach? Die Antwort lautet: Nein. Denn natürlich stellt sich die Frage, warum die beschriebenen Abwertungsmechanismen im Moment wieder so stark um sich greifen, dass Islamfeindlichkeit, Antisemitismus und rassistische Vorurteile aller Art auf dem Vormarsch sind. In den zu Beginn genannten Beispielen ist jedenfalls psychologisch gesehen nicht nur der schlichte Wunsch nach sozialer Aufwertung der eigenen Gruppe im Spiel – in beiden Beispielen schwingen massive rassistische Einstellungen mit.

Beim Ausmaß und bei der Selbstverständlichkeit der Abwertung gibt es also Unterschiede – und beim psychologischen Bedürfnis nach dem Hantieren mit Vorurteilen erst recht. Um das genauer zu verstehen, lohnt es, noch einmal zurück zur Theorie der sozialen Identität zu gehen. Henri Tajfel hatte zunächst festgestellt, dass jeder Mensch den Impuls kennt, die eigene Gruppe als besser anzusehen und diese auch eher zu begünstigen. Doch die Intensität, mit der Menschen diesem Impuls folgen, variiert durchaus. In neueren Studien zum Thema »soziale Identität« zeigte sich etwa, dass das Ausmaß der Begünstigung und Überhöhung der Eigengruppe auch damit zu tun hat, wie sehr Menschen sich überhaupt über die jeweilige Gruppe im Speziellen und über Gruppen insgesamt definieren. Wer seine Identität nicht so sehr aus Gruppenzugehörigkeiten zieht, braucht die sozial günstigen Vergleiche auch nicht so dringend und bevorzugt dementsprechend auch die eigene Gruppe nicht permanent. Die Grenzen zu anderen Gruppen sind dann auch nicht scharf gezogen. Je wichtiger einem allerdings eine Gruppenzugehörigkeit für die eigene Identität ist, desto stärker wird die Tendenz der Aufwertung der »Unseren« und der Grenzziehung. Dies führt dann auch eher zu stärkeren Vorurteilen und zur Abwertung aller Arten von »fremden« Gruppen. Der Drang nach Aufwertung durch Aufwärtsvergleich erfüllt dann eine zentrale psychische Funktion und ist für das innere Gleichgewicht essenziell.

Als Fußnote sei hier angemerkt, dass die Gruppenzugehörigkeit zu einem »deutschen Volk«, das vermeintlich herausragende oder auch nur eindeutig markierbare Eigenschaften habe, gerade wieder sehr in Mode kommt. Auch diese Zugehörigkeit ist natürlich nicht für alle Menschen gleichermaßen attraktiv oder wichtig. Über die Kategorie »mein Volk« oder auch »Deutschland« definieren sich ausgehend von Tajfels Theorie möglicherweise gerade die Menschen, denen entweder die Verortung in anderen sozialen Gruppen oder dem eigenen Milieu nicht genug Aufwertung verspricht, oder solche, die eine Identifikation mit Gruppen weit befriedigender finden als eine individuelle Identitätsfindung. Erinnert man sich hier noch mal an den Begriff des »falschen Selbst« aus Kapitel zwei, so fällt auf, dass Menschen, die gern autoritären Impulsen folgen, oft nicht wissen, wer sie selbst sind, was sie selbst brauchen, können und wollen. Es mag sein, dass solchen Personen Identitätsfindung über soziale Gruppen schlicht dringlicher ist als vielen anderen Menschen.

Messbares Herrenmenschendenken

Und das ist noch nicht alles, was man aus psychologischer Perspektive bedenken sollte, wenn es um Ressentiments und Rassismus geht. Abseits der bisher beschriebenen sozialpsychologischen und häufig auf Gruppen bezogenen Prozesse spielen natürlich auch innere Einstellungen und Persönlichkeit bei der Vorurteilsbildung eine entscheidende Rolle. Neben der »autoritären Dynamik«, die ja bei Abwertungsprozessen und dem Aufbau von Feindbildern im Hintergrund immer mitwirkt, gibt es noch einen weiteren Faktor, der Abwertungen nicht nur anstachelt, sondern sie beinahe unkorrigierbar verfestigt. Die Rede ist von der »sozialen Dominanzorientierung«. Dieser Begriff wurde unter anderem von der Sozialpsychologin Felicia Pratto von der Universität Connecticut geprägt. Er besagt, dass in sozialen Gruppen und Gesellschaften immer ein Teil von Mitgliedern existiert, die eine Haltung verinnerlicht haben, nach der Gesellschaften nur funktionieren, wenn sie hierarchisch strukturiert sind, wenn es also ein »Oben« und ein »Unten« gibt. Leute, die diese soziale Dominanz bestimmter Gruppen für gegeben halten, glauben häufig nicht nur, dass es generell Stärkere und Schwächere gibt, sie sind oft auch der Meinung, dass es »naturgegeben« Gruppen gibt, die entweder eher oben oder eher unten stehen, und dies auch seine Richtigkeit hat. Diese Überzeugung geht mit der Schlussfolgerung einher, dass die Welt ein sozialdarwinistischer Dschungel ist, wo um Überleben und Vormachtstellung konkurriert wird und deshalb vieles erlaubt ist. Da man natürlich, bei Licht betrachtet, nicht wirklich festlegen kann, welche gesellschaftlichen Gruppen oder gar welche Ethnien überlegen sind und welche nicht, wird hier mit legitimierenden Mythen gearbeitet, also mit Geschichten, die erzählt werden, um zu erklären, warum bestimmte Völker vermeintlich stark und andere schwach sind bzw. warum Frauen vermeintlich schwächer sind als Männer etc. Auch wenn die Mythen sich immer ein wenig ändern, sie werden von Menschen, die dieser Ideologie anhängen, als gegeben angesehen.

Die »soziale Dominanzorientierung« lässt sich mit einem sozialpsychologischen Fragebogen messen. Ist sie stark ausgeprägt, trägt das oft zur Bildung massiver und schwer korrigierbarer Vorurteile bei. Wer hier hohe Werte aufweist, stimmt etwa den Aussagen zu: »Wenn bestimmte Gruppen da blieben, wo sie hingehören, hätten wir weniger Probleme.« Oder: »Es ist wahrscheinlich eine gute Sache, dass manche Gruppen eher oben und andere eher unten sind.« Wissenschaftler, die zur sozialen Dominanzorientierung forschen, weisen darauf hin, wie geschlossen dieses Denken oft ist und wie leicht Menschen, die ganz andere Einstellungen haben, daran abprallen können. Wer diesem Weltbild folgt, der könnte etwa behaupten, dass er »nichts gegen Menschen aus dem Land X habe«, dennoch kann er sehr genau sagen, wo Menschen dieser Gruppe seiner Meinung nach »naturgemäß« hingehören. Dazu kommt dann oft noch der Hinweis, dass es doch klar sei, dass bestimmte Gruppen – oft weiße Europäer – die anderen Gruppen – oft Menschen der übrigen Kontinente – dominieren und führen müssten. Nicht selten wird beispielsweise gönnerhaft behauptet, dass man den anderen Gruppen ja dann auch zeige, wo es langgehe, und die Organisation der Welt für sie übernehme. Dieses Argumentationsmuster zeigt sehr deutlich, wo Teile des heute betriebenen Rassismus ihre Wurzeln haben: In der Kolonialzeit, in der man mit der Logik der Ungleichwertigkeit und der sozialen Dominanzorientierung gerechtfertigt hat, sich Länder und Bodenschätze einzuverleiben und die dort Ansässigen zu beherrschen oder sogar zu töten. Als Ideologie und Weltbild hat sich diese Sichtweise erschreckenderweise bis heute gehalten und ist laut Sozialpsychologen ein gefährlicher Faktor, wenn es um Vorurteile und das Verfestigen eines strukturellen Rassismus in der Gesellschaft geht. Neben der ideologisierten Abwertung – und den damit verbundenen Vorteilen für den eigenen Selbstwert – steckt hinter diesen Denkmustern oft auch der Wunsch, es möge ein geordnetes und klares System geben, mit dem man die Welt erklären könne. So wird die latente Ideologie rund um die soziale Dominanzorientierung – ähnlich wie der

Wunsch nach autoritärer Führung – immer dann stärker aktiviert, je wertloser und verwirrter sich ihre Vertreter fühlen. Sie kommt also in subjektiv erlebten oder objektiven Krisenzeiten stärker zum Vorschein.

Der Duktus »Die Welt ist halt so, diese oder jene Gruppe gehört nicht zu uns und soll nicht unsere Privilegien besitzen« klingt im Augenblick ebenfalls wieder ziemlich vertraut, denn diese Art der Scheinargumentation wird in der politischen Debatte gerade wieder stark eingesetzt. So etwa in Teilen der AfD und anderen rechtspopulistischen und rechtsextremen Kreisen. Unter dem Stichwort »Ethnopluralismus« wird behauptet, dass man beispielsweise nichts persönlich gegen Flüchtlinge aus Syrien oder gegen Menschen muslimischen Glaubens habe, sie gehörten nur einfach nicht »hierher« und seien woanders besser aufgehoben. Diese perfide Argumentation wirkt oft, solange man nicht genau über sie nachdenkt, als sei sie beinahe tolerant oder fürsorglich – dahinter verbirgt sich jedoch oft ein zutiefst nationalistisches und rassistisches Weltbild, das letztlich Rassentrennung befürwortet. Kurz: Wer so argumentiert und Politprofi ist, der weiß, auf welche Ideologie er einzahlt. Auch wenn unter den Wählern dies manche möglicherweise nicht genau einschätzen können.

Am Vorurteil festhalten

Die oben beschriebene »Ideologie der Ungleichwertigkeit« und das geschlossene Weltbild der sozialen Dominanzorientierung haben auch oft zur Folge, dass deren Vertreter sich nicht mehr von den Erfahrungen, die sie mit einer bestimmten Gruppe von Menschen machen, beeindrucken lassen. Wer letztlich denkt, dass beispielsweise Deutsche die »Herrenmenschen« seien, der kann zwanzig Jahre mit einem türkischstämmigen Arbeitskollegen zusammengearbeitet haben und wird dennoch immer noch behaupten: »Klar, mein Kollege ist nett. Aber er versteht unsere Werte nicht und gehört nicht hierher.« Wie gefährlich genau diese Argumentation ist, liegt auf der Hand: Sie immunisiert gegen menschliche Erfahrungen.

Bereits Theodor W. Adorno hat in seinen »Studien zum autoritären Charakter« dieses Phänomen der Spaltung beschrieben und als einen Wesenszug der autoritären Dynamik identifiziert. In Tiefen- und Einzelinterviews fand er beispielsweise immer wieder heraus, dass es Menschen gibt, die massive Vorurteile gegenüber Juden äußern und im gleichen Atemzug sagen, dass sie ein paar »beste Freunde« hätten, die Juden seien, diese wären aber die Ausnahme von der Regel oder »keine richtigen Juden«. Umgekehrt gibt es in den Tiefeninterviews auch Menschen, die sagen, dass sie keine Juden mögen. Fragt daraufhin einer der Interviewer, welche Erfahrungen der Interviewpartner denn konkret mit Menschen dieses Glaubens gemacht habe, müssen sie zugeben, dass sie gar keine Juden kennen. Das erinnert ein bisschen an das paradoxe Muster, das zurzeit unter anderem in einigen ostdeutschen Bundesländern zu beobachten ist: Obwohl die Bürger dort im Jahr 2015 und auch bis jetzt viel seltener mit Geflüchteten in Kontakt kamen als in vielen anderen Bundesländern, so sind die Wut, die Abwertung und die vermeintliche Angst gegenüber dieser Gruppe riesig. Dieses Phänomen lässt sich nicht einfach als Ignoranz oder gar Dummheit interpretieren. Es zeigt eher auf eindrückliche Weise, dass die immensen Vorurteile und Abwertungen einer geschlossenen Ideologie folgen und eine so starke psychische Funktion besitzen, dass sie unantastbar und unkorrigierbar sind – und dies für das stabile Selbstbild der betreffenden Personen auch sein müssen. Adornos Schluss aus diesem Teil seiner qualitativen Studien war jedenfalls: »Es gibt keinen glatten Bruch zwischen Stereotypie und Erfahrung. Stereotypie ist ein Kunstgriff, sich die Dinge bequem zurechtzulegen; da diese Tendenz aber aus verborgenen, unbewussten Quellen gespeist wird, können die Verzerrungen, die sie zur Folge hat, nicht einfach durch einen Blick in die Wirklichkeit korrigiert werden.« Vereinfacht gesagt: Vorurteile verschwinden nicht einfach, denn sie haben eine psychische Funktion.

Alle anderen gelten nichts

Es wäre natürlich wichtig zu wissen, wer nun eigentlich der oben beschriebenen »Ideologie der Ungleichwertigkeit« zugeneigt ist, die letztlich auch ein zentrales Element von rechtsextremen Einstellungen ist, und wer eher »leichtere« oder korrigierbare Vorurteile vor sich herträgt. Ein Forscher, der sich seit langem mit der Stärke von Vorurteilen in Deutschland beschäftigt, ist der Psychologieprofessor Andreas Zick. An der Universität Bielefeld leitet er das »Institut für interdisziplinäre Konflikt- und Gewaltforschung«. In seinen Befragungsstudien mit über 2.000 Teilnehmern stellte Zick immer wieder fest, wann und warum Deutsche rechtsextreme Einstellungen vertreten, wer welche Vorurteile hat und wie weit verbreitet sie hierzulande sind. Andreas Zick untersucht dabei schwerpunktmäßig die so genannte

»gruppenbezogene Menschenfeindlichkeit«. Darunter versteht die Forschung eine manifeste vorurteilsbehaftete Einstellung gegenüber sehr vielen potenziell fremden, andersdenkenden oder vermeintlich »unterprivilegierten« Gruppen. Zick und seine Kollegen wissen schon seit Jahren, dass es eine Teilgruppe von Menschen in unserer Republik gibt, die nicht »nur« gegen eine einzige als fremd wahrgenommene Gruppe gezielt Vorurteile vorbringt, sondern beinahe ständig bereit ist, zum Rundumschlag auszuholen: Dieser Typus wertet nicht nur Flüchtlinge generell ab, sondern auch Andersgläubige wie Muslime oder Juden, äußert sich nicht nur negativ und feindselig über Sinti und Roma, sondern auch über Wohnungslose oder Homosexuelle. Bereits in ihrer Befragung von 2014 konnten Zick und seine Kollegen feststellen, dass etwa ein Fünftel der Menschen hierzulande dieses Muster der »gruppenbezogenen Menschenfeindlichkeit« zeigten – also beinahe 20 Prozent. Neue Zahlen von 2019 weisen ähnliche Ergebnisse aus. Demgegenüber zeigten 80 Prozent der Befragten keiner oder »nur« einer Gruppe gegenüber (z.B. Geflüchteten) Vorurteile und Abwertung. Man geht davon aus, dass bei Letzteren die Vorurteile nicht so manifest sind und sie zum Teil noch offen für Argumente und Erfahrungen sind, die ihre Vorurteile verändern könnten. Bei der Gruppe jedoch, die zur »gruppenbezogenen Menschenfeindlichkeit« neigt und die sich vermutlich in etwa mit der Gruppe deckt, die ausgeprägte rechtsextreme und autoritäre Haltungen vertritt, ist dagegen die Chance auf Veränderung gering. Wer also im Gespräch immer wieder von einem Vorurteil zum nächsten springt und immer wieder unterschiedliche gesellschaftliche Gruppen in die Kritik nimmt, der ist schwer greifbar – und per Definition von Sozialpsychologen auch mit hoher Wahrscheinlichkeit nur schwer zu überzeugen.

Man kann also sehen, dass im Moment bis zu 20 Prozent zu den »Unbelehrbaren« gehören, die sich, wenn sie nicht selbst umdenken wollen, nur sehr schwer durch Argumente oder Erfahrungen in ihren feindseligen Einstellungen umstimmen lassen. Das ist eine ziemlich schlechte Nachricht. Die gute Nachricht ist laut Andreas Zick aber, dass die meisten Menschen im Land, also 80 Prozent oder mehr, zwar auch nicht ohne Vorurteile auskommen, aber durchaus die Möglichkeit haben, durch mehr Informationen, gute Diskussionen und Argumente dazuzulernen und Ressentiments und Rassismus über Bord zu werfen. Diese große Gruppe kann auch lernen, Vorurteile immer mehr abzubauen, wenn sie Gelegenheit bekommt, den oder die bisher Fremden wirklich kennenzulernen.

Sie haben auch Kinder, sie können auch kochen

»Durch Kontakt und neue Erfahrungen können bestehende Vorurteile aufweichen und verschwinden«, erklärt Andreas Zick. Die Hoffnung, dass sich Vorurteile oder gar Rassismus legen, wenn Menschen einander kennenlernen und näher kommen, ist als so genannte Kontakthypothese bekannt und wurde bereits in den 1950er-Jahren erstmals vom Sozialpsychologen Gordon W. Allport formuliert und in Studien getestet. Allport war der Meinung, dass Menschen immer dann ihre abwertenden Einstellungen zu bisher fremden Gruppen verändern, wenn sie zum einen die Vertreter dieser anderen Gruppe wirklich kennenlernen, mit ihnen sprechen und auf sie zugehen. Und wenn man sich zum anderen in einer Situation auf Augenhöhe begegnet, in der man z.B. zusammen ein gemeinsames Problem löst, zusammen arbeitet, musiziert oder Fußball spielt. Dass die Situation unbedingt ein kooperatives Element enthalten sollte, etwa, indem man ein gemeinsames Ziel entwickelt und daran arbeitet, legen Allports Studien jedenfalls von Anfang an nahe. Das klingt alles ein bisschen nach modernen Teambuilding-Maßnahmen und lässt die Vorstellung aufkommen, dass es zu einem Abbau von Vorurteilen vonnöten ist, dass sich die betreffenden Personen direkt kennenlernen, gemeinsam etwas erleben, aufbauen und verändern. Die Stärke des Kontakts auf Augenhöhe besteht tatsächlich und ist auch zum Teil in privaten Initiativen und von NGOs in den letzten Jahren immer wieder umgesetzt worden, z.B. bei so genannten »Welcome-Dinnern«, bei denen Familien aus Deutschland Geflüchtete zu sich nach Hause einluden, man gemeinsam kochte und später umgekehrt auch von den Geflüchteten eingeladen wurde. Dass ein einmaliges gemeinsames Kochen noch keine Berge versetzt, ist natürlich klar. Es ist nur ein ganz guter Anfang.

Wichtig ist jedenfalls nach den Theorien von Gordon Allport, dass die bloße physische Nähe zueinander – etwa im selben Häuserblock zu wohnen – überhaupt noch nicht hilft. Die Kontakthypothese greift nur, wenn man miteinander auch wirklich spricht und einander als Mensch begegnet. So kitschig es klingen mag, kann also das aktive Gespräch, der immer wiederkehrende Kontakt, der Versuch, gemeinsam etwas zu tun, bei sehr vielen Menschen Vorurteile nach und nach abbauen.

Viele Mitbürger, die heute vielleicht skeptisch sind, weil in ihrer Nachbarschaft eine Flüchtlingsunterkunft gebaut wird, würden im Kontakt mit den neuen Nachbarn ihre Urteile revidieren können oder sich schlicht von der eigenen Empathie tragen lassen, die bei vielen erst aufkommt, wenn sie wirklich hautnah mit fremden Schicksalen konfrontiert werden.

Psychologen sind jedenfalls der Meinung, dass das Heilsame oft dort entsteht, wo man neben Empathie auch Gemeinsamkeiten und Ähnlichkeiten erlebt. Das Gefühl »du bist mir ähnlich« ist beispielsweise auch eins der wichtigsten Kriterien für erlebte Sympathie und Freundschaft. Wenn man im direkten Kontakt trotz aller trennenden Unterschiede spürt, dass die »Anderen«, die vorher als fremd oder bedrohlich wahrgenommen wurden, auch gern und gut kochen, ihre Kinder aufziehen, Sport treiben und Sorgen und Freuden haben, dann verändert sich plötzlich unglaublich viel.

Alles nur Sozialromantik?

Die Vorstellung, dass das Zusammenleben vieler unterschiedlicher Menschen, das gemeinsame Lösen von Aufgaben tatsächlich langfristig Ressentiments abbaut, wirkt heute manchmal fast naiv. Und wer diesen Faktor als ein schnelles Allheilmittel für alle Abwertungsmechanismen und für unbelehrbaren Rassismus betrachtet, der hat tatsächlich falsche Vorstellungen. Doch andererseits sollte man sich auch nicht von den unversöhnlichen, aggressiven Stimmen täuschen lassen, die im Augenblick den Diskurs bestimmen. Es sind einige – schlimmstenfalls 20

Prozent –, die sich schwer oder gar nicht von neuen Erfahrungen beeinflussen lassen, aber es sind eben nicht alle. Wir sind mehr. Und: Es könnte interessant sein, genauer zu erkennen, wer alles zu dieser Art des »Wir« gehört und wer nicht.

Angesichts der verschiedenen Ursachen von Ressentiments – mal sind es Abwertungsprozesse, mal implizite Rassismen und mal Menschenfeindlichkeit – ergibt sich zumindest die Hoffnung, dass ein Teil der aktuellen Hetzstimmung und Aggression veränderbar wäre, würde man vor allem die Mitbürger erreichen, die gerade dabei sind, ihre latent fremdenfeindlichen Einstellungen zu zeigen oder auszubauen. Es geht dabei natürlich nicht darum, einem »Rassismus light« das Wort zu reden – doch kann ein besseres Einschätzungsvermögen, wie tief Vorurteile jeweils beim Gegenüber verwurzelt sind, ein guter Ratgeber bei Diskussionen oder beim Antworten auf rechtspopulistische Phrasen sein. Mit manchen Leuten lohnt es sich tatsächlich zu reden. Bei anderen hilft nur rigorose Abgrenzung. (Dazu auch Kapitel acht.)

ZUSAMMENFASSUNG: Was ist wichtig?

1. Wir leben in einer Gesellschaft, in der das Aufwerten der eigenen sozialen Gruppe und das Abwerten anderer strukturierendes Prinzip ist. Der selbstgerechte Blick auf andere vergiftet die Atmosphäre und gefährdet den Zusammenhalt. Diese Art der Arroganz und Distinktionssucht macht vor kaum jemandem halt und zieht sich durch alle Lebensbereiche. Diese psychosoziale Gepflogenheit bereitet rechtsradikalem Denken und Rassismus den Boden. **Was daraus folgt?** Es kann sich lohnen, ein Bewusstsein dafür zu entwickeln, wo und wie Bewertung und Abwertung unseren Alltag durchziehen. Wer eigene Mechanismen der Arroganz und Abwertung anderen, »fremden« Gruppen gegenüber beobachtet, kann versuchen, sie zu verändern. Das können Vorurteile gegenüber Geflüchteten ebenso sein wie solche gegenüber Ossis, Erben oder Arbeitslosen.

2. Soziale Identität, also ein Zugehörigkeitsgefühl zur eigenen Gruppe der »SPD-Wähler«, der »Akademiker« oder der »Deutschen«, spielt nicht für alle Menschen gleichermaßen eine Rolle. Je stärker Menschen über bestimmte Gruppenzugehörigkeiten ihr Selbstbild stabilisieren, desto stärker grenzen sie sich auch gegen andere ab und brauchen deshalb Ressentiments. **Was folgt daraus?** Alle Faktoren, die Menschen individuell in ihrem Selbstvertrauen stärken und die ihr Selbstbild auch ohne Gruppenidentität stabilisieren – selbst etwas machen, freundliche Beziehungen, Stärken ausleben, wissen, wer man ist und was einem gut tut –, können dazu führen, dass Gruppenabgrenzungen unwichtiger werden und dadurch auch weniger aggressiv ausfallen.

3. Teile der Bevölkerung vertreten eine »gruppenbezogene Menschenfeindlichkeit«, werten also Gruppen, die ihnen »weniger wertvoll« erscheinen, kategorisch ab. Menschen mit dieser Ideologie bilden den Kern derer, die sich zu rechtsextremen Einstellungen bekennen. Diese Gruppe ist wahrscheinlich auch nicht mit Argumenten oder Kontakt zu bisher »Fremden« umzustimmen. **Was folgt?** Es gibt eine erschreckend große Gruppe von unbelehrbaren Rassisten. Dem steht allerdings eine Mehrheit von Menschen gegenüber, die derart menschenverachtende Positionen bei genauerem Nachdenken nicht vertreten oder die ohnehin sozial eingestellt sind. Es gibt also keinerlei Anlass zu glauben, dass diese rassistische Minderheit »das Volk« ist oder gar den Willen der ganzen Republik kundtut.

4. Kontakt zu vermeintlich Fremden, Ähnlichkeiten und Sympathie erkennen, gemeinsames Problemlösen und zusammen etwas gestalten, helfen dabei, Vorurteile und Ressentiments abzubauen. All das hilft bloß nicht bei krassen Rassisten. **Was folgt?** Weiterfeiern und Gemeinsamkeiten suchen, den Austausch und die Kommunikation suchen und Menschen unterschiedlicher sozialer Gruppen miteinander in Kontakt bringen.

PSYCHOLOGISCHE HINTERGRÜNDE: Von implizitem Rassismus ist jeder betroffen

Jeder Mensch hat Stereotype verinnerlicht und von der Gesellschaft übernommene Vorurteile gegen bestimmte soziale Gruppen oder Ethnien im Kopf. Auch wenn man sich selbst als überzeugte Demokratin sieht, Feminist ist oder als Aktivistin politisch gegen Rassismus vorgeht, unterlaufen Menschen implizite Vorurteile – weil sie so weit verbreitet sind und quasi unbewusst ein Leben lang gelernt sind. Das sollte man wissen. Nicht, um sich dadurch zu entlasten, sondern im Gegenteil, um etwas kritischer mit sich selbst und mit manchen automatischen Bewertungen oder Einordnungen zu sein. In der amerikanischen Sozialpsychologie haben Forscher lange Zeit versucht, so genannte implizite und zum Teil sogar unbewusste Vorurteile von Menschen zu messen. Angesichts der politischen und gesellschaftlichen Verfasstheit der USA wurde besonders stark zu verdecktem Rassismus geforscht. Ein bekannter Test in dem Zusammenhang ist der so genannte Implizite Assoziationstest, IAT. Mit Hilfe einer Computersimulation wird hier gemessen, wie schnell Testpersonen beispielsweise bestimmte Bilder von Menschen verschiedener Hautfarbe bestimmten beschreibenden Begriffen zuordnen, z.B. »wundervoll«, »böse«, »ordentlich« und so weiter. Die Forscher wollen also letztlich mit Hilfe von Reaktionszeiten messen, wie stark bestimmte beschreibende Eigenschaften mit verschiedenen sozialen Gruppen assoziiert werden bzw. wie eng sie kognitiv miteinander verbunden sind. Die Ergebnisse sind oft ebenso beschämend wie erwartbar: Es zeigte sich häufig, dass auch Menschen, die sich selbst nicht als sexistisch oder rassistisch einordnen und sich auch nicht so verhalten, verdeckt zu Vorurteilen neigen.

Für die Anti-Rassismus-Expertin, Trainerin und Autorin Tupoka Ogette aus Berlin kann die Erkenntnis, dass kein Mensch ohne rassistische Vorbehalte ist, auch eine Chance sein. Sie sagt in einem Artikel in der Zeitung »Die Zeit«: »Der Schlüssel, um besser über Rassismus zu sprechen, ist zu verstehen, dass es diesen Unterschied gibt zwischen Rassist oder Rassistin sein oder rassistisch sozialisiert sein.« Wenn der Unterschied klar ist, dann kann man auch offener über rassistische Äußerungen oder rassistische Sprache reden bzw. sich auch selbst von anderen Menschen auf problematische Begriffe oder auf spontan produzierte Vorurteile hinweisen lassen. Die Unterscheidung zwischen »implizitem und explizitem Rassismus« oder zwischen »strukturellem Rassismus«, der uns alle betrifft, und einer Person, die ein »Rassist« ist und bleiben will, kann also die Auseinandersetzung mit dem Thema erleichtern.

Wer bereit ist, sich mit eigenen rassistischen oder sexistischen Tendenzen auseinanderzusetzen, der kann im Netz den »IAT« zu verschiedenen Themenbereichen machen. Genauso gut ist aber, eine verstärkte Offenheit und aufmerksame Selbstwahrnehmung den eigenen »blinden Flecken« in Sachen Rassismus gegenüber zuzulassen.

Webseite: https://implicit.harvard.edu/implicit/germany/

TEIL II:

AUSSEN – WIE RECHTSEXTREME EINSTELLUNGEN VERSTÄRKT WERDEN

»*Eigentlich wollte ich nie Rassist werden.
Ich wollte Lokomotivführer werden.*«

Aus Marc-Uwe Kling, Die Känguru-Apokryphen

**KAPITEL FÜNF:
HIER LÄUFT DAS SO!**

....

Das soziale Milieu, in dem man sich täglich bewegt, und das, in dem man geprägt wurde, beeinflussen die politische Meinung und können Menschen dazu bringen, sich den rechten Populisten zuzuwenden. Auch Großgruppen können latente rechte und rechtsextreme Einstellungen verstärken.

Dieses Kapitel erklärt, wie soziale Beeinflussung, Gruppennormen und Massenphänomene und andere psychologische Prozesse auf ganz unterschiedliche Weise auf politische Einstellungen und Handlungen Einfluss nehmen und was daraus folgt.

> »*Because for all our outward differences,
> we all share the same proud title: Citizen.*«
> Barack Obama, 2017

Der französische Literat und Soziologe Édouard Louis beschreibt in seinem viel beachteten Buch »Das Ende von Eddy« das Milieu seiner eigenen Kindheit und Jugend. Seine Familie bezeichnet er als Angehörige des »Lumpenproletariats«, daneben erzählt er, wie sehr er selbst als homosexueller Mann in dem kleinstädtischen Arbeitermilieu Nordfrankreichs litt, wo Männer »harte Kerle« sein müssen, Frauen und Schwule systematisch abgewertet werden. Louis wurde in seiner Jugend gehänselt, verprügelt, gedemütigt. Und als schließlich deutlich wurde, dass er Männer liebt, erklärte ihm sein Vater, dass er sich für ihn schäme. Louis, der in Frankreich und auch hierzulande mit seinem politischen und literarischen Wirken viel Beachtung erfährt, äußert sich in Interviews auch häufiger dazu, wie er mittlerweile, Jahre später, über das Milieu denkt, in dem er aufgewachsen ist. Obwohl er heute in Paris lebt und seine Flucht aus der dörflichen Umgebung auch als persönliche Rettung und Neuerfindung beschreibt, zeigt er in der Reflexion zum Teil Verständnis für den Habitus der Schicht, aus der er stammt. In der soziologischen und auch literarischen Beschäftigung mit der Arbeiterschicht habe er begriffen, dass die dort permanent zelebrierte Männlichkeit letztlich damit zu tun habe, dass der eigene Körper die einzige Möglichkeit zur Identifikation sei, so Louis. Denn der Zugang zu anderen Ressourcen wie Bildung, Geld, Anerkennung und Status sei dieser Schicht beinahe komplett verwehrt. Im Februar 2019 erklärt Louis in der Sendung »Sternstunde Philosophie« auch ganz konkret: »Aus diesen soziologischen Gründen entschuldige ich meinen Vater. Als er zu mir sagte, ich schäme mich für dich, weil du schwul bist, hasste ich ihn. Heute sehe ich, dass das System für seine Haltung verantwortlich ist.«

Besonders wichtig als eine Art Verteidigung ist Louis dabei der Punkt, dass Menschen aus dem Arbeitermilieu, anders als Menschen aus anderen gesellschaftlichen Schichten, auch nur wenig Erfahrungen mit unterschiedlichen Weltsichten machen können. Sein Vater sei beispielsweise in seinem Leben noch nie außerhalb von Frankreich gewesen, kenne auch die Hauptstadt und die dortigen sozialen Gruppen so gut wie gar nicht, wisse nicht, wie Menschen sich dort gäben und sprächen und womit sie sich beschäftigten. So lebten die Menschen der »unteren« Schicht Nordfrankreichs oft in einer extrem homogenen, abgeschlossenen Gruppe, in der einer die Weltsicht des anderen bestätige, aber keiner über den Tellerrand schauen könne. Und das nicht aus einer selbstverschuldeten Ignoranz, sondern weil es laut Louis gar keine Möglichkeiten gibt, andere Perspektiven wirklich einzunehmen, daran teilzuhaben und seinen Horizont zu erweitern.

Wie auch immer man die Verantwortungsfrage für sich beantworten will, die Édouard Louis in seinen Ausführungen oft stellt: Entscheidend an der detaillierten Beschreibung ist, dass hier jemand, der von außen auf eine ihm vertraute soziale Gruppe schaut, erkennt, dass drinnen, unter den eigenen Leuten, bestimmte politische Meinungen und Vorurteile kultiviert und gepflegt werden und aus einem engen, sich selbst bestätigenden Blickwinkel auch logisch erscheinen. Psychologisch gesprochen: Die Gruppennormen, die wirken, sind stark. Das bezieht sich auch und gerade auf politische Einstellungen und Bewertungen der gesellschaftlichen Situation. Sobald in einem so homogenen Milieu eine politische Meinung aufkommt oder ein bestimmtes Wahlverhalten sich mehr und mehr verbreitet, ziehen andere unweigerlich nach. Eine verstärkte Zustimmung zu Populisten und das offene Äußern von Vorurteilen werden also beispielsweise durch eine Gruppe, in der dies kultiviert wird, immer weiter verbreitet. Nicht nur die Abschottung und die mangelnde Möglichkeit der Bildung und Meinungsbildung spielt dabei eine Rolle. In sozialen Gruppen, die sich selbst als Benachteiligte sehen und es zum Teil auch sind, gibt man sich laut Studien aus der Sozialpsychologie in den politischen Einstellungen oft besonders verschworen und steht geschlossener zusammen.

Jahrelang hat der Mechanismus der sozialen Beeinflussung innerhalb von Gruppen in Frankreich übrigens auch eine stabilisierende Wirkung gehabt: Viele Menschen, die sich der »Arbeiterklasse« zurechneten, wählten durchweg die besonders linken Parteien, weil sie sich hier eine Stimme für ihre Belange und Solidarität erhofften und sich in großen Teilen mit den kommunistischen Ideen identifizierten. In dieser Zeit waren latente rassistische Vorurteile, Homophobie, Männlichkeitskult oder Sexismus in dem Milieu bestimmt nicht geringer ausgeprägt als heute, die Einstellungen bekamen nur weniger offene Resonanz, griffen weniger deutlich ins Politische ein und führten nicht so stark zu gesellschaftlichen Spaltungsprozessen. Eine solche Bindung durch soziale Bezüge nennt der Soziologe Wilhelm Heitmeyer ein »soziales Sicherungssystem«. Sich in einer Gruppe gegenseitig zu versichern, kann also auch positive Effekte haben, im Fall der französischen Arbeiterschicht der 1980er- und 1990er-Jahre war es zum Beispiel zu begrüßen, dass Ressentiments und Rassismus nicht so massiv handlungsleitend wurden. Heute wählt die gleiche soziale Gruppe häufig die Partei von Marine Le Pen, die deutlich rechtspopulistisch und nationalistisch argumentiert und auch mit rassistischen Äußerungen nicht spart. Diesen Wandel in der politischen Einstellung der »Arbeiterklasse« beschreibt Heitmeyer ebenso wie Édouard Louis. Die »Gruppennorm« hat sich also stark geändert, ist aber immer handlungsleitend.

Wohnheim oder Verbindung?

Dass die »soziale Identität«, also die Zugehörigkeit zu bestimmten Gruppen, für viele Menschen selbstwertsteigernd und wichtig ist, und dass die Normen der Gruppe deshalb auch geteilt und gegen »fremde Gruppen« verteidigt werden, wurde schon im letzten Kapitel beschrieben. Soziale Milieus – also beispielsweise eine dörfliche oder städtische Umgebung, ein Aufwachsen im Arbeiter- oder Akademikermilieu – prägen die soziale Identität, definieren Gruppenzugehörigkeiten und beeinflussen auch politische Einstellungen maßgeblich mit.

Dass die Haltung zu gesellschaftlichen Fragen generell stark von der Bezugsgruppe geprägt wird, mit der man täglich zu tun hat, konnten die US-Sozialpsychologen Sydney und Alberta Siegel bereits Ende der 1950er-Jahre in einer Längsschnittuntersuchung messen. Sie befragten zwei Gruppen von Studentinnen mit Fragebögen zu ihren autoritären Überzeugungen. Ein Teil der jungen Frauen war gerade frisch in eine konservative Studentenverbindung gezogen, der andere Teil in ein eher liberales Wohnheim. Einige Monate später wurde die Befragung wiederholt. Es zeigte sich, dass die beiden Studentinnengruppen bei der ersten Befragung noch ähnliche Werte auf einer Autoritarismus-Skala erzielten. Doch in der zweiten Befragung drifteten sie deutlich auseinander: Nun waren die Studentinnen, die im liberalen Wohnheim lebten, viel weniger autoritär eingestellt als zuvor, stimmten etwa nicht mehr eindeutig zu, dass man Verbrecher hart bestrafen müsse. Die Studentinnen aus der konservativen Studentenverbindung hatten dagegen viel autoritärere Einstellungen als zum ersten Messzeitpunkt. Die Forscher konnten also zeigen, dass soziale Umfelder die politischen und sozialen Einstellungen mitbeeinflussen. Hier zeigt sich deutlich, was viele Eltern intuitiv wissen, wenn sie hoffen, ihre Kinder mögen den »richtigen Umgang« aussuchen: Die Prägung aus der Herkunftsfamilie kann gerade in der Zeit der Ausbildung und des Studiums noch mal sehr stark verändert werden. Die Studentinnen in der Studie von Siegel und Siegel konnten sich jedenfalls bis zu einem gewissen Maß von ihren bisherigen politischen Prägungen lösen. Dass neue soziale Umfelder politische Einstellungen noch mal verändern können, kann man übrigens auch als positive Nachricht werten.

Mein Nachbar sieht aus wie ich

Der Einfluss auf die politische Sozialisation, der von den Menschen in der eigenen Umgebung ausgeht, ist also nicht zu unterschätzen. Für die politische »Basisbeeinflussung« sorgen letztlich das direkte soziale Umfeld, die Partner und Freunde, sowie ein loses Netzwerk von Bekannten, Nachbarn und Kollegen. Diese sozialen Bindungen haben das Potenzial, Menschen in ihren Vorurteilen und Meinungen zu bestärken, Tendenzen klarer zu machen oder Einstellungsänderungen hervorzurufen. Das Phänomen dahinter wird in der Psychologie »soziale Ansteckung« genannt. Vor einigen Jahren machten der Harvard-Dozent und Mediziner Nicholas Christakis und der Politikwissenschaftler James Fowler den Mechanismus mit aufwendigen Computerstudien greifbarer und damit bekannter. Die beiden konnten etwa belegen, dass Menschen sich nicht nur, wie man vielleicht denken könnte, in Sachen Mode, Lebensstil oder Geschmack »anstecken«. Bekannte, Freunde und Verwandte prägen auch das Gesundheitsverhalten oder das Beziehungsverhalten. Wenn etwa im sozialen Umfeld viele Menschen übergewichtig sind, dann ist die Wahrscheinlichkeit, dass man selbst ebenfalls mit den Pfunden zu kämpfen hat, wesentlich höher als in einem Umfeld, wo nur wenig Übergewichtige sind. Leben im nahen sozialen Netzwerk alle in festen Partnerschaften, so ist die Wahrscheinlichkeit, dass man selbst auch in einer tragfähigen Beziehung ist, ebenfalls größer. Die soziale Beeinflussung und Ansteckung reicht also in die privatesten Bereiche. Und sie gilt auch für politisches und gesellschaftliches Handeln, beispielsweise wenn es um Wahlbeteiligung, soziales Engagement oder politische Einstellungen geht. Gut belegt ist das für den Aspekt der Wahlbeteiligung. Verschiedene Studien, die von Christakis und Fowler zitiert werden, zeigen, dass jemand, der überzeugt »wählen geht« und das auch in Gesprächen in seinem Umfeld kundtut, bis zu drei Menschen anstecken kann, ebenfalls aktiv zu werden und zur Wahl zu gehen. Diese Leute beeinflussen dann wiederum andere mit ihrem Tun – allerdings mit etwas geringerer Wahrscheinlichkeit als bei den Menschen, von denen der erste Impuls ausging. Nahestehende Menschen beeinflussen einander also auch in Sachen politischer Aktivitäten sehr.

Dass diese Art der »Ansteckung« auf einer psychologischen Ebene überhaupt funktioniert, hat zum einen damit zu tun, dass Menschen einander beinahe automatisch in ihren Gesten, Aussagen und Haltungen nachahmen und immer von Bezugspersonen »am Modell« – also am Vorbild – lernen. Zum anderen gibt es aber auch einen starken inneren Antrieb, zur eigenen sozialen Gruppe dazuzugehören und eingebunden zu sein. Dahinter steckt zum Teil auch eine instinktive, evolutionär geprägte Angst, allein – ohne die eigene Gruppe – nicht lebensfähig zu sein. Das Interesse daran, sich anzupassen und dazuzugehören, ist also groß und nicht ohne Mühe rational steuerbar. Letztlich heißt das: Kritisches Denken und das Wissen um solche Ansteckungsmechanismen können dabei helfen, sich nicht automatisch von den Einstellungen oder Handlungen anderer beeindrucken und beeinflussen zu lassen. Es kann also wichtig sein, im Auge zu behalten, wie sich die eigene politische Meinung formt, auf wen man hört, von wem man sich anstecken lässt. Erst, wenn man dies halbwegs für sich selbst nachvollziehen kann, weiß man auch, welchen Inspirationen man folgen will und gegen welche Ansteckung man sich besser immunisiert.

Für die beiden Forscher ist soziale Ansteckung zunächst einmal ein Phänomen, das man positiv nutzen und wodurch man persönlich und gesellschaftlich viel Positives erreichen kann. Nur funktioniert die soziale Ansteckung eben leider nicht nur in die positive Richtung. Wenn man sich die Studien in Hinblick auf die aktuellen politischen Entwicklungen ansieht, dann fallen einem beispielsweise sofort regionale Unterschiede beim Wahlverhalten ins Auge: Je nachdem, in welcher Region Deutschlands man lebt, je nachdem, in welcher Subgruppe oder Schicht man sozialisiert ist – die soziale Ansteckung kann sich sehr unterschiedlich niederschlagen. Wer heute in ländlichen Gegenden oder kleineren Städten in Sachsen oder Thüringen lebt, wo die AfD schon länger Einfluss hat, der wird auch im Alltag häufiger damit konfrontiert, dass Menschen sich populistischer Phrasen bedienen oder die Ansicht verbreiten, dass die gegenwärtige Politik nicht genug für sie tue. Wird man dann als eher unentschiedener, unpolitischer oder unkritischer Nachbar, Freund, Partner permanent mit diesen Argumenten versorgt, wird man auf Dauer wahrscheinlich Teile davon übernehmen. Darüber hinaus treffen die Botschaften der Populisten ohnehin bei vielen Menschen einen Nerv: Das latente Potenzial an Ressentiments und Autoritätssehnsucht, das in vielen schlummert, wird durch die permanente Wiederholung rassistischer oder rechtspopulistischer Phrasen entfesselt. Die soziale Sicherung versagt.

Hier sei auch noch einmal darauf hingewiesen, dass die Beeinflussung durch die eigene Gruppe – besonders wenn man nicht aus einer bestimmten sozialen oder räumlichen Struktur herauskommt oder heraus will – einem oft gar nicht richtig auffällt. Eine rechtslastig aufgeheizte Atmosphäre oder eine Stimmung der Unzufriedenheit ist dann so selbstverständlich wie die Luft zum Atmen. Das heißt: Hier wirkt ein sozialer Einfluss, den man als Betroffener zum Teil gar nicht mehr erkennen kann. Das gilt übrigens nicht nur für rechtslastige, ländliche Milieus in Ostdeutschland, sondern für alle sozialen Biotope: Verlässt man sie nicht, kann man die soziale Ansteckung und die Begrenztheit der eigenen Perspektive gar nicht mehr wahrnehmen. Oder, um es mit dem Schriftsteller David Foster Wallace zu sagen, der diese Unfähigkeit, das eigene Milieu und dessen Einflussfaktoren zu erkennen, einmal in einer Rede für junge Uni-Absolventen (erschienen unter dem Titel »Das hier ist Wasser«) so ausdrückte: »Schwimmen zwei junge Fische des Weges und treffen zufällig einen älteren Fisch, der in die Gegenrichtung unterwegs ist. Er nickt ihnen zu und sagt: Morgen, Jungs. Wie ist das Wasser? Die zwei jungen Fische schwimmen eine Weile weiter, und schließlich wirft der eine dem anderen einen Blick zu und sagt: Was zum Teufel ist Wasser?« Das »Wasser« zu sehen, in dem die eigene soziale Gruppe schwimmt, ist das

Mindeste, was jeder tun kann, um Phänomene der sozialen Ansteckung besser zu verstehen und sich nicht blind von ihnen mitreißen zu lassen.

Integriert doch erst mal uns

Da man also innerhalb der eigenen sozialen Gruppe oft betriebsblind ist, könnte es aus psychologischer Sicht ein großer Gewinn für die kritische Bewertung und auch für die Veränderung eigener politischer Einstellungen sein, das eigene Milieu und die dort vertretenen Meinungen und erzeugten Stimmungen häufiger mal von außen zu betrachten. In Gruppentherapien und therapeutischen Aufstellungsarbeiten in Gruppen rät man Klienten häufig, die eigene Situation oder das eigene System – sei es die Familie, ein Arbeitsteam oder eine Gruppe von Freunden – von außen aus einer »dritten Position« zu sehen und sie damit neu und oft sachlicher zu betrachten. (Siehe dazu auch Kapitel neun.) Dass dieser Blick von außen auf die eigene Gruppe oder auch das perspektivische Hin- und Herspringen zwischen scheinbar unterschiedlichen Gruppen Sinn macht, zeigt wiederum das oben erwähnte Beispiel des Schriftstellers Édouard Louis. Er hat mit dem Schreiben seines Romans »Das Ende von Eddy« genau das gemacht: sich von außen und möglichst genau und wahrhaftig die eigenen sozialen Wurzeln und deren Werte anzuschauen. Aus der gründlichen Auseinandersetzung von außen gehen für Édouard Louis nicht nur ein neues Selbstbild und neue politische Meinungen und Aktivitäten hervor, er kann auch mit einer gewissen Milde auf die Menschen gucken, die in der sozialen Gruppe, aus der er stammt, verblieben sind. Er weiß, was sie prägt und welches »Wasser« sie umgibt.

Dass man die Identifikation mit der sozialen Gruppe, aus der man stammt, allerdings manchmal gar nicht so leicht hinterfragen kann, das hat natürlich wiederum handfeste gesellschaftspolitische Gründe: Der Ausstieg aus bestimmten sozialen Gruppen, Bildungs- und Einkommensmilieus ist für viele Menschen schwer bis unmöglich geworden. Je weiter sich aber die Gesellschaft in Gruppen spaltet, die zwar in sich homogen, aber voneinander getrennt sind, je weniger durchlässig Milieu- und Gruppengrenzen sind, desto schwerer wird es, sich mit anderen Milieus auseinanderzusetzen – und mit Meinungen, die in anderen Lebenswirklichkeiten entstehen. Ein in Thüringen auf dem Dorf sozialisierter Endvierziger wird heute nur selten Kontakt zu einem Staatsanwalt aus der Münchener Gesellschaft oder zu einer aus der Türkei stammenden Unternehmerin aus Hamburg bekommen, geschweige denn, Gelegenheit erhalten, deren soziale Gruppen und Milieus besser kennenzulernen oder die eigene »Blase« aus deren Sicht wahrzunehmen.

Damit sich die Sichtweise bestimmter frustrierter sozialer Gruppen, die sich selbst als »Abgehängte« sehen, stärker relativieren könnte, bräuchte es daher ganz sicher einen direkteren Kontakt der Milieus untereinander sowie auch die Möglichkeit, zu verschiedenen, zum Teil auch gemischten Subgruppen zu gehören und sich mit ihnen zu identifizieren. Damit das keine Utopie bleibt, wären allerdings politisch gesehen gerechtere Zugänge zu Status, Bildung, Kultur und Geld nötig sowie eine stärkere Präsenz aller Milieus in den gesellschaftlichen Institutionen. Auf die psychologische Warte heruntergebrochen – die allein allerdings nicht besonders wirksam ist –, kann man sagen: Es wäre zumindest ein erster Schritt, die Abschottung verschiedener Soziotope zu reduzieren; es wäre gut, wenn gesellschaftliche Milieus sich in Bekanntenkreisen, in professionellen Zusammenhängen, in Schulen und Kindergärten zwangloser und stärker mischen würden. Denn wo immer Menschen lernen, sich mit Menschen aus allen sozialen Schichten in neue Gruppen zu begeben, sei es als »Elternschaft einer Klasse« oder als »Menschen, die sich fürs Fliegenfischen interessieren« oder als »Engagierte gegen Rechtspopulismus«, kommen neue Gruppen und neue Gruppengrenzen zustande – und das kann im Moment nur gut sein.

In dem Zusammenhang sei hier noch mal auf eine Formel hingewiesen, die häufig im Osten Deutschlands genutzt wurde und zum Teil noch wird, um Unzufriedenheit auszudrücken und die auch auf Pegida-Plakaten traurige Berühmtheit erlangt hat. Sie lautet: »Integriert doch erst mal uns.« Verstanden als Forderung »integriert auch uns«, enthält sie ein Körnchen Wahrheit: Wären der Austausch und die Vermischung und Integration aller sozialen Milieus – auch der in Ost und West – besser, wäre es auch weit weniger möglich, Gruppen gegeneinander aufzuwiegeln. Von Populisten, die auf die Spaltung der Gesellschaft dringend angewiesen sind, sind derartige Bemühungen allerdings nicht zu erwarten. Im Gegenteil. Hier werden Subgruppen immer stärker voneinander abgegrenzt – unter anderem auch durch Großgruppenprozesse, die rechtsextreme Einstellungen verstärken.

Gruppendynamik, Gewalt und extreme Einheit

Bis jetzt gab es in diesem Kapitel drei Abschnitte über die Dynamiken, die durch Gruppen und Milieus entstehen und die den Rechtsruck und Ressentiments verstärken. Doch erst jetzt geht es um massenpsychologische und großgruppenpsychologische Prozesse, die einem oft als Erstes in den Sinn kommen, wenn man an politische Gruppenprozesse bei Rechtsextremen denkt: Aufmärsche, Machtdemonstrationen, Versammlungen, Hass-Kundgebungen oder Skinheadkonzerte. Es ist hinreichend bekannt, dass rechtsradikale Gruppen sich zusammenrotten und vor allem in der Gruppe zu Gewalt und Entfesselung von Hass neigen. Es ist weiter bekannt, dass Kundgebungen, bei denen Agitatoren oder Hass-Prediger sprechen, dafür prädestiniert sind, dass sich ein Wir-Gefühl von Stärke, Konformität, Hass und Macht aufbaut, so dass latente rassistische Einstellungen, die bei einigen vielleicht bisher noch von vernunftgesteuerten Gedanken unterdrückt wurden, sich entladen und sich in brutale und kriminelle Gewalt gegenüber denjenigen wandeln, gegen die man bisher nur verbal Vorurteile äußerte.

Dass es mittlerweile etablierte Massenaufläufe von rechts wie die Montagsdemonstrationen in Dresden überhaupt gibt, dass eine Partei existiert, die rechtspopulistische Reden schwingt, all das führt letztlich dazu, dass sich bestehender latenter Hass, bestehende latente Gewaltbereitschaft mit größerer Wahrscheinlichkeit tatsächlich entladen. Denn natürlich stimmen viele Menschen instinktiv dem zu, was Konfliktforscher Andreas Zick immer wieder betont: »Rechtsextremismus ist in allen Facetten ein Gruppenphänomen. Selbst rechtsextreme

Orientierungen sind erst dann relevant, wenn Menschen sich mit Gruppen identifizieren.« Will sagen: Ohne Gruppenzusammenrottungen und Massenprozesse, in denen die soziale und emotionale Ansteckung sich potenzieren können, ist keine rechte Politik zu machen.

Der Psychologie-Professor Philip Zimbardo beschäftigt sich seit langem unter anderem mit der Frage, was Menschen dazu bringt, gewalttätig, böse und letzten Endes entmenschlicht zu handeln. Immer wieder betont auch er die Bedeutung, die eingeschworene und abgeschlossene Gruppen dabei haben. Wann immer Menschen in einem realen Mob aufgehen – sei es eine kleine, gewaltbereite Gruppe oder eine aggressive Masse –, werden verschiedene psychische Prozesse losgetreten, die dazu führen, dass Gewalt sich verselbständigen kann: Zunächst einmal gehen viele Menschen in der Gruppe so auf, dass sie keine Verantwortung mehr spüren. Man nennt das »Entindividualisierung des Selbst«. Ein weiterer negativer Faktor entsteht, wenn man die anderen, auf die man losgeht, nicht mehr als Menschen ansieht. Die Forschung nennt das »Entmenschlichung der anderen«. Eine solche Entmenschlichung kann in der Gruppe verstärkt werden – sie wird von bestehenden Ideologien der Ungleichwertigkeit und Menschenfeindlichkeit getragen.

Ohne die beiden Faktoren Entindividualisierung und Entmenschlichung würden viele Gräueltaten und Gewalttaten gar nicht erst stattfinden, ist Zimbardo überzeugt. Er weiß, wovon er spricht, denn er hat als Psychologe das »Milgram-Experiment« mitbetreut, das als Gefängnisexperiment bekannt wurde und bei dem Probanden im Keller der Stanford-Universität andere Probanden vermeintlich folterten, nachdem sie dazu aufgefordert wurden und die Umstände dort die Faktoren »Entmenschlichung« und »Entindividualisierung« förderten. Weitere Mechanismen, die bei Gewalttaten in der Gruppe eine Rolle spielen, sind autoritäre Mechanismen: Wer Gehorsam wichtig findet, sich gern einer Autorität unterordnet und diese anerkennt, sich der Gruppennorm unkritisch anpasst, der wird eher zu Gewalt neigen. Philip Zimbardo findet es allerdings wichtig, zu verstehen, dass oft Menschen allein nicht so »böse« sind, dass sie zu Gräueltaten in der Lage sind. Durch bestimmte Gruppen- oder Massenkonstellationen wie in Kriegen oder Gefängnissen werden gewalttätige und böse Seiten ungeahnt potenziert. Zimbardo greift deshalb in seinen Büchern häufig die Vorstellung vom »faulen Apfel« auf, also die Idee, dass es einzelne, unglaublich gewalttätige Individuen gibt, die Hass und Gewalt zu ihrer Natur gemacht haben. Er spricht von einem »bösen Fass«, vertritt also die Hypothese, dass das soziale Umfeld und das jeweilige System das Individuum pervertieren, und nicht umgekehrt. Aus dieser Sichtweise folgt natürlich, dass die Gefahr von rechten Massenaufläufen und rechten geschlossenen Gruppen keinesfalls unterschätzt werden darf.

Bei den Pegida-Demonstrationen kann man seit einigen Jahren durchaus beobachten, dass Menschen in der aggressiven Masse bisherige Verantwortlichkeiten und Hemmungen fahren lassen, dass sie dort einüben, andere als »nicht menschlich« zu sehen und sich selbst als Teil von etwas Großem. Und es ist auch sichtbar, dass es trotz sinkender Teilnehmerzahlen bei diesen Aufläufen über die Jahre eine Eskalation im öffentlichen Raum gibt. Die verbale Gewalt hat zugenommen. Wenn heute »Absaufen«

gebrüllt wird, brüllen viele mit. Und in Chemnitz gab es 2018 lynchmobartige Szenen von großer Gewalttätigkeit. Gruppen, die so agieren, machen vor, wie Gewalt eskalieren kann. Und sie suggerieren oft, dass Gewalt auch eskalieren darf.

Obwohl sich in anderen Bundesländern die Aufläufe nicht in gleicher Weise durchgesetzt haben, konnten sozialpsychologische Studien zum Autoritarismus und zum Rechtsextremismus gerade wieder messen, dass viele Menschen Gewalt für ein legitimes Mittel halten. In den Leipziger Autoritarismus-Studien gaben 13,9 Prozent der Befragten an, dass sie bereit seien, für ihre Ziele auch selbst körperliche Gewalt als Mittel anzuwenden. Ein noch größerer Anteil würde zwar selbst nicht gewalttätig werden, findet es aber gut und berechtigt, dass andere auch mal die Fäuste sprechen lassen. Diese Einstellungen zur Gewaltbereitschaft messen die Forscher übrigens schon seit Jahren. Und zwar auch fast gleichermaßen stark in Ost und West.

Doch an den Orten, wo die Präsenz von gewaltbereiten Gruppen und Aufläufen stärker ist, sind auch Hassverbrechen und Gewalt gegen Andersdenkende, Geflüchtete oder Migrantinnen weiter verbreitet und radikaler.

All das heißt nicht, dass man nicht auf die Straße gehen soll. Versammlungsfreiheit und Demonstrationsrecht können helfen, den Tendenzen, die gerade auf der Straße sichtbar werden, etwas entgegenzusetzen. In Hamburg hat der gut vernetzte Musiker und Aktivist Jannes Vahl im Jahr 2018 zu einer Gegendemonstration gegen »Merkelgegner« in Hamburg aufgerufen: Er schlug vor, sich bunt zu kleiden, Musiker sollten ein Instrument mitbringen. Dass der bunte Auflauf, insgesamt waren es

10.000 Leute, eine gelungene Gegendemonstration zu einem rechten Aufmarsch wurde, mag auch der Tatsache geschuldet sein, dass die rechten Demonstranten »gegen Merkel« nicht besonders viele waren, geschätzt um die 100 Leute. Was sich jedoch an dem Beispiel zeigt: Soziale Ansteckung in großen Gruppen funktioniert eben auch in Bezug auf positive Emotionen. Wer eine friedliche, bunte, starke oder beherzte Masse erlebt, der fühlt sich ebenfalls angesteckt von Hoffnung und Optimismus. Hier kann die Kraft der Gruppe sich komplett konstruktiv entfalten. Dass das funktioniert, weiß jeder, der in seinem Leben schon mal auf einem Musikfestival war – und das sind sicher die meisten.

Es kommt also bei großen Gruppen immer darauf an, mit welchen Emotionen man ins Rennen geht. Im nächsten Kapitel wird es deshalb nun verstärkt um die Frage gehen, welche Emotionen wann und wie die rechtspopulistischen Tendenzen verstärken. Dabei stehen aber nicht mehr Gruppengefühle und Straßenszenen im Fokus. Es wird vor allem beleuchtet, welche Emotionslagen und Gefühle überhaupt am Werk sind, wenn Menschen rechtsextreme Tendenzen entwickeln. Die Analyse der Gefühle gibt Aufschluss darüber, wo jeder Einzelne ansetzen kann, wenn er rechtspopulistische Impulse bei sich oder in seinem Umfeld verstehen oder entkräften will. Die Beschäftigung mit Emotionen zeigt aber auch, wo Agitatoren ansetzen können, wenn sie Massen und Massenhass in Bewegung setzen wollen.

ZUSAMMENFASSUNG: Was ist wichtig?

1. Die Gruppe, in der man sozialisiert wird, prägt in hohem Maße das persönliche Verhalten und die politische Einstellung. Vor dem psychologischen Phänomen der sozialen Ansteckung ist erstmal keiner sicher – wir verhalten uns eher so, wie die Leute, die wir kennen und die uns räumlich nah sind. Wer den Mechanismus kennt, kann gegensteuern. **Was folgt daraus?** Der sachliche Blick von außen auf die eigene soziale Gruppe ist wichtig. Dieser gelingt aber nur, wenn Menschen zwischen mehreren sozialen Gruppen wählen können und/oder Menschen aus allen gesellschaftlichen Milieus im Bekanntenkreis haben. Eine Gesellschaft mit durchlässigen Grenzen bei den sozialen Milieus könnte aus psychologischer Sicht eine Radikalisierung nach rechts wahrscheinlich vermindern.

2. Es wird viel darüber berichtet, dass Menschen, die sich als zugehörig zu »sozial abgehängten« Gruppen wähnen, auch eher auf noch schwächeren Gruppen herumhacken. Diesen Sündenbockmechanismus gibt es. Das heißt aber nicht, dass er berechtigt ist und dass man die damit verbundenen politischen Forderungen ernst nehmen muss. **Was folgt daraus?** Den Sündenbock-Mechanismus bedienen und fördern Rechtspopulisten. Vorsicht also vor Politikern, die sich in die Schuldzuweisungen – ohnehin benachteiligten Gruppen gegenüber – einreihen.

3. Wenn es erst einmal einen organisierten und strukturierten Mob oder Massenaufläufe von aggressiven Bürgern gibt, ist die Wahrscheinlichkeit erhöht, dass Gewalt eskaliert und sich latente rechtsextreme Einstellungen auch als Handlungen zeigen. »Entindividualisierung« und »Entmenschlichung« werden in Massen oder in homogenen, verrohten Gruppen potenziert. **Was folgt daraus?** Die Gefahr erkennen und ernst nehmen, die von aggressiven Massen, Horden und Gruppen mit hasserfüllten Führern ausgeht. Gewalttätige Impulse und Ausschreitungen eindämmen und sanktionieren. Gegendemonstrationen initiieren und mittragen, die ein anderes Bild und eine andere Stimmungslage zeigen – so nutzt man auch die positiven Facetten des psychologischen Phänomens der »sozialen Ansteckung«. Also: Bloß nicht zu Hause bleiben!

PSYCHOLOGISCHE HINTERGRÜNDE: Nicht zwingend! – Das Märchen von der Sündenbock-Dynamik

In diesem Kapitel wurde vielfach beschrieben, dass es den Rechtsruck relativieren würde, wenn sich soziale Milieus mehr durchmischen und jeder Mensch zu unterschiedlichen und heterogenen sozialen Subgruppen gehören würde. Es soll aber nicht unerwähnt bleiben, dass eine Begegnung von unterschiedlichen sozialen Gruppen im Moment oft nur unzureichend funktioniert. Unter anderem haben das die Entsolidarisierungs-Tendenzen möglich gemacht, die in Kapitel drei beschrieben wurden. Aber auch innerpsychische Prozesse wie autoritäre Dynamiken oder rassistische Ideologien erschweren Kontakt. Deshalb sollen hier noch einmal zwei Mechanismen beleuchtet werden, die ungünstig auf Gruppen einwirken und die ausführlich von Sozialpsychologen erforscht wurden: Die klassische Sündenbock-Dynamik am »unteren Rand« und das Problem von »realistischen Konflikten« zwischen verschiedenen Gruppen. Beide Theorien und Erklärungen werden sehr oft herangezogen und geistern auch durch Politikerreden und Leitartikel. Sie sind aber lange nicht so zwangsläufig und berechtigt, wie permanent beschrieben wird:

1. Die Sündenbock-Dynamik. Wie sie funktioniert, weiß jeder: Weil manche sozialen Milieus objektiv benachteiligt sind oder sich benachteiligt fühlen, wird der Verbleib und das Zugehören zur eigenen sozialen Gruppe nicht mehr als positiv erlebt. Wer sich am unteren Ende der sozialen Hierarchie fühlt oder es auch ist, der kann seine eigene soziale Identität – z.B. »Ich gehöre zur Gruppe der Arbeiter und bin stolz darauf« – nicht mehr glaubhaft vor sich selbst aufrechterhalten. Umso wichtiger werden dann Abgrenzungen zu Menschen, denen es »noch schlechter geht« oder die in den Augen derer, die abwerten, »eigentlich noch minderwertiger sind«. Der Mechanismus, sich in so einer Gefühlslage kategorisch gegen vermeintlich noch Schwächere zu wenden, bewirkt dann zweierlei: Man will sich selbst und die eigene Gruppe im Hauruck-Verfahren aufwerten. Man will sich gleichzeitig gegen die, denen es noch schlechter geht, vehement abgrenzen. Es gibt Studien, in denen beobachtet wurde, dass sich in Zeiten von wirtschaftlicher Rezession Menschen, die selbst nicht besonders wohlhabend sind, viel stärker als bisher gegen Langzeitarbeitslose aussprechen. Sie solidarisieren sich nicht mit denen, denen es noch etwas schlechter geht, sondern sie grenzen sich sogar künstlich von ihnen ab, um ja nicht in die Nähe dieser Gruppe zu geraten. Kommt dann noch das Gefühl auf, dass die vermeintlich »schwächeren Gruppen« irgendwie begünstigt werden, brechen oft Hass und Neid los. Im Zusammenhang mit »abgehängten« Menschen hierzulande ist dieses klassische Sündenbock-Phänomen viel diskutiert worden. Dass es diesen Mechanismus gibt, ist nicht von der Hand zu weisen. Das heißt aber nicht, dass er in irgendeiner Weise »zwingend« ist oder man ihm folgen muss. Wer sich selbst arm oder abgehängt fühlt, ist keinesfalls verpflichtet, sich gegen andere zu wenden – und viele Menschen tun das auch nicht! Darüber hinaus sind die Ungerechtigkeiten, die im Vergleich zu anderen wahrgenommen werden, oft objektiv gesehen nur in Teilen oder gar nicht relevant. Dazu nun mehr im zweiten Punkt:

2. Realistische Gruppenkonflikte. Dass Auseinandersetzungen zwischen zwei benachteiligten Parteien ausbrechen, ist laut Sozialpsychologie vor allem dann vorprogrammiert, wenn zwischen zwei Gruppen ein handfester »realistischer Konflikt« vorliegt. Der Sozialpsychologe Muzafer Sherif hat das in einer berühmten Studie anhand von rivalisierenden Gruppen in einem Jugendferienlager untersucht. Dort wurde klar: Wenn es einen realen Interessenskonflikt gibt, wenn Ressourcen knapp sind, wenn zwei Gruppen real um den besseren Standort rivalisieren, zum Beispiel um Lebensmittel oder eine Wasserquelle, dann entstehen automatisch Konflikte, die die Gruppen ins Auge fassen, ernst nehmen und lösen müssen. Am besten gemeinsam und in einem moderierten Prozess etwa durch Gruppenleiter oder – bezogen auf Teamprozesse in der Wirtschaft – durch eine Führungskraft. Wichtig ist dabei, dass die Gruppengrenzen geschwächt werden und beide Parteien sehen, dass sie mehr Gemeinsamkeiten als Unterschiede haben und dass sie das Gleiche wollen, z.B. Wasser. Es hilft daher, wenn beide Gruppen kooperieren und gemeinsam Lösungen für den Konflikt erarbeiten, so dass beide Seiten profitieren. Angesichts der Diskussionen um Flüchtlingsfragen ist sehr häufig zu vernehmen, dass es sich hierbei um realistische Konflikte handele, die man beachten müsse und die der Grund für bestehende Abwertungsprozesse und Aggression seien. Bei genauerem Hinsehen stimmt das aber nur zum Teil: Es gibt zwar reale Probleme, die man angehen und lösen muss, doch hochbrisante Interessenskonflikte zwischen der sozialen Gruppe der »Flüchtlinge« und beispielsweise der »Arbeitssuchenden« oder der »Rentner mit wenig Geld« gibt es definitiv nicht. Die BRD gibt nicht das Geld derer, die sich abgehängt fühlen, an Flüchtlinge weiter. Bestehende realistische Konfliktanteile z.B. auf gesellschaftlicher Ebene (»Wie kann die Aufnahme vieler Schutzbedürftiger realistisch gelingen?«) oder auf privater Ebene (»Ich bin nicht begeistert, dass neben meinem Haus eine Notunterkunft gebaut werden soll.«) liefern zwar durchaus Grund für Diskussion oder Streit, doch bieten sie keinerlei zwangsläufigen Anlass für übermäßige Hass- und Angstbekundungen. Das heißt: Der oft behauptete »realistische Konflikt« ist über weite Strecken ein Konflikt psychosozialer Natur, der durch ein Kämpfen um die eigene soziale Identität, durch Neid und die Suche nach Sündenböcken entsteht. Subtrahiert man diesen Teil, könnte man die verbleibenden realen Konflikte möglicherweise gezielter lösen.

**KAPITEL SECHS:
ZU VIEL GEFÜHL?**

Emotionen können bestehenden Rassismus und rechtsextreme Einstellungen verstärken und Gewalt wahrscheinlicher machen. Hass, Wut, ein gekränkter Selbstwert und das Gefühl, in einer unsicheren Welt zu leben, haben hier einen besonders negativen Einfluss.

In diesem Kapitel wird beleuchtet, welche Gefühle sich auf rechtsradikale politische Einstellungen auswirken. Auch der gesellschaftliche Umgang mit Emotionen wird kritisch hinterfragt: Denn der Hang zu Empörung, Entrüstung und emotionalen Ausbrüchen nimmt zu und wird von Medien, Politikern und Einzelnen mitgetragen und verschlimmert.

> »*Denn ich bin nüchtern. Und ich bin echt.*
> *Nüchterner als jene. Denn ich hab nüchterne Gene.*«
> Aus dem Song »Nüchtern« der Band »Die Sterne«, 1994

Ist es Angst? Oder doch eher Wut? In den letzten Jahren ist viel darüber spekuliert worden, was Bürger antreibt, die sich den Rechtspopulisten und Rechtsextremisten zuwenden, die sich im Internet abwertend und hasserfüllt äußern, die bei rechten Massenveranstaltungen rassistische Transparente hochhalten. Politiker – das ist sehr auffällig – begeben sich jedenfalls gern auf eine vermeintlich gründliche emotionale Spurensuche bei dieser Gruppe von Bürgern und unterstreichen das auch bei jeder sich bietenden Gelegenheit. »Ich will Menschen nicht verurteilen, bevor ich nicht erfahren habe, was sie bewegt«, sagte etwa der AfD-Vorsitzende Alexander Gauland, als er im Jahr 2014 in Dresden auf einer Pegida-Versammlung auftauchte. Auch vielen anderen Politikern ist in den letzten Jahren immer wieder wie ein abgeschmackter Refrain der Satz über die Lippen gekommen: »Wir müssen die Sorgen und Nöte der Menschen ernst nehmen.« Von Angela Merkel bis Thomas de Maizière kennt man dieses Statement, aber auch Politiker der SPD, FDP und AfD verwenden diese Floskel.

Es liegt also nahe, dass es sich bei der Formel »Sorge und Angst« eher um eine Art Containerbegriff handelt, in den alles reinpasst, was irgendwie mit Rechtsruck, Kritik an bewährten Parteien, Rassismus und Gewaltbereitschaft zu tun hat. Das heißt: Die Emotionen, die tatsächlich eine Rolle spielen, werden nicht klar benannt. Und oft werden auch die tiefer liegenden Ideologien, die diese Emotionen überhaupt erst speisen, gar nicht erwähnt. Ganz gleich, ob es sich dabei um eine bewusste oder eine unbewusste Verschleierungstaktik handelt – es ist höchst problematisch, sich die konkreten Emotionen, die wirken, nicht genauer anzuschauen, bevor man sie »diagnostiziert«. Denn Gefühle, besonders solche, die in großen Gruppen verstärkt oder überhaupt erst gezeigt werden, können latente rechte Einstellungen sehr effektiv potenzieren. Sie lenken die politischen Geschicke deshalb mit. Es lohnt also, zu wissen, welche Emotionen gerade tatsächlich eine Eigendynamik entwickelt haben und wie man mit ihnen umgehen könnte.

Wenn man sich beispielsweise anschaut, wie verschiedene Sozialpsychologen und politische Psychologen die emotionalen Faktoren einschätzen, die zum Rechtsruck mit beitragen, dann wird klar, dass an erster Stelle auf jeden Fall Hass und Wut stehen. Dazu kommt ein gekränktes Selbstwertgefühl, eine subjektiv erlebte Unsicherheit, die bis hin zu einer irrationalen Panik gehen kann, und zum Teil auch eine Lust an Macht, Überlegenheit und Gewalt. Angst und Sorge gehören in das Gefühlsgemisch zwar mit hinein, doch macht es keinen Sinn, nur diesen defensiven Teil der Emotionslage zu benennen. Die unterschiedlichen Gefühle, die den Rechtsruck katalysieren, werden nun in diesem Kapitel genauer beleuchtet.

Zuvor aber noch eine Anmerkung zu Politikern, die sich im Ausdeuten von Gefühlen üben. Sie verwenden mittlerweile oft einen Jargon, der beinahe sozialpädagogisch oder therapeutisch wirkt. Doch das heißt nicht, dass sie die dahinterliegenden therapeutischen Prinzipien verstanden haben oder gar verfolgen. Denn zumindest ein eklatanter Denkfehler hat sich in die Diskussionen eingeschlichen: Wer glaubt, dass Profi-Seelenklempner die »Sorgen und Ängste« sowie auch alle anderen Emotionen ihrer Patienten und Klienten permanent und durchweg ernst nehmen, der irrt sich gewaltig. Einem Patienten, der unbändige Angst hat, sein Haus zu verlassen, würde ein Therapeut niemals sagen: »Behalte deine Ängste, ich nehme sie ernst.« Einer cholerischen Klientin, die hasserfüllt auf ihren Chef schimpft, würde man sicher nicht sagen: »Oh, Sie haben vollkommen recht. Ihr Chef ist wie alle anderen Menschen um Sie herum ein Schwein.« Im Gegenteil, man würde die Emotionen zwar besprechen, aber kaum unhinterfragt stehenlassen. Was scheinbar verwechselt wird: Therapeuten geben einem Raum, um Sorgen, Wut, Angst oder auch Hass zu äußern und sogar »rauszulassen«. Doch dann wird mit dem Gefühl weitergearbeitet, man sucht nach dahinterliegenden Ursachen oder man reflektiert, ob diese Gefühle zu wünschenswerten Handlungen führen. Oft suchen therapeutisch tätige Menschen dann mit Klienten und Patienten neue Lösungsansätze, bei denen es darauf hinausläuft, dass man Emotionen von Wut, Hass, Angst, Scham relativiert oder überwindet, dass man lösungsorientierte Verhaltensweisen findet und destruktive Gefühle regulieren lernt. Kurz: Nach einer Phase des Zuhörens und des genauen Erkennens, was sich eigentlich emotional abspielt, folgt eine Phase der kritischen Distanz zu den Gefühlen, und erst über diese Bewusstwerdung und Analyse kommt es zu einer Veränderung. Bezogen auf die übliche Sorgenrhetorik würde das heißen, dass es zunächst einmal Sinn macht, sich als Politiker bewusst zu werden, welche Gefühlslage im Moment die politische Diskussion bestimmt und überschattet. Danach gilt es abzuwägen und herauszufinden, was hinter den Gefühlen steckt und welche gesellschaftlichen und politischen Interventionen daraus folgen.

Natürlich hinkt der Vergleich zum therapeutischen Setting, denn Politiker sind keine Therapeuten, und sie wollen und sollen es auch gar nicht sein. Doch die Analogie legt nahe, dass sich auch Vertreter der Öffentlichkeit besser nicht unkritisch mit den Gefühlen von wütenden Bürgern verbrüdern oder rundheraus Verständnis für oberflächliche Wut- und Angstimpulse zeigen sollten. Und obwohl es auch durchaus einige schlechte Therapeuten gibt, die ihren Klienten viel zu oft sagen, wie berechtigt und richtig doch all ihre Gefühle und Einschätzungen sind, so würden die meisten Profis doch von so einem Gebaren Abstand nehmen. Denn es verletzt die therapeutische Abstinenzregel.

Diese vor allem für die Psychoanalyse und Tiefenpsychologie geltende Regel besagt nach einer Definition von Jean Laplanche unter anderem, dass »die Behandlung so geführt wird, dass der Patient die geringstmögliche Ersatzbefriedigung für seine Symptome findet«. Das heißt: Gib dem Patienten nicht das, was er im ersten Reflex will, sondern biete ihm etwas an, das er brauchen könnte. Wer dennoch die unreifen oder neurotischen Wünsche »bedient«, der begibt sich nicht in eine konstruktive oder fördernde, sondern in eine abhängig machende oder missbräuchliche Position. In Bezug auf politische Bestrebungen heißt das: Gib dem Ängstlichen oder Wütenden nicht das, wonach er beim allerersten Geschrei giert, sondern das, was wirklich relevant ist und woran alle wachsen können. Auch wenn das für die Wütenden zunächst nicht rundum befriedigend ist. Was all das etwa für die Reaktion auf Pegida-Demonstrationen bedeuten mag, kann an dieser Stelle jeder selbst überlegen.

Was auf jeden Fall daraus folgt: Will man die Rolle der Emotionen im politischen Prozess und im gegenwärtigen Rechtsruck konstruktiv beleuchten, dann ergibt sich folgendes Vorgehen: Nachdem man herausgefunden hat, welche Emotionen überhaupt eine Rolle spielen, könnte man überlegen, was sich hinter ihnen verbirgt – psychologisch und gesellschaftlich. Danach stellt sich für Politiker und interessierte Bürger die Frage, was man tun könnte, damit sich der Umgang mit ausufernden Gefühlen von Hass, Wut und Kränkung verändern kann. Letztlich geht es also darum, den Emotionen, die aus der »Volksseele« entstehen, zwar eine gewisse Berechtigung zuzusprechen, aber keine Deutungshoheit einzuräumen – es gilt, sie kritisch und mit einem gewissen Abstand zu hinterfragen.

Das könnte sich positiv auf Personen auswirken, die gerade hasserfüllt rechte politische Statements proben. Und das könnte auch für Politiker gut sein, die dem Rechtsruck etwas entgegensetzen wollen. Einige verfahren ja auch bereits so. Und noch ein kurzer Zusatz: Wer an einer Differenzierung der Emotionen gegenwärtig kein Interesse hat, der profitiert vermutlich deutlich von der Aggression, die viele Bürger gerade rauslassen. Mehr zu diesem Thema gibt es im nächsten Kapitel, in dem es um die Tricks von Agitatoren geht, deren Brennstoff letztlich die Gefühle der anderen sind.

Von Wutbürgern und Mutbürgern

Im ersten Schritt lohnt es sich einmal anzuschauen, in welcher Emotionslage und mit welcher persönlichen Motivation Demonstranten aller Art überhaupt auf die Straße gehen und welche Art von Engagement dahintersteckt. Die Frage, was Menschen antreibt, die sich politisch engagieren, hat der Sozialpsychologe Professor Tobias Rothmund von der Universität Jena zusammen mit einigen seiner Kollegen untersucht. Das Team von Psychologen, zu der Zeit noch an der Universität Koblenz-Landau, führte verschiedene Fragebogenstudien in unterschiedlichen Protestszenen durch, zum Beispiel unter Stuttgart-21-Gegnern. Es wurden auch Menschen über ihre Motive befragt, die sich für oder gegen den Euro-Rettungsschirm aussprachen.

In mehreren Studien zeigte sich, dass Leute, die auf die Straße gehen, eins gemeinsam haben, nämlich eine ausgesprochen hohe Ungerechtigkeitssensibilität. Das heißt: Sie reagieren besonders besorgt, ärgerlich, empathisch oder alarmiert, wenn irgendwo Dinge passieren, die nicht ihrem Gerechtigkeitsgefühl entsprechen. In einem weiteren Schritt fanden die Forscher dann aber große Unterschiede unter denen, die bei Unrecht auf die Straße gehen. Mit Hilfe von persönlichkeitspsychologischen Fragebögen konnten sie ermitteln, dass es auf der einen Seite Leute gibt, die »opfersensibel« sind, denen es also stark zu schaffen macht, wenn andere Menschen etwas bekommen, was sie selbst nicht haben, von dem sie aber denken, dass es ihnen im Grunde zustehen würde. Diese Gruppe von Protestlern ist eher selbstbezogen, sie ist oft misstrauisch gegenüber dem Staat und argumentiert häufig fremdenfeindlich. Derartige »opfersensible« Demonstranten würde man heute vielleicht salopp Wutbürger nennen. Man findet den Typus mit diesen Persönlichkeitseigenschaften bei denen, die in der Eurokrise eine Rettung anderer Staaten, beispielsweise Griechenland, ablehnten, weil sie das Gefühl hatten, dass dorthin bereits zu viel Geld geflossen sei, und weil sie »nationalistisch« statt solidarisch argumentierten. Man findet den opfersensiblen Typ auch eher unter Anhängern von rechtslastigen Veranstaltungen.

Einen anderen Typus von Protestlern könnte man vielleicht eher Mutbürger nennen. Diese sind »beobachtersensibel«, können es also nicht gut aushalten, wenn Prozesse in der Gesellschaft aus dem Gleichgewicht geraten und wenn einzelne soziale Gruppen nicht bekommen, was ihnen zusteht. »Beobachtersensible« gucken also eher von außen auf die gesellschaftliche Lage. Sie fordern neue Ideen oder mehr Umverteilung. Unter den Stuttgart-21-Gegnern fanden sich in den Befragungen viele »Beobachtersensible«. Und bei der Frage der Eurokrise sprachen sich viele Menschen mit diesem Persönlichkeitszug für eine Hilfe für verschuldete Mitgliedsstaaten aus, denn sie hatten Mitgefühl mit Menschen in anderen Europäischen Ländern und betrachteten Zusammenhalt als einen wichtigen Wert.

Etwas verallgemeinert kann man also sagen, dass es sich bei Demonstrationen aus dem rechtspopulistischen Umfeld, in dem häufig der Subtext »Wir kriegen nichts, die anderen kriegen alles« vorherrscht, verstärkt um »opfersensible« Demonstranten handelt, die sich eher eigennützig engagieren, denen es nicht primär darum geht, gesellschaftliche Strukturen oder allgemeine Missstände zu thematisieren und zu verändern, sondern um ihre Missbilligung eines Staats, der sie persönlich und ihre soziale Gruppe nicht begünstigt. Natürlich ist es vollkommen legitim, für die eigenen Belange auf die Straße zu gehen. Doch zu dieser eher selbstbezogenen Motivation gehören eben oft auch Rassismus und Nationalismus. All das führt dann zu einer bestimmten Art von Emotionen, die auch im öffentlichen Raum ausagiert werden: Hass und Wut.

Es geht um Hass

Bereits Aristoteles hat vor zweitausend Jahren darauf hingewiesen, dass es eine Verbindung zwischen Hass und Vorurteil gibt. Er betrachtete zum Beispiel Wut als eine vollkommen andere Emotion als Hass. Während Wut ein »schmerzhaftes, kurzlebiges Verlangen« sei, »einem anderen Schmerz zuzufügen«, sei Hass abstrakt und würde oft gegenüber Menschentypen oder Gattungen von Menschen empfunden: »Denn wenn wir nur mutmaßen, einer sei von dieser Sorte, hassen wir ihn«, heißt es bei Aristoteles.

Auch der Frankfurter Psychoanalytiker Professor Rolf Haubl ist der Meinung, dass Hass stets auch mit Bewertung und Ideologie zu tun hat. So ist dieses Gefühl beispielsweise immer auf ein konkretes Hassobjekt gerichtet, dem man die Gleichwertigkeit als Mensch abspricht. Ob jemand Frauen hasst oder den neuen Freund der Partnerin – sobald sich nicht nur verzweifelte Wut, sondern eher Hass zusammenbraut, schwingen Abwertung, Ekel und eine Art »Nichtswürdigkeit« des anderen oder einer ganzen Gruppe von Menschen mit. Sehr oft ist laut Haubl daher Hass auch mit der Verweigerung jeglicher Empathie für das Hassobjekt verbunden. Es wird so argumentiert: »Das ist kein Mensch wie ich, der braucht keine Empathie von mir.«

Dass Menschen, die hassen, es häufig nicht beim Gefühl belassen, liegt auf der Hand. Sie ruhen oft nicht eher, bis das Hassobjekt unterworfen und erniedrigt ist. Ob das in der Fantasie geschieht oder real, das ist laut Rolf Haubl erst einmal zweitrangig. Klar ist, dass jemand, der Hass empfindet, es nicht einfach hinnehmen kann, dass jemand anders, den man hasst, auf Augenhöhe bleibt. Diese Beschreibung zeigt deutlich, dass rechtsextreme und rechtspopulistische Stimmen stark auf Hassgefühle abzielen und von ihnen getragen sind. Pegida-Demonstrationen und AfD-Posts in den sozialen Medien kommen nur selten ohne Hassobjekte aus. Ob es Angela Merkel ist, für die man einen Galgen bastelt, oder ob es Muslime sind, die man mit Krankheiten gleichsetzt.

Fragt man sich, woher dieser Hass kommt, wird man auf der psychologischen und pädagogischen Ebene bei den Autoritarismus-Theorien fündig, die in diesem Buch im ersten Teil ja bereits beschrieben wurden. Darüber hinaus hat Hass auch oft die Funktion, den Selbstwert, also die eigene Person zu schützen. So wird – so die psychoanalytische Sicht von Professor Rolf Haubl – bei Menschen, die hassen, generell eine sehr tiefe, nicht eingestandene Angst abgewehrt, selbst nichts wert zu sein. Noch stärker zu Gewalt gegenüber anderen »hassenswerten« Menschen neigen aber nicht diejenigen mit einem stabilen, aber niedrigen Selbstwert, sondern solche Zeitgenossen, die besonders kränkbar sind, die also durch Niederlagen, Kritik, Angriff oder vermeintlich erlebte Ungerechtigkeit in ihrem Selbstwert sofort erschüttert sind – und dann mit Hass ihre eigenen Selbstzweifel abwehren. Rolf Haubl schreibt dazu in seinem lesenswerten Buch »Hass und Gewaltbereitschaft«: »Nach einer populären Vorstellung ist hasserfüllte Gewaltbereitschaft eng mit einem niedrigen Selbstwert verbunden: Wer sich als minderwertig erlebt, entwertet andere. Die vorliegenden Befunde erlauben es, diese Vorstellung zu differenzieren. Denn es sind vor allem Menschen mit einem hohen, aber instabilen Selbstwert, die zu hasserfüllter Gewaltbereitschaft neigen. Dieser Befund trifft auch auf narzisstische Menschen zu.« Letztlich ist es also kränkend, wenn man als Person sehr um sich selbst kreist und sich für hochstehend und besonders hält, dann aber nicht das bekommt, von dem man meint, dass es einem unbedingt zustünde. Auch diese Dynamik erkennt man unschwer bei denen, die den gegenwärtigen Rechtsruck mittragen.

In diesen Zusammenhang passt auch eine aktuelle Studie der Universität Leipzig (»Die Parteien und das Wählerherz 2018«, durchgeführt vom Soziologen Alexander Yendell), in der deutlich wurde, dass viele Menschen, die AfD wählen, in einem höheren Ausmaß zu Narzissmus neigen als Anhänger anderer politischer Parteien. Sie stimmten oft der Aussage zu »Ich ziehe Kraft daraus, eine besondere Person zu sein« oder »Ich will, dass meine Konkurrenten scheitern.« Ähnlich hohe Narzissmuswerte erreichten ansonsten noch Wähler der Partei »die Linke«, am wenigsten narzisstisch waren SPD-Wähler und Unentschlossene.

All diese Zusammenhänge machen deutlich, dass Hass letztlich ein Mittel sein kann, um den eigenen Selbstwert zu stabilisieren, zu schützen und Minderwertigkeitsgefühle abzuwehren. Doch Hass ist dabei nie nur intuitiv-emotional, denn hier verbinden sich Emotionen immer mit einer ohnehin bereits vorhandenen Ideologie der Ungleichwertigkeit, des Rassismus oder Chauvinismus. Auch wenn das in den vorhergegangenen Kapiteln schon deutlich wurde, sei an dieser Stelle noch einmal betont, dass ohne eine Ideologie von »Ungleichwertigkeit«, die Rassismus oder gruppenbezogene Menschenfeindlichkeit auslöst, ausgeprägter Hass gar nicht entstehen kann. In einem solchen Fall würden viel eher Wut und Ärger hochkommen – Gefühle, die zwar stark sind, die aber auch schnell wieder verrauchen. Der Hass dagegen vergeht eben nicht. Die Gewaltbereitschaft bleibt und sie steigt sogar. Auch deshalb brauchen Agitatoren und rechte Demagogen den Hass ihrer Anhänger. Wut allein würde ihnen als »Brennstoff« nicht ausreichen.

Bedeutsam ist auch, dass nicht nur Menschen, die wirklich heftige hasserfüllte Emotionen erleben, gewaltbereit sind. Auch diejenigen, die eine starke, aber komplett »kalte« Ideologie der Ungleichwertigkeit vertreten, sind bereit, andere zu schlagen, abzuwerten oder im Extrem sogar zu töten, da diese in ihren Augen eben nicht auf der gleichen Ebene sind. Die Zahlen zu rassistisch bedingten Hassverbrechen in Deutschland (Seite 162) zeigen, dass es sich hier keinesfalls um theoretische Gedankenspiele handelt, sondern um bundesdeutsche Realitäten.

Dass man Hass, wie wir ihn im Moment sehen, in einem Staat nicht einfach unreglementiert und unkanalisiert laufen lassen kann, davon ist der Psychoanalytiker Rolf Haubl überzeugt. Er plädiert beispielsweise dafür, dass Hate-Speech als ein Missbrauch der Meinungsfreiheit geahndet oder zumindest benannt werden sollte. Und es stimmt: Angesichts der gegenwärtigen Situation – man denke hier noch einmal zurück an die Politiker, die von »Sorgen und Ängsten« sprechen – muss es eigentlich verwundern, dass nicht mehr Menschen und erst recht nicht mehr Politiker sich klar und deutlich gegen rechte Hetze, Hass und Gewaltfantasien im Netz und auf den Podien aussprechen.

Die Position der Emotionspsychologie zu potenziell destruktiven Emotionen wie Hass, Wut, Ärger ist jedenfalls weitgehend klar: Es ist wünschenswert, diese zwar bei sich selbst wahrzunehmen. Sie haben oft in einem ersten Aufwallen auch eine Berechtigung und geben Signale, dass bei einem selbst, im Umfeld oder auch in der Gesellschaft etwas nicht stimmt. Dennoch ist es wichtig, diese Gefühle nicht immer weiter zu verstärken oder sie gar als handlungsleitend gelten zu lassen. Es ist zentral, dass Menschen Hass und Wut in einem zweiten Schritt regulieren können, bevor sie Schaden damit anrichten. Wer merkt, dass er häufig wütend oder hasserfüllt ist, sollte aktiv schauen, wo er Handlungsalternativen entwickeln könnte. Diese Möglichkeit besteht immer. Hass ist also nicht alternativlos. Und darauf sollte sich auch niemand berufen können.

Ungewissheit muss nicht Unsicherheit heißen

Nun geht es um den zweiten großen Emotionskomplex, der immer wieder beschworen wird: Angst und Sorge. Wir erinnern uns: Sehr oft wird die These geäußert, dass die Menschen sich »abgehängt fühlen und besorgt sind« und dass »aus wachsender Unsicherheit in der Welt nun ein Rechtsruck entsteht«. In vorhergehenden Kapiteln wurde bereits angerissen, dass es im Augenblick tatsächlich sehr viele reale Unsicherheiten gibt. Die Komplexität der Welt nimmt zu, die Globalisierung ist vielfach nicht zu kontrollieren, Flexibilisierung, Ökonomisierung und eine zunehmende soziale Ungleichheit tun ihr Übriges, um die Situation unüberschaubar zu machen. Es ist deshalb nicht von der Hand zu weisen, dass diese Faktoren bei Bürgern ungute Gefühle auslösen. Aus psychologischer Perspektive ist es jedoch interessant zu fragen, was für Emotionen genau aktiviert werden. Laut dem Psychologieprofessor Ernst-Dieter Lantermann, der als Persönlichkeits- und Sozialpsychologe an der Universität Kassel forscht und Erkenntnisse in dem Buch »Die radikalisierte Gesellschaft: Von der Logik des Fanatismus« zusammengefasst hat, ist es wichtig, zu unterscheiden, ob eine Person auf eine vieldeutige, schwierige persönliche oder politische Situation vor allem mit einem Gefühl der Unsicherheit reagiert oder ob sie vor allem eine Art Ungewissheit wahrnimmt. Denn auch wenn sich die Begriffe »Unsicherheit« und »Ungewissheit« ähneln, so stecken dahinter doch jeweils komplett andere Gefühlslagen und Verarbeitungsmechanismen.

Wer sich angesichts der Weltlage oder einer schweren persönlichen Situation vor allem »unsicher« fühlt, der reagiert laut Ernst-Dieter Lantermann sehr schnell mit Minderwertigkeitsgefühlen, Ohnmacht und Panik, also mit Gefühlen, die schneller – wenn auch nicht zwangsläufig – die Abwertung anderer, Neid und Rassismus und Nationalismus heraufbeschwören. Darüber hinaus führt die Bewertung, »dass hier alles unsicher sei und ich die Kontrolle verliere«, auch generell dazu, dass man emotionaler und gehetzter unterwegs ist, folglich in seinen eigenen Positionen und Emotionen radikaler wird. Unsicherheit löst also oft eine Art Tunnelblick aus, der fanatischen und unversöhnlichen Positionen den Weg bahnt.

Wer es dagegen schafft, die Weltlage ein wenig neutraler zu betrachten und sie vor allem als »ungewiss« wahrzunehmen, der wird mit hoher Wahrscheinlichkeit nicht so stark durch angstvolle Emotionen blockiert, erlebt keinen Kontrollverlust, sondern kann offener und vor allem mit gleichbleibend hohem Selbstwertgefühl auf sich ergebende Probleme und Fragestellungen zugehen. In Experimenten zum Thema Problemlösen haben Lantermann und seine Kollegen herausgefunden, dass Menschen, die in Problemlagen eher »Ungewissheit« feststellen, auch offener an Konflikte herantreten, Problemstellungen aktiv angehen und im Zweifel innovativere Lösungen finden als Menschen, die sich vor allem unsicher fühlen, von der Unsicherheit übermannt werden und schnell resignieren oder sauer werden.

Man kann also sagen: Es ist nie allein die zunehmende Komplexität und Undurchschaubarkeit der Welt, die dazu führt, dass Menschen sich bedroht oder unsicher fühlen. Menschen reagieren auch je nach Persönlichkeit und innerer Ausstattung sehr unterschiedlich auf solche Situationen. Für manche wird eine unklare Lage eher zur Herausforderung oder zu einer Fragestellung, mit der man umgehen lernen sollte, für andere ist es eine Selbstwertbedrohung oder führt zu der panischen Schlussfolgerung, dass man die Kontrolle über das eigene Leben verliert.

Persönlichkeitspsychologisch gesehen sind ein starkes Selbstbewusstsein und eine gewisse Gelassenheit also ein wichtiger Faktor, um unsicheren Zeiten entgegenzusehen, um sich halbwegs zuversichtlich nach Lösungen und Alternativen umzusehen und sich nicht von Panik und überschießenden Emotionen aus dem Konzept bringen zu lassen. Selbstsicher sind im Übrigen nicht die Menschen, denen immer alles gelingt, sondern die, die auch angesichts von Problemen und Schwierigkeiten noch das Gefühl haben, dass sie diese aus eigener Kraft lösen können. Der entsprechende psychologische Begriff dazu lautet »Selbstwirksamkeit«. Wer also in seinem Leben immer wieder die Erfahrung gemacht hat, dass man irgendwie schon eine Lösung finden wird, dass man mit neuen Situationen zurechtkommt, der wird sich von den zum Teil vollkommen berechtigten Sorgen nicht so schnell aus der Bahn werfen lassen. Wer dagegen eher Ohnmacht spürt und die Erfahrung gemacht hat, dass er selbst keine Einflussmöglichkeiten hat, empfindet Situationen, in denen Dinge sich ändern, als bedrohlich, gefährlich und angsteinflößend.

Die Krux ist natürlich, dass man sich zumindest bei der ersten Reaktion auf eine unübersichtliche Welt- oder Lebenslage nicht unbedingt aussuchen kann, wie man emotional darauf reagiert. Wer von sich weiß, dass er in unklaren Situationen Unsicherheit oder Ohnmacht empfindet, der hat wahrscheinlich auch schon erlebt, dass sich daraus ziemlich schnell starke Bedrohungsemotionen entwickeln können und diese wiederum zu Wut, Neid, Aktionismus und noch mehr Angst führen. Da nützt es auch nichts, sich schlicht vorzunehmen, auf Unsicherheiten ab jetzt etwas »cooler« zu reagieren oder sich nicht angegriffen zu fühlen. Man könnte aber beginnen, seine eigene Panik auch als einen Ausdruck von persönlicher Prägung zu sehen. Oder gelegentlich wahrnehmen, dass andere Menschen sich durch gesellschaftliche Veränderungen, auch wenn sie in einer ähnlichen sozioökonomischen Lage sind, nicht so stark bedroht fühlen wie man selbst. Ein Anfang wäre es jedenfalls, ein Gespür dafür zu entwickeln, woher die Verunsicherung kommt und wie man sie etwas reduzieren könnte. (In Kapitel neun geht es daher ganz praktisch um die Frage, wie Selbstreflexion und Freundlichkeit mit sich selbst helfen können, das Gefühl von Panik und Unsicherheit zu reduzieren.)

Für Politiker oder die gesellschaftliche Diskussion heißt all das: Es nützt nichts, die großen Ängste und Unsicherheiten vieler Bürger allein als eine Folge von Globalisierung oder Ökonomisierung zu sehen, denn sie sind auch von der psychischen Konstitution, vom Selbstvertrauen und von der eigenen, erlebten Selbstwirksamkeit abhängig. Ebensowenig nützt es, Unsicherheit und Panik ganz zu ignorieren und komplett herunterzureden, denn schließlich existieren diese negativen Empfindungen und lassen sich für viele nicht wegerklären. Das heißt aber auch, dass man sich, wenn man eine demokratisch motivierte Politik verfolgt, darum kümmern sollte, Angst und Unsicherheit nicht unnötig zu verstärken. Denn dass diese natürlich sowohl durch populistische Politiker als auch durch viele Medien intensiviert werden, ist Gift für die gesellschaftliche Besonnenheit.

In diesen Kontext passen die Ergebnisse einer US-Studie zum Thema Ängste der Wähler, die nach den Wahlen 2017 veröffentlicht wurde. Der Politologe Matthew MacWilliams fand dort durch Befragungen heraus, dass sich Trump-Wähler sehr häufig – zu insgesamt 73 Prozent – persönlich an Leib und Leben von Terrorismus bedroht fühlen und Angriffe durch die Terrormiliz IS fürchten. Die Menschen, die nicht Trump wählten, spürten zwar auch manchmal Angst und Unsicherheit in Bezug auf Terrorgefahr, bezogen die Bedrohung aber nicht konkret auf sich und ihr Leben. Unter den Trump-Wählern waren also viel mehr Menschen, die quasi permanent um Leib und Leben fürchteten. Daraus folgt, dass Menschen, die sich rechtspopulistischen Ideen zuwenden, oft eine stärkere Panik und Unsicherheit spüren und dass diese Gefühle für sie handlungsleitend werden. Die Tendenz wird in den USA sicher auch dadurch verstärkt, dass Menschen, die ohnehin mit Populisten sympathisieren, oft auch solche Medien konsumieren, die übermäßig stark Angst und Schrecken verbreiten.

Was folgt aus all dem politisch und gesellschaftlich gesehen? Zum einen natürlich, dass mediale Berichterstattung nicht nur die Panikknöpfe drücken, sondern häufiger sachliche Informationen in den Vordergrund stellen sollte. Man könnte darüber hinaus durchaus versuchen, auch in der gegenwärtigen politischen und gesellschaftlichen Diskussion etwas offensiver aufzuzeigen, dass viele der heraufbeschworenen Bedrohungsszenarien oft hypothetisch sind. Dass außerdem das Empfinden von Unsicherheit und Angst zwar verständlich ist, aber nicht unbedingt dazu führen muss, dass man die damit verbundenen Panikreaktionen oder Minderwertigkeitsgefühle zum Handlungsmaßstab macht.

Fanatismus entsteht aus dem Gefühl von Kontrollverlust

Es lohnt jedenfalls, aufkommende Gefühle von Unsicherheit, Panik oder Kontrollverlust als das zu sehen, was sie sind: Ein emotionaler Auslöser für alle Arten von Radikalisierungsprozessen und bei der Entstehung von Fanatismus. »In unsicheren gesellschaftlichen Verhältnissen neigen Menschen dazu, ihre Selbstsicherheit durch eine ›Selbst‹-Radikalisierung zu verteidigen und zurückzuerobern. Abweichende Meinungen werden nicht mehr toleriert, eigene Überzeugungen für absolut gesetzt«, schreibt der Psychologe Ernst-Dieter Lantermann. Diese Emotionen führen dann dazu, dass sich Meinungen zuspitzen: War jemand bisher schon religiös, dann werden wahrscheinlich diese Werte und Ansichten rigider und strenger, hegt jemand potenziell rechte Einstellungen, verstärken diese sich. Sogar ein Hang zur Selbstoptimierung und zum Gesundheitsbewusstsein kann unter Bedrohung – einem Gefühl von Kontrollverlust – verstärkt und radikalisiert werden. Wer also in unsicheren Zeiten schnell glaubt, die Kontrolle zu verlieren, der neigt auch eher zum Fanatismus. Und das heißt wiederum: Die Meinungen anderer werden nicht mehr gelten gelassen, Feindbilder werden aufgebaut, Argumente zählen nicht mehr. Die permanente Abwertung anderer, der Rassismus und die Vorurteile, die man im Moment sieht, sind also kein Zeichen von berechtigter Wut oder von einer realen Bedrohung, sie sind oft ein Zeichen von Abwehr eigener Minderwertigkeitsgefühle und der Angst, die Kontrolle zu verlieren. Solche Versuche der Selbststabilisierung sind für die Gesellschaft gefährlich, auch wenn sie für die Psyche oft eine Weile ganz gut funktionieren.

Festzuhalten ist auch: Wer Radikalisierung und Fanatismus einsetzt, um sich wieder innerlich Sicherheit zu geben, wird immer unversöhnlicher. Aus etwas so Vagem oder harmlos Klingendem wie »Unsicherheit« entstehen dann irgendwann wiederum Aggression und Hass auf andere.

Weltverschwörung und Machtlosigkeit

Fakt ist: Ein Gesöff aus Hass, Wut, Ideologie, Ohnmacht und Minderwertigkeitsgefühl, das ist der Emotionscocktail, der den Rechtsruck verstärken kann, der latente rechtslastige Einstellungen mit höherer Wahrscheinlichkeit nach oben spült – und der organisierten Rechten in die Hände spielt. Eine eher skurril wirkende Zutat, die in diese Mischung noch hineingehört, ist eine so genannte »Verschwörungsmentalität«, also eine Neigung, bestimmte politische Ereignisse oder Entwicklungen durch das geheime Wirken kleiner Gruppen von meist mächtigen Akteuren zu erklären, die damit ihre eigenen Ziele verfolgen.

Bereits Theodor W. Adorno hat in seinen »Studien zum autoritären Charakter« darauf hingewiesen, dass rechtsextreme Einstellungen oft durch einen Hang zu Verschwörungstheorien vorhergesagt werden können. Denn wer davon ausgeht, dass es irgendwo im Hintergrund Strippenzieher gibt, die verdeckt die Geschicke der Welt lenken, ohne dass wir anderen davon wissen, der fühlt sich sehr ohnmächtig und denkt, er habe keinerlei Kontrolle über den Verlauf der Welt. Oft ist das wiederum mit dem Aufbau von Feindbildern verbunden. In der Geschichte der Verschwörungstheorien bedeutsam ist etwa die Mär von der »Jüdischen Weltverschwörung«. Diese Theorie wurde vermittelt durch einige fragwürdige und gefälschte Schriften, die zu Beginn des 20. Jahrhunderts kursierten. Obwohl dieser Text bereits in den 1920er-Jahren als Propaganda entlarvt wurde, hielt sich die Falschmeldung. Für manche als bewusstes Konzept, für andere als eine Art halbbewusstes Pseudo-Wissen. Eine heute sehr populäre Verschwörungstheorie ist auch die von der »Islamisierung«. Hier wird behauptet, dass Moslems gezielt und immer mehr nach Deutschland kommen, um das Christentum oder das »Volk« zu unterwandern. Derartige Theorien werden von Rechten seit Jahrzehnten genutzt und verbreitet. Der Kern dieser Erzählung, nämlich die »gezielte und geheim geplante Einwanderung« und der angebliche »Bevölkerungsaustausch«, wird zwar so radikal nicht durchweg vertreten, in rechtspopulistischen und erst recht in rechtsextremen Beträgen zum Thema schwingt sie aber permanent mit. (Siehe dazu auch Kapitel sieben.) Wenn etwa Thilo Sarrazin, bis heute Mitglied der SPD, sein aktuelles Buch »Feindliche Übernahme« nennt, dann hat er dabei genau diese Verschwörungstheorie in den Titel miteingebaut und bedient damit die Art von geschlossenem Weltbild, die Radikalisierung und Fanatismus festigt.

Verschwörungstheorien gehören auch deshalb in ein Kapitel über Gefühle, weil sie sich laut einer in »Science« veröffentlichten Studie der Wirtschaftswissenschaftler Jennifer Whitson und Adam Galinsky ebenfalls besonders bei Menschen festsetzen, die sich oft unsicher und bedroht fühlen und vor allem glauben, keine Kontrolle über die Situation zu haben, in der sie gerade sind. Diese Personen besitzen also eine geringe Erwartung, dass sie in ihrem Leben »selbstwirksam« sein können. Dass dieses Gefühl der Unsicherheit, Hilflosigkeit und des Kontrollverlusts dem eigenen Leben gegenüber dazu führt, dass man zur Radikalisierung und zur Abwertung anderer greift, wurde in vorhergehenden Abschnitten beschrieben. Verschwörungstheorien sind eine Art irrationaler, aber narrativer Überbau, der zur Angstabwehr beiträgt und den Fanatismus verstärkt. Die Psychologin Pia Lamberty von der Universität Mainz bezeichnet deshalb jede Art von Verschwörungstheorie als »Radikalisierung-Beschleuniger«.

Es ist dabei wichtig, sich klar zu machen, dass es Verschwörungstheorien ja gerade ausmacht, dass sie sich gegen Fakten, Argumente, Studien, Medien, Expertenmeinungen komplett immunisieren. Man kann also sagen, sie sind die »Fake-News«, die seit Jahrzehnten und seit Jahrhunderten durch die Welt schwirren – und denen man schwer beikommen kann, weil ihre Anhänger unbeirrt an sie glauben. Es macht also Sinn, Verschwörungstheorien aktiv als solche zu markieren. Wie wäre es zum Beispiel mit einem Emoji, mit dem man solche Theorien kennzeichnen kann? Und dem sollte man möglichst auch einen Fakten-Check hinzufügen. Doch dieser Check ist gar nicht so leicht zu erstellen. Der Grund dafür liegt in der allgemeinen gesellschaftlichen Stimmung: Wir können oft gar nicht mehr richtig unterscheiden, was Fakt ist und was Meinung. Wir können starke Emotionen nicht mehr so leicht runterkochen, da wir alle Teil der allgemeinen Empörungsspirale sind.

Willkommen in der Empörungsgesellschaft

Bisher wurde beleuchtet, welche Emotionen bei Menschen, die ohnehin schon latent rechte Einstellungen haben, dazu führen, dass sie noch mehr und noch offensiver zu rechten Parolen tendieren oder rechtspopulistisch wählen. Ein zentraler Punkt ist allerdings noch nicht angesprochen worden: Es gibt einen allgemeinen gesellschaftlichen Umgang mit Emotionen, der im Augenblick Öl in alle Feuer gießt – die Empörung. Wir leben heute in einer Empörungsgesellschaft und alle machen mit, fallen von einer Entrüstung und Aufregung in die nächste.

Jeder kleine Skandal wird durch die sozialen Medien gejagt, jeder Mensch hat zu allem eine Meinung, die Flut von Ereignissen, die man bewerten soll, wehrt man mit Aggression, Wut, Empörung ab, ohne richtig darüber nachgedacht zu haben. In dem Moment, wo dieser Text entsteht, hat sich beispielsweise ein Juso-Chef unter Empörungsgeheul der einen und Jubel der anderen zur Enteignung von BMW geäußert, die Klimaaktivistin Greta Thunberg wird jeden Tag gefeiert und gehasst. Vor kurzem echauffierte sich ein Grünenpolitiker über eine Werbung der Deutschen Bahn, in der angeblich »die deutsche Bevölkerung zu wenig repräsentativ gezeigt wird«, quittiert wurde seine medienwirksame Aussage mit einem Shitstorm in den sozialen Netzen. Diese allesamt als hochbrisant und absolut relevant gesehenen Ereignisse werden in den sozialen Medien geteilt, beredet, es wird gemeckert, angeklagt, sich aufgeregt und von viel Halbwissen begleitet diskutiert. So richtig und wichtig viele Argumente sind, so schwierig und zum Teil auch skandalös die Vorgänge, die dort besprochen werden, so sehr verebben sie und verläppern sich nach ein paar Wochen wieder. Der Empörungssturm reißt allerdings niemals ab. Es gibt in den sozialen Medien immer einen Grund, um sauer zu sein.

Es scheint also um die Empörung und Verärgerung an sich zu gehen, um eine Art Lust am Sich-Aufregen. Das zeigt jedenfalls eine Studie der Forscher Jonah Berger und Katherine Milkman von der University of Pennsylvania. Die beiden hatten zunächst 7.000 Artikel der New York Times danach begutachtet, welche von ihnen in den sozialen Medien Reichweite bzw. in der Kommentarleiste Aufmerksamkeit erregten und welche nicht. Dort fanden sie bereits heraus: Nachrichten, die einen hohen Emotionsgehalt hatten und Empörungsreflexe anspringen ließen, wurden bevorzugt. Daraufhin schlossen die Forscher noch ein Experiment an. Sie gaben einen Post in sozialen Medien in Umlauf, in dem zu lesen war, dass die teure Gitarre eines Musikers beschädigt worden sei. Einmal wurde in dem Text geschrieben, dass es sich um ein Versehen handelte und die Fluggesellschaft für den Schaden aufkommen würde, das andere Mal war ein unachtsamer Flughafenmitarbeiter schuld, der die teure Gitarre durch die Gegend geworfen haben sollte und die Fluggesellschaft stellte sich bei der Begleichung des Schadens zudem stur. Der Post, in dem es einen Schuldigen gab, über den man sich aufregen konnte, weil er das Eigentum eines anderen absichtlich ungerecht und unachtsam behandelt hatte, wurde viel häufiger kommentiert und geteilt. Die Empörungsreflexe wurden aktiviert, man regte sich auf und teilte dann den Post und half damit den Unternehmen, Reichweiten zu generieren.

Das scheint erst einmal gar nichts Neues zu sein. Jeder Boulevard-Zeitungsmacher und auch jeder andere Journalist weiß, dass es eine Sensations- und eine Empörungslust gibt, die in allen Medien, auch den seriösesten, zumindest zum Teil bedient wird. Doch wie es scheint, führt unter anderem die permanente Nachrichtenflut in der Online- und Digitalwelt dazu, dass wir uns nur noch aufregen und entrüsten.

Der Medienpsychologe Bernhard Pörksen beleuchtet diese hochkochenden Empörungsschleifen in seinem Buch »Die große Gereiztheit« und vertritt dort die These, dass die neue Art der medialen Vernetzung dazu führt, dass wir alle viel zu emotional und aggressiv geworden seien und dass wir uns sogar zum Teil über »Nachrichten« echauffierten, die gar keine seien, sondern nur Vermutungen oder Meinungen. Pörksen schreibt unter anderem: »Es sind also – einerseits – die Ereignisse, die uns beunruhigen, die Kriege und Krisen, die schmutzigen Wahlkämpfe, die Zeichen für den Zerfall Europas, die Wiederkehr des Autoritarismus, die eskalierenden Konflikte. Und es ist – andererseits – die plötzliche Sichtbarkeit des Schreckens, die eine Stimmung der großen Gereiztheit forciert. Wir spüren ein untergründiges Beben, eine konstante Verstörung durch Vernetzung und können uns ihr kaum entziehen.«

Dieses Zitat zeigt, worum es hier geht: Wir sind permanent online, dadurch permanent emotional aufgeladen und empörungsbereit, wir bekommen alles mit. Das stresst und schockiert uns, macht jedoch unsere Reaktionen auf die Weltlage nicht besser.

Die technischen Neuerungen im Netz haben dabei laut Pörksen ganz unterschiedliche Tücken, die aber alle dazu führen, dass Sachverhalte nicht mehr nüchtern gesehen werden: Man kann sich nicht mehr darauf verlassen, dass wahre oder gut geprüfte oder recherchierte Inhalte verbreitet werden. Geteilt wird, was Emotionen generiert, und oft werden auch aus kleinen Indizien gleich riesige Empörungswellen. Pörksen gibt beispielsweise die Geschichte über die 13-jährige russischstämmige Lisa wieder, die zu Hause erzählte, sie sei von drei südländisch aussehenden Männern verschleppt und vergewaltigt worden. Ihr Fall schlug im Netz solch große Wellen, dass Teile der russischen Community sich empörten, sich ein russischer Sender in diese Berichterstattung einschaltete und in Berlin-Marzahn Steine auf ein Flüchtlingsheim geworfen wurden. Doch die Geschichte von der Vergewaltigung war eine Lüge! Als das herauskam, hatte sich die Empörungswelle jedoch schon so verselbständigt, dass man sie kaum noch eindämmen konnte. Für Bernhard Pörksen ist dies eine von unzähligen, abstrus-traurigen Geschichten, in denen Gereiztheit, Unsachlichkeit und Diskurskultur im Netz dazu beitragen, dass sich Wut und Hass grundlos ausbreiten. Er spricht von einer »mediengeschichtlichen Zäsur, die das Kommunikationsklima der Gesellschaft elementar verändert«.

Auch deshalb wird im Moment überall darüber gesprochen, dass der Ton in den sozialen Medien so harsch geworden ist, dass die Verrohung der Sprache natürlich bei

Ultrarechten, aber auch bei allen anderen immer weiter zunimmt, dass Wut und Abwertung viel deutlicher gezeigt werden dürfen, dass eine Stimmung von negativer Aufgeregtheit über die ohnehin schon aufgeladene Situation gekippt wird, was wiederum dazu führt, dass viele Menschen nur noch mit unterschwelliger Wut oder Angst in den sozialen Medien unterwegs sind, sich auf jeden noch so spekulativen Post stürzen, jeder Verschwörungstheorie glauben und jedes Gerücht sofort und unhinterfragt für eine Tatsache halten.

Bevor es im nächsten Kapitel unter anderem darum geht, wie Agitatoren und Rechte hierzulande die Vernetzung und die Empörungsbereitschaft nutzen, um die Emotionen immer weiter aufzuwiegeln und anzufachen, sei hier abkürzend und pragmatisch gesagt: Es wäre ausgesprochen hilfreich, wenn es jedem Einzelnen und erst recht jedem Politiker gelingen würde, die hochschießenden und negativen Emotionen nicht zu bedienen und nicht so schnell und so heftig unter ihrem Eindruck zu agieren. Worauf springen wir an? Was teilen und liken wir? Wie reagieren wir auf andere? Wie sprechen wir mit Menschen, die anders denken? Diese Fragen sollte jeder, egal welcher politischen Gesinnung er oder sie anhängt, beantworten. Denn die verrohte Kommunikation voller Wut und Empörung ist einer der Hauptkatalysatoren dafür, dass sich diejenigen Emotionen, die Menschen potenziell radikalisieren, immer stärker ausbreiten. Es wäre deshalb hilfreich, die Kommunikation zu neutralisieren, die eigene Bewertung von Posts und Nachrichten sorgfältiger zu prüfen und alles, was noch mehr Wut, Hass, Empörung und Schwarz-Weiß-Denken produziert, zurückzufahren. Das alles macht noch keinen radikalen Rechten zum Liberalen – auf die unsachliche und aufgeregte Stimmung jedoch zu verzichten und mehr Gelassenheit zu zeigen, ist allerdings Teil einer allgemeinen Radikalisierungsprophylaxe.

Dass sich die Umgangsformen aus der Steinzeit, die sich überall einschleichen – Pöbeln, Hauen, Abwerten, Beschimpfen und ein ziemliches Anspruchsdenken –, keineswegs nur im Netz abspielen, sei ebenfalls kurz erwähnt. Es häufen sich die Beispiele einer generell enthemmten Wutgesellschaft: Auto- oder Fahrradfahrer, die sich anpöbeln oder sogar schlagen, weil der eine dem anderen zu langsam fährt, Rettungswagenfahrer, die im Einsatz beschimpft werden, weil sie »im Weg sind«, Behördenmitarbeiter an einem Infotresen, die hinter Panzerglas arbeiten, weil sie bereits mehrfach angegriffen wurden, all das sind Zeichen dafür, dass zu viel Wut und Aufbrausen und zu wenig Emotionsregulation in der Gesellschaft vorhanden sind. Dieses emotionale »Sichgehenlassen« lässt sich nicht erst seit dem aktuellen Rechtsruck beobachten. Wir haben es hier mit einer Formlosigkeit und Gleichgültigkeit zu tun, die letztlich darauf zurückzuführen ist, dass Menschen heute zu sehr denken, dass es schon in Ordnung sei, authentisch und ungezwungen zu sein und an das Wohl der eigenen Subgruppe zu denken. Doch an diesem Punkt ist das Pendel schon längst auf die falsche Seite ausgeschlagen: Menschen geben sich zu zwanglos und zu formlos, zu emotional gelockert und zu selbstgerecht. Dieser Emotions- und Ego-Inkontinenz ein bisschen was entgegenzusetzen, würde das zwischenmenschliche Klima deutlich verbessern.

Reden wir von Kränkung

Haben die vielen negativen Gefühle von Wut, Hass und Kontrollverlust nicht auch irgendwo eine Berechtigung? Wo finden sie in der Gesellschaft ihren Platz? Was kann man tun, statt sie nur herunterzuschrauben oder sie für sich selbst zu analysieren? Sind sie nicht doch auch ein Warnzeichen für die Politik? Sollte man sich des wahren Kerns der Gefühle nicht annehmen?

Zu dieser ambivalenten Fragestellung gelangt man immer wieder, wenn man sich mit rechtslastigen politischen Einstellungen beschäftigt – und mit Emotionen, die den Rechtsruck katalysieren. Und immer wieder kann man sich in so einem Moment an das erinnern, was bereits Theodor W. Adorno klug angemerkt hat, indem er darauf hinwies, dass Gefühle von Hass, Wut, Angst, Abgehängtsein zum Leben und zu jeder Gesellschaft dazugehören und dass es keinerlei Rechtfertigung gibt, nur aufgrund solcher Gefühle in Rassismus, Ressentiments und Rechtsruck abzugleiten.

Wer mit dieser Grundauffassung im Hinterkopf nach einer konstruktiven Sicht auf die negative Emotionsmischung sucht, der sei auf den Ansatz der Werte-Philosophin und Coach Barbara Strohschein hingewiesen. In ihrem Buch »Die gekränkte Gesellschaft. Das Leiden an Entwertung und das Glück durch Anerkennung« schlägt sie vor, dass es bisweilen helfen könnte, wenn wir im direkten Kontakt, in der Gesellschaft und in Organisationen vielleicht weniger von Hass, Wut und Angst sprechen würden, sondern mehr über das Gefühl von Kränkung. Um an den Kern von Aggression oder Gewalt zu kommen, schlägt sie vor, Menschen als gekränkte Personen zu sehen und das Potenzial der Kränkungen, die in verschiedenen Lebensläufen, aber auch in der gesellschaftlichen Debatte stecken, anzuerkennen. Würde man beispielsweise statt »Ich nehme die Sorgen und Ängste der Menschen ernst« sagen »Ich nehme die Kränkung, die ich hier sehe, ernst«, dann liegt darin eine unschlagbar konstruktive Sichtweise: Zum einen zeigt sich in der Formulierung, dass man anerkennt, dass es auch im gesellschaftlichen System Herabsetzungen gibt und gab, die man erkennen und aus der Welt schaffen will. Zum anderen liegt in dem Begriff der Kränkung auch eine Aufforderung zum Handeln: Ein Gekränkter kann und sollte an seiner Kränkung arbeiten. Die Gesellschaft dagegen müsste in ihrer Kommunikation achtsamer sein und diese so gestalten, dass die Kränkung nicht noch mehr zunimmt. Politiker könnten anerkennen, dass es eine gewisse Kränkung vieler Bürger in den letzten Jahren gegeben haben muss – auch aufgrund von politischen Entscheidungen. Insofern scheint es ein erster brauchbarer Weg zu sein, mehr von Kränkung und Gekränktheit zu sprechen oder diese mitzudenken. Politisch gesehen ist das Gegenteil von Gekränktwerden so etwas wie Anerkanntsein. Eine Anerkennung des Einzelnen in seiner Einzigartigkeit, in seiner Freiheit, in seinem Weg, wäre durchaus eine neue Art der Haltung. Das heißt nicht, dass man Gewalt oder Hass toleriert. Es würde aber bedeuten, dass man ernsthaft versucht, dem neue Werte entgegenzusetzen, nämlich eine Kultur der Anerkennung, der Wertschätzung und der Besonnenheit.

ZUSAMMENFASSUNG: Was ist wichtig?

1. Emotionen stacheln den Rechtsruck an. Vor allem Aggression, Hass und Wut führen dazu, dass sich gerade die »rechte Denke« mehr und mehr ausbreitet. Hass ist dabei nicht nur irgendein diffuses Gefühl – er breitet sich auf einer bereits vorhandenen Ideologie der Abwertung anderer Gruppen aus. **Was folgt daraus?** Es wäre schon mal hilfreich, mehr von Hass und Aggression als von Sorge und Angst zu sprechen. Es gilt, dem Hass die rote Karte zu zeigen, statt ihn von Teilen der Politik noch unbewusst oder ganz bewusst zu beschönigen oder zu steigern.

2. Unsicherheit und ein Mangel an Selbstvertrauen führen dazu, dass Menschen sich fanatisieren, radikaler werden und andere eher abwerten. Es stimmt zwar, dass unsichere Zeiten bei manchen Menschen auch wirklich Unsicherheit hervorrufen. Nur bleiben die meisten Menschen nicht bei diesem Gefühl, sondern wehren es ab. Die Folge davon ist wiederum Hass auf andere und Abschottung der eigenen Meinung. **Was folgt daraus?** Menschen, die sich selbstbewusst fühlen und wissen, dass sie auch unsichere Lagen meistern, sind für Radikalisierung nicht anfällig. Die »Selbstwirksamkeit« von Kindern, Jugendlichen und Erwachsenen zu steigern wäre ein Top-Bildungsziel.

3. Aggressiv und wütend sind immer nur die anderen? Weit gefehlt! Wir leben längst in einer Empörungsgesellschaft, in der die meisten Menschen permanent gereizt sind. Die ständige Befeuerung mit Nachrichten im Netz, dieser Empörungsmaschine, ist einer der Hauptgründe, warum alle permanent aufgebracht sind. Aber auch Formlosigkeit und Pseudo-Authentizität tragen die Empörungskultur mit. **Was**

folgt daraus? Jeder kann versuchen, die eigene Empörung etwas zu zügeln und zu reduzieren und nicht jedem Impuls für Wut oder Entrüstung zu folgen. Das gilt für Posts auf Facebook genauso wie für den Verkehrsteilnehmer, der einem die Vorfahrt nimmt. Freundlichkeit lässt sich üben. Für alle anderen genügt es vollauf, ein wenig besonnener zu agieren.

JURISTISCHE UND STATISTISCHE HINTERGRÜNDE:
Warum reden wir nicht von Hassverbrechen?

Hass, Fanatismus und Ideologien können Gewalt auslösen. In den USA werden deshalb von Vorurteilen und Rassismus motivierte Verbrechen als »Hate-Crime« oder »Bias-Crime«, also Hass- oder Vorurteilsverbrechen bezeichnet. Laut Wikipedia bezeichnet Hasskriminalität hierzulande politisch motivierte Straftaten, deren zu vermutendes Motiv beim Täter in der »politischen Einstellung, Nationalität, Volkszugehörigkeit, Rasse, Hautfarbe, Religion, Weltanschauung, Herkunft, sexuellen Orientierung, Behinderung, im äußeren Erscheinungsbild oder im gesellschaftlichen Status« des Opfers begründet ist. Die Definition gibt es, ein spezielles Gesetz dazu allerdings nicht. Dennoch werden Hassverbrechen in Statistiken erhoben, so dass man sich ein Bild machen kann. Oft scheint es allerdings so zu sein, dass die Anzahl der aufgrund von Vorurteilen und auch aufgrund von rechtsextremen Einstellungen motivierten Verbrechen allgemein unterschätzt wird. Hier also ein paar unterschiedliche Zahlen für Deutschland aus den letzten Jahren, die das Phänomen greifbarer machen:

1. Im Jahr 2015 stieg die Zahl der Angriffe auf Flüchtlingsunterkünfte. Waren es 2014 laut Amadeu-Antonio-Stiftung noch unter 300 Übergriffe, wurden im Jahr darauf schon 1.077 registriert. Die politische Stimmung hat Hassverbrechen also katalysiert. Pro Asyl zählte für das Jahr 2017 insgesamt 1.713 Straftaten im Umfeld von Flüchtlingsunterkünften, davon waren 23 Brandanschläge und 326 tätliche Angriffe. Von einem rein verbalen politischen Hass kann also hierzulande keine Rede sein.

2. Das BKA stellt eine Statistik von politisch motivierter Gewalt von rechts zusammen: Waren es im Jahr 2001 noch etwa 15.000 registrierte Straftaten von Rechten, waren es ab dem Jahr 2015 über 20.000. Darin sind auch Sachbeschädigung etc. mit aufgenommen worden. Auch hier zeigt sich die Veränderung rund um das Jahr 2015 deutlich.

3. Der Verband der Beratungsstellen für Betroffene rechter, rassistischer und antisemitischer Gewalt (VBRG) registrierte für das Jahr 2018 in den ostdeutschen Bundesländern 1.212 Angriffe mit rechtsextremen und rassistischen Motiven, acht Prozent mehr als im Vorjahr.

4. Der »Deutsche Viktimisierungssurvey 2017«, eine Befragung des Kriminalistischen Instituts des BKA, hat 31.000 Menschen deutschlandweit nach ihren Opfererfahrungen befragt. Dort zeigte sich, dass es 22,9 Fälle von vorurteilsgeleiteter Körperverletzung pro 1000 Einwohner gibt. Der Rechtsextremismus-Experte und Soziologe Matthias Quent interpretierte diese Zahl zusammen mit anderen in einem Gastbeitrag für Spiegel-Online und stellte darin fest, dass aus der Sicht der Opfer bei der Hälfte aller Körperverletzungen hierzulande Vorurteile und Rassismus eine Rolle spielen. Die Zahlen machen laut Quent außerdem klar, dass die von den Betroffenen angegebene rassistische Gewalt etwa 1.550-mal größer ist als die Gewaltzahlen in den polizeilichen Statistiken.

**KAPITEL SIEBEN:
ES SIND NUR TASCHENSPIELERTRICKS ...**

Empörung und Angst schüren. Die Gesellschaft in »Gute« und »Böse« spalten. Mit Feindbildern hantieren. Die manipulativen Methoden, mit denen Populisten Politik machen, bestehen aus ein paar wenigen Zutaten.

In diesem Kapitel wird beleuchtet, welche psychologischen und sprachlichen Tricks rechtspopulistische Politiker anwenden und warum diese so gut wirken. Übrigens: Originell und neu ist die Agitations-Rhetorik nicht. Man konnte sie schon bei zahlreichen Diktatoren beobachten.

> *»Die Demokratie ist in Gefahr in der westlichen Welt.«*
> Daniel Kehlmann, Schriftsteller, Mai 2019

Seit die AfD in den Bundestag eingezogen ist, wird dort mehr gelacht als früher. Es ist aber kein wohlwollendes oder zustimmendes Lachen, sondern ein abwertendes Auslachen, das die rechtspopulistischen Abgeordneten oft geschlossen einsetzen, wenn andere Parlamentarier reden, deren Meinungen sie ablehnen, vor allem bei Rednern der CDU. In dieses Lachen mischen sich oft Zwischenrufe wie »Reißen Sie sich zusammen« etc. Ansonsten fällt die AfD nicht nur durch ihre geschlossene Anwesenheit in Sitzungen, sondern auch durch ein geschlossenes Auftreten auf. Man klatscht frenetisch für die eigenen Leute, für die anderen nicht. Umgekehrt klatschen die anderen Parteien nur wenig für die AfD und lachen wiederum etwas häufiger gehässig, wenn deren Abgeordnete sprechen. Diese

Veränderungen wurden sechs Monate lang, von Ende Oktober 2017 bis Ende April 2018, in einem digitalen Projekt der Süddeutschen Zeitung analysiert, das sich mit der Frage beschäftigt, was im »Hohen Haus« anders geworden ist, seit dort auch AfD-Leute sitzen.

Auf den ersten Blick gleicht die Atmosphäre von Auslachen, Zwischenrufen und Gruppenzusammenrottung ein wenig der einer Schulklasse Pubertierender, in der eine hemdsärmelige Gruppe versucht, andere zu mobben oder gehässig herabzusetzen, zu foppen oder zu provozieren. Natürlich könnte man sagen, dass Oppositionsparteien immer ein gewisses Maß an Provokationen auffahren, um die Regierungsparteien anzugreifen oder sich gegen sie abzusetzen, doch in dem Projekt der Süddeutschen Zeitung wird anhand verschiedener kommentierter Videoclips und Analysen klar, dass seit Beginn dieser Legislaturperiode grundlegende Veränderungen in der Saalatmosphäre, der Diskussions- und Streitkultur stattfinden. Mit ihrer Geschlossenheit, Abwertungsbereitschaft und Provokation sowie mit ein paar anderen kommunikativen Mitteln, von denen noch die Rede sein wird, verändert die AfD das Klima im Bundestag: Die Zeichen stehen auf Spaltung. Positionen werden oft als unvereinbar dargestellt, es herrschen Häme und Angriff, ein Dialog wird unwahrscheinlicher und ist oft auch nicht gewünscht.

Demokratische oder undemokratische Mittel

Abgesehen von den abwertenden Gesten im Bundestag zeigt sich die AfD auch im sonstigen Auftreten sprachlich provokant und grenzüberschreitend, stellt ihre Mitglieder als die einzig Fähigen dar und benennt permanent Feindbilder. Dass ein guter Teil des Gebarens der Partei darauf abzielt, vor allem Empörungswellen zu erzeugen, bei den Skeptikern Wut und Entrüstung und bei den Anhängern Hass und Groll gegen vermeintliche Gegner auszulösen, ist hinreichend bekannt. Und im Moment gelingt es den Populisten scheinbar tatsächlich, mit ihren psychologischen und rhetorischen Kniffen sowie mit ihrer Starken-Mann-Politik die Gefühle vieler Menschen zu beeinflussen und viel Aufmerksamkeit auf sich zu lenken. Darauf weist eine Publikation der Otto-Brenner-Stiftung vom Herbst 2018 hin, die sich kritisch mit den PR-Methoden und Provokationen der AfD beschäftigt und die der Partei zum Teil manipulative und undemokratische Momente nachweist. Die Studie zeigt auch, dass gerade ein Lernprozess in Gang kommt, in dem Personen des öffentlichen Lebens, Medienmacher, Bürger und Mitparlamentarier nach und nach besser verstehen lernen, den rechtspopulistischen und oft psychologisch sehr wirksamen Techniken etwas entgegenzusetzen.

Dass die AfD zum Teil nicht nur populistisch agiert, sondern auch undemokratische Tricks nutzt, die auch von Agitatoren und Diktatoren aller Epochen angewendet wurden, wird in diesem Lernprozess ebenfalls immer deutlicher. Man darf also durchaus sagen, dass hier zum Teil Propaganda betrieben wird. Denn diese Technik der Beeinflussung beinhaltet laut einer Definition der Bundeszentrale für politische Bildung, »dass sie die verschiedenen Seiten einer Thematik nicht darlegt und Meinung und Information vermischt. Wer Propaganda betreibt, möchte nicht diskutieren und mit Argumenten überzeugen, sondern mit allen Tricks die Emotionen und das Verhalten der Menschen beeinflussen, beispielsweise indem sie diese ängstigt, wütend macht oder ihnen Verheißungen ausspricht.« Das ist umso bedeutsamer, als sich Propaganda heute durch die medialen Möglichkeiten rasend schnell verbreiten kann.

Wenn man also versteht und durchschaut, wie groß bei der AfD derjenige Teil der Kommunikation ist, der einer kalkulierten Inszenierung der eigenen Stärke und der Gefühlslenkung von Bürgern dient, bekommt man eine Einschätzung für ihre Ziele und Beweggründe und kann dadurch auch ihre Phrasen und Forderungen besser einordnen. In diesem Kapitel werden deshalb einige der gängigen kommunikativen Techniken und auch der systematischen Tricks vorgestellt, mit denen die AfD und auch andere Populisten versuchen, politische Geschicke durch psychologische Einflussfaktoren zu lenken. Diese Strategien sind ein mächtiger Katalysator, wenn es um die Radikalisierung und den zunehmenden Rechtsruck geht.

Wir sind gerade immer noch etwas überrannt von einigen dieser Methoden, weil sie in der hiesigen Politik lange nicht mehr so dominant eingesetzt wurden. Dennoch gibt es sie schon sehr lange. Sozialwissenschaftler wie Theodor W. Adorno oder auch Leo Löwenthal haben jedenfalls schon in den späten 1950er-Jahren bzw. späten 1940er-Jahren über die Tricks falscher Propheten geschrieben. Einige der Techniken, die zum Teil von der AfD genutzt werden, ähneln sehr diesen Taschenspielertricks der Agitatoren. Sie zu kennen und zu benennen kann den Einfluss von Manipulationen vermindern. Wir beschäftigen uns in diesem Kapitel mit einigen fiesen manipulativen Klassikern:

Emotionen als Brennstoff

Die wichtigste und erste Regel für einen erfolgreichen Populisten ist immer, Gefühle heraufzubeschwören und zu lenken. Nur so kann man Massen wirklich beeinflussen. Das erklärt auch der Psychologe Professor Fritz B. Simon in seinem Buch »Anleitung zum Populismus oder: Ergreifen Sie die Macht!«. Der Systemtheoretiker, Organisations- und Politikberater macht dort mit ironischen Mitteln und analytischer Distanz klar, wie einfach die Zutaten sind, mit denen rechtspopulistisch agierende Politiker gerade versuchen, eine möglichst große Anzahl von recht unterschiedlichen Menschen mit manipulativen Mitteln auf ihre Seite zu bringen. »Um Massen von Unterstützern in Bewegung zu setzen, müssen Sie an deren Emotionen appellieren – Sie haben keine andere Wahl. Versuchen Sie es also gar nicht erst mit einer intellektuell ausgefeilten Argumentation«, schreibt Fritz B. Simon im oben genannten Buch. Denn sobald man die Bürger nicht über Gefühle, sondern über Gedanken und Argumente zu vereinen versuche, verliere man sofort die Geschlossenheit und bekomme es mit einer Pluralität der Stimmen zu tun. Schließlich habe so gut wie jeder Mensch eine eigene und eine andere Meinung. Bei Gefühlen gäbe es dagegen immer nur ein paar wenige, so Simon spöttisch. Die Tricks von Agitatoren und Populisten dienen also so gut wie immer der Gefühlsentfesselung und der Lenkung und Nutzung von Zorn, Hass, Vorurteilen und Ängsten. Das erklärt natürlich auch, warum die in der Bevölkerung durchaus vorhandenen Emotionen von Hass, Wut oder Kontrollverlust, von denen im vorhergegangenen Kapitel die Rede war, von populistischen Politikern so gut wie nie entkräftet, sondern immer verstärkt und scheinheilig bekräftigt werden.

Dass die Emotionalisierung eine der Hauptzutaten von Agitation ist, hat Theodor W. Adorno in seinem Essay über die Rundfunkreden des US-Hasspredigers Martin Luther Thomas ebenfalls gut herausgestellt. Er nannte diese Technik den »Gefühlsbefreiungs-Trick«. Durch genaue Analyse der Hassreden weist Adorno nach, dass sich diese Führerfigur oft übermäßig echauffierte und emotional äußerte, sich aufregte oder »fast weinte« und mit dieser »Gefühlsduselei« ein Modell schuf, das die »Zuhörer nachahmen und annehmen sollen«. Wenn ein Agitator seiner Gefolgschaft quasi erlaubt, sich emotional so zu äußern und zu artikulieren, wie es ihnen entspricht, dann bindet er nicht nur Emotionen an seine Person und an seine Ziele, sondern die Leute, die ihm zuhören, werden darüber hinaus darin unterstützt, sich gehen zu lassen oder sogar gewalttätig zu werden.

Die Aufforderung zur »Gefühlsbefreiung« mit all ihren Folgen lässt sich auch bei den hiesigen Populisten erkennen. Sie fordern ihre Anhänger immer wieder auf, sich zu geben, wie sie sind oder wie sie denken, ihren »Sorgen« oder ihrer Wut Ausdruck zu verleihen und sich auch sonst mal angeblich klar und deutlich, statt freundlich zurückhaltend oder gar politisch korrekt zu äußern. Adorno interpretiert dieses Verhalten als eine Erlaubnis an die Bürger, selbst aggressiv zu reden und zu handeln.

Eine weitere Technik zum Ankurbeln von Emotionen, die Adorno beschreibt, nennt sich »Großer kleiner Mann«. Dabei stellt sich der Agitator verbal und nonverbal ständig als eine gleichermaßen authentische und provokante Figur dar. Gleichzeitig betont er immer wieder, dass er eigentlich in der gleichen unterdrückten Lage ist wie seine Anhänger und beharrlich gegen viel mächtigere Gegner kämpft. Ein Musterbeispiel für diese Rhetorik in der heutigen Zeit ist natürlich Donald Trump, der sich permanent gleichzeitig als Kraftmeier und als Unterdrückter darstellt, wenn er beispielsweise seinen Anhängern mit trotzig-kämpferischer Attitüde verrät, dass er ein Nationalist sei und dazu stehe, auch wenn seine Gegner ihn permanent dafür verunglimpften und ihm das Leben schwer machten. Auch in der AfD ist das Muster von Auftrumpfen »gegen alle Widerstände« zu sehen. Es zeigt sich etwa in der stets pseudokämpferischen Haltung, »sich von niemandem den Mund verbieten zu lassen«, oder in einer gewissen Opferhaltung. Auch das bereits beschriebene Gebaren der AfD-Abgeordneten im Bundestag – andere auslachen und verächtlich kommentieren, wenn diese ihre Meinung kundtun – ist eine Trotzhaltung des »großen kleinen Mannes«. Bereits Adorno erklärte, dass mit dieser Demonstration von authentischer Stärke und Kraft »gegen alle« natürlich die Emotionen derer mobilisiert werden sollen, die sich entrechtet und benachteiligt fühlen und die so durch diese Kraft selbst ein Gefühl von Stärke gewinnen. Hier ist also wieder einmal das autoritäre Prinzip am Werk – und es wird über Tricks und Rhetorik bedient.

Die Technik der »Gefühlsbefreiung« und die »Großer kleiner Mann«-Haltung sind also heute wieder in den Bundestag, in die Debatten, in den politischen Alltag eingezogen. Auch in den vergangenen Jahrzehnten gab es sicher ein paar versprengte Politiker, die ähnlich auftraten. Doch deren Haltung war nicht so massiv vertreten und so gut organisiert wie es gegenwärtig bei den Populisten zu sehen ist. Die Tricks hören gegenwärtig auch bei der Rhetorik nicht auf. Die Agitation hat System. Und auch die Feindbilder werden sehr bewusst konstruiert. Dazu jetzt mehr:

Äußerer Feind, innerer Feind

Womit lassen sich Menschen zusammenbringen, die sonst sehr unterschiedlich sind und in verschiedenen Lebenssituationen stehen? Am besten durch einen Gegner, einen Feind im Außen. Der Blick auf vermeintlich böse, gefährliche oder minderwertige andere hilft nicht nur den Anhängern eines Agitators dabei, sich psychisch stärker, besser und überlegener zu fühlen. Der Feind im Außen hilft vor allem den manipulativ agierenden Politikern selbst, die schon angefachte Wut, Hass oder Ängste dorthin zu lenken, wo man sie haben will. Einerseits wird durch einen äußeren Feind davon abgelenkt, wie unterschiedlich die Interessen und Meinungen aller Menschen letztlich sind. Außerdem wird auch die Bedeutung anderer wichtiger Themen vernebelt, für die eine populistische Partei möglicherweise keine griffige Lösung hat. Fritz B. Simon schreibt als Kenner systemischer Prozesse in Organisationen und in der Politik diesem äußeren Feind eine zentrale Bedeutung bei der Konstruktion des Populismus zu. Der äußere Feind hält die so wichtige Emotionsmaschine und die Empörungsreflexe permanent am Laufen und schafft so Brennstoff für autoritäre Reaktionen und für eine Zusammenrottung zu einem »Volk«. Bei der AfD und vielen anderen rechtspopulistischen Parteien sind hier vor allem Geflüchtete und Muslime als Feindbilder aufgebaut worden. Es klingt zynisch, doch einige Kenner von diktatorischen Strategien sind der Ansicht, dass dieses Feindbild auch deshalb gewählt wurde, weil vermeintlich optisch leichter zu trennen ist, wer dazugehört und wer nicht.

Auf der Facebook-Seite der »Alternative für Deutschland« dominieren dementsprechend bis heute, also vier Jahre nach der großen Flüchtlingsdebatte im Jahr 2015, permanent Beiträge und Posts, in denen es um Geflüchtete oder Straftaten von Geflüchteten geht oder in denen hier lebende Muslime nicht als Mitbürger dargestellt werden. Alle anderen politischen Themen bleiben hinter dem Feindbild-Thema zurück. Und im Bundestag – so zeigt das oben genannte Digital-Projekt der Süddeutschen Zeitung – schaffen Redner der AfD etwas, das anderen Menschen sonst nur beim Thema Fußball gelingt: Egal mit welchem Tagesordnungspunkt sie ihre Redebeiträge anfangen, sei es Klimaschutz, Bafög oder Bildung – innerhalb von wenigen Minuten schlagen AfD-Abgeordnete geschickt oder plump die Brücke zum Thema Geflüchtete. Der äußere Feind wird also durch permanente Wiederholungen immer wieder heraufbeschworen. Auch diese Sprung-in-der-Schallplatte-Technik ist eine demagogische, die von Diktatoren vorher bereits unangenehm vorgelebt wurde.

Mit einem äußeren Feind kann man eine Gefolgschaft rekrutieren. Doch das ist nur der erste Schritt. Es braucht immer auch einen inneren Feind. Darüber schreiben nicht nur Adorno und Leo Löwenthal, sondern dies analysiert auch der Systemiker Fritz B. Simon in seiner »Anleitung zum Populismus«, in der er den Leser oft direkt anspricht: »Sie brauchen zur eigenen Identitätsbildung und -wahrung auch einen *internen* Feind, gegenüber dem

Sie sich und Ihre Bewegung abgrenzen und gegen den Sie politisch kämpfen können. Wenn nur der Außenfeind im Blick wäre, gäbe es keinen Grund, an den internen Machtverhältnissen des Landes etwas zu verändern. Sie müssen daher einen internen Konflikt initiieren.« Das heißt, es muss ein Riss durch die Gesellschaft konstruiert werden. Zudem braucht es einen inneren Feind, der die Spaltung zwischen gesellschaftlichen Schichten verstärkt und der natürlich auch schuld ist, wenn einer Partei wie der AfD oder einem Politiker wie Donald Trump etwas nicht gelingt.

Einen inneren Feind muss man sich laut Fritz B. Simon ebenfalls so wählen, dass sich möglichst viele Menschen von diesem überzeugen lassen. Populismus baut heute daher per Definition darauf auf, dass zwischen einer so genannten Elite und dem so genannten Volk unterschieden wird. Der Trick, der jetzt abläuft, ist einfach: Zur Elite gehören die, die angeblich die Deutungshoheit und die Ressourcen im Land besitzen. Es sind Reiche, Chefinnen, Intellektuelle, Akademikerinnen, Medienmacher, möglichst alle noch miteinander verbandelt, so dass man in der Darstellung auch verschwörungstheoretische Saiten anklingen lassen kann. Sehr häufig wird hier also primär gegen Leute Position bezogen, die einer populistischen Partei wie der AfD oder in den USA dem Präsidenten Donald Trump kritisch gegenüberstehen. So wird das »Volk« – laut verdrehter Definition ab jetzt alle, die nicht der Elite angehören – noch stärker geeint und hinter den Zielen der populistischen Partei versammelt.

Wie ernst es der AfD hierzulande mit der aktiven Kreation eines inneren Feindes ist, kann man anhand eines Gastbeitrags vom Fraktionschef Alexander Gauland sehen, den er im Oktober 2018 in der FAZ veröffentlichte. Er beantwortet dort aus seiner Sicht die Frage »Warum ist der Populismus entstanden?«. Seine Antwort darauf macht einen klaren Hauptschuldigen aus. Gauland schreibt: »Im Zuge der Globalisierung hat sich nach dem Ende des Ost-West-Konflikts eine neue urbane Elite gebildet, man könnte auch von einer neuen Klasse sprechen. Zu ihr gehören Menschen aus der Wirtschaft, der Politik, dem Unterhaltungs- und Kulturbetrieb – und vor allem die neue Spezies der digitalen Informationsarbeiter. Diese globalisierte Klasse sitzt in den international agierenden Unternehmen, in Organisationen wie der UN, in den Medien, Start-ups, Universitäten, NGOs, Stiftungen, in den Parteien und ihren Apparaten, und weil sie die Informationen kontrolliert, gibt sie kulturell und politisch den Takt vor. (...) Dieses Milieu bleibt sozial unter sich, ist aber kulturell ›bunt‹. Das hat zur Folge, dass die Bindung dieser neuen Elite an ihr jeweiliges Heimatland schwach ist. (...) Der Regen, der in ihren Heimatländern fällt, macht sie nicht nass.«

Dieses Zitat zeigt, dass hier nicht einfach ein inneres Feindbild bedient wird. Mit diesem Gastbeitrag in einer großen Zeitung wird die Aufspaltung der Bevölkerung in eine »Elite« und in alle anderen, die dann laut Gauland das »Volk« sind, überhaupt erst initiiert und ein Feindbild, das man vorher vielleicht gar nicht hatte und kannte, heraufbeschworen.

»Elite« ist dabei ein clever gewählter kleinster gemeinsamer Nenner. Nicht nur, weil nur sehr wenige Menschen sich hierzulande – anders als etwa in den USA, wo der Begriff seit Jahrzehnten auch durch das Bildungssystem klarer definiert ist – als »Elite« bezeichnen würden. Fritz

B. Simon schreibt dazu lakonisch »Elite ist ein Begriff, der über Jahrzehnte in der deutschen Umgangssprache kaum gebräuchlich war (außer um eine Joghurtmarke zu bezeichnen).« Das zeigt, wie rasant diese künstliche Trennung aufgebaut wurde, wie sehr sie mittlerweile in die Köpfe eingesickert ist und wie stark die Debatten mittlerweile von dieser komplett konstruierten Spaltung beeinflusst werden.

Die Frage, warum das Aufbauen von äußeren und inneren Feinden so gut funktioniert, steht jetzt natürlich im Raum. Die Antwort darauf ist nicht schwer: Es ist vor allem die Sprache, die Art des Redens, der Diskurs, mit dem diese Bilder aufgebaut werden. In Sachen Sprachgewalt und Sprachtricks sind Populisten häufig recht offensiv und gut geschult. So gibt es eine ganze Reihe unterschiedlicher Agitationen, die primär über Sprache und Begrifflichkeiten laufen.

Herumagieren mit Sprache I: Erst mal ganz plump

»Sprache schafft Wirklichkeit.« Mit dieser Formel des Sprachphilosophen Ludwig Wittgenstein lässt sich ein Grundgedanke zusammenfassen, der sowohl in der Sprachpsychologie als auch in der konstruktivistischen Psychologie von Bedeutung ist. Was mittlerweile sehr vielen Menschen bewusster wird: Die Art und Weise, wie man spricht, die Art von Wörtern, die in den allgemeinen Sprachgebrauch übergehen, die Art von Sprachbildern und Metaphern, die für bestimmte gesellschaftliche oder politische Begebenheiten gewählt werden, schaffen letztlich eine Wirklichkeit, der sich keiner entziehen kann.

Populisten, die mit Sprache hantieren, wissen das. Rechtsextreme Politiker wissen das erst recht. Ein bekannter Trick der Agitatoren ist das Einbringen neuer, wertverschiebender Begriffe in die Diskussion über bestimmte Fragen. Diese Vorgehensweise wird bereits in den klassischen sozialwissenschaftlichen Analysen von Adorno beschrieben. Sie wurde im Faschismus genutzt und wird von einigen AfD-Politikern und Neuen Rechten heute ebenfalls bewusst eingesetzt. Es finden sich verschiedene Ausprägungen:

In der öffentlichen Diskussion mittlerweile angekommen ist, dass mit einem Gestus von Arroganz und vermeintlicher Authentizität die Grenzen des Sagbaren immer weiter verschoben werden. Dieses Phänomen ist in der Politikwissenschaft als eine Verschiebung des Overton-Fensters bekannt. Der amerikanische Anwalt Joseph P. Overton hatte dargelegt, dass es in jeder politischen Landschaft bestimmte moralische Grenzen bzw. Rahmen gibt, jenseits derer ein Statement, eine politische Idee oder eine Wortwahl als inakzeptabel gesehen werden. Er hatte aber auch beobachtet, dass immer wieder politische Gruppen versuchen, diese Fenster zu verschieben. Sie erreichen dies oft dadurch, dass sie die Grenzen von dem, was normalerweise als Konsens und Wertvorstellung in einer Gesellschaft gilt, durch krasse, plumpe und provokante sprachliche Äußerungen in zerstörender Absicht überschreiten. Wenn etwa von »Kopftuchmädchen« die Rede ist oder von einer Abgeordneten, die man »nach Anatolien entsorgen« will, dann ist das ein immenser Tabubruch, der Sprache mit Gewalt und Aggression auflädt. Ein Vorgehen, das die Anhänger entzückt, die Kritiker auf den Plan ruft und das in der Folge viel zu viel diskutiert wird und damit im Gedächtnis bleibt. So wird das, was vorher inakzeptabel war, nun sagbar und bleibt haften. Das Fenster ist verschoben.

Ähnlich verhält es sich mit vielen AfD-Posts auf Facebook und in anderen Social-Media-Kanälen, die die Grenzen des politischen Konsenses und des guten Geschmacks regelmäßig überschreiten und damit neue Möglichkeiten des Hasses und der Abwertung denkbar, sagbar und damit auch realer machen. Die Statements sind oft rassistisch und undemokratisch gefärbt und sprechen natürlich diejenigen Menschen an, die latent in diese Richtung denken und fühlen. In den ersten Kapiteln dieses Buches wurde ja bereits dargelegt, dass beispielsweise eine latente Ausländerfeindlichkeit bei bis zu 50 Prozent der Bevölkerung messbar ist. Menschen mit dieser Gesinnung fühlen sich durch den sprachlichen Tabubruch nicht nur in ihrer Meinung abgeholt, sondern auch verstanden.

Die plumpen Provokationen der AfD haben in wenigen Jahren schon weit geführt. Ein Teil dessen, was heute unter dem Begriff »Verrohung der Sprache« läuft, geht auf das Konto rechtspopulistischer Parteien, die ein »Fenster« geöffnet haben und mitbestimmen, dass Hass und Gemeinheiten, Verachtung und Unmenschlichkeit einfach so herausgelassen werden dürfen. Man denke hier noch einmal an die bei Adorno beschriebene »Gefühlsbefreiung«. Wenn der Agitator erlaubt, dass man sagen und tun kann, was man fühlt, dann tut man es, ohne es zu bereuen.

Herumagieren mit Sprache II: Es geht auch subtil

Neben plumpen Provokationen, mit denen dennoch sehr geschickt Tabus gebrochen werden, gibt es noch andere sprachliche Werkzeuge, mit denen Populisten und Agitatoren – hierzulande und weltweit – arbeiten. In den letzten Jahren ist häufig von »Frames« die Rede. Dabei handelt es sich um einen zunächst neutralen kognitionswissenschaftlichen Begriff, der schlicht die Tatsache beschreibt, dass wir alle zu einem bestimmten Wort oder Thema nicht nur Fakten im Gehirn speichern, sondern dass sämtliche Wörter und Sachverhalte in unserem Denken auch durch bestimmte Metaphern, Assoziationen und Sprachbilder »eingerahmt« werden, die wiederum eine emotionale Färbung besitzen und somit einen sprachlichen Deutungsrahmen vorgeben. Die Kognitionswissenschaftlerin Elisabeth Wehling hat sich auf diesem Gebiet einen Namen gemacht. Sie weist immer wieder darauf hin, dass Worte nicht allein Assoziationen und Deutungsrahmen, also Frames, heraufbeschwören, sondern dass durch die Wortcluster auch immer bestimmte Gefühle und Handlungsimpulse wachgerufen werden.

Es gibt zum Thema »implizite Informationsverarbeitung« unzählige Studien. Interessant ist etwa die vom Psychologen John Bargh von der Universität Yale. Bei einem Experiment hat er Versuchsteilnehmer einen Aufsatz lesen lassen, in dem Worte wie »Rente«, »grau« oder »senil« vorkamen, es wurden also Deutungsrahmen zum Thema Alter aufgerufen. Andere Teilnehmer bekamen einen neutralen Text. In einem zweiten Schritt wurden die Versuchsteilnehmer dann heimlich gefilmt, in welcher Geschwindigkeit sie nach der Untersuchung zurück zum Fahrstuhl liefen. Es zeigte sich, dass diejenigen, die Wörter gelesen hatten, die mit Alter zu tun hatten, wesentlich langsamer gingen und länger brauchten, um beim Fahrstuhl anzukommen. Der Clou an der Studie: Das Wort »langsam« tauchte in dem Text nicht auf, aber der Deutungsrahmen war bereits durch Wörter wie »Rente« und »senil« gesetzt worden. Allein durch sprachliche Assoziationen waren die Versuchsteilnehmer also auch auf die »Langsamkeit« gekommen. In ähnlichen Studien beurteilten Versuchspersonen, die einen Text gelesen hatten, der Wörter wie »Schildkröte« oder »unüberwindbares Terrain« enthielt, später andere Personen auf Bildern als »langsam«.

Diese eher unpolitischen Beispiele illustrieren, dass wir alle ständig und immer von den bestehenden und in der Kommunikation erzeugten Frames begleitet und zum Teil bestimmt werden und dass diese automatisch Emotionen, Handlungen und Einstellungen mitleiten. Besonders im politischen Kontext und auch in der Wirtschaft werden Frames – also Metaphern, Sprachbilder, neue Assoziationen – mittlerweile sehr bewusst genutzt und gewählt, um bestimmte Gefühle und Eindrücke den Bürgern, Wählern, Kunden oder Mitarbeitern gegenüber zu transportieren oder zu verstärken.

Ein bekanntes Beispiel für rechtspopulistische »Deutungsrahmen« sind die Metaphern, mit denen über das Thema Geflüchtete gesprochen wird. Da werden Fluchtbewegungen als Wassermassen, Strom, Flut oder Tsunami dargestellt. Begriffe wie »Flüchtlingswelle« sind von rechten Kräften geprägt, sie schüren Angst vor einer Kraft, die uns überrollen könnte, vor Naturgewalten, die uns heimsuchen. Dass diese Bilder und ihr bewusster Einsatz mittlerweile offen diskutiert werden, ist gut. Doch wenn man über bestimmte Sprachbilder nachdenkt, merkt man sofort, wie hartnäckig sie sind. Das Bild von der »Welle« wirkt, ob man will oder nicht, automatisch ein wenig bedrohlich. Es gilt also, solche Sprachbilder der Populisten nicht nur zu erkennen und ihre Macht wahrzunehmen, es geht auch darum, sie abzuändern, sie durch andere Bilder zu ersetzen. Elisabeth Wehling etwa rät, man sollte gar nicht von »Flüchtlingen«, sondern von »Schutzsuchenden« sprechen, die in unserem Land aufgenommen werden. Das assoziiere von vornherein Bilder von Freundlichkeit, von Behausung und Hilfe und impliziere auch die Notwendigkeit, in dieser Notlage da zu sein.

Aber nicht alle bereits in unseren Köpfen verankerten Frames sind so leicht erkennbar wie die Polemik rund um Schutzsuchende. Schwer zu durchschauen ist etwa der gegenwärtige Umgang mit dem Begriff »Islamischer Staat«, über den Elisabeth Wehling ebenfalls berichtet. Sie erläutert, dass der Begriff primär die Terrormiliz »IS« bezeichnet, also eine extremistische, aber begrenzte Gruppe von Terroristen. Dennoch wurde der Begriff in den letzten Jahren von rechten Politikern, aber durchaus auch in den Medien, vielleicht durch mangelnde Sorgfalt, vielleicht absichtlich generalisiert. Es ist dadurch ein Assoziationsraum entstanden, in dem »Islamischer Staat« quasi ein Staat von Menschen sein könnte, die dem Islam angehören und der nun europäische Länder angreift. Die Trennung von gewalttätigen Einzeltätern und einer großen Gruppe friedlicher Muslime wird durch diese Irreführung sprachlich aufgehoben, dadurch werden Vorurteile erzeugt und massiv Ängste geschürt. Der viel zu weit gefasste Deutungsrahmen zum »IS« ist nicht explizit von der AfD geprägt worden, doch es handelt sich hier um einen

Frame, der von Rechtspopulisten gefördert und verbreitet wird. Ziel ist dabei, solche bedrohlich erscheinenden oder verwirrenden Bilder wie Trojanische Pferde in die Sprache und damit in unsere Gehirne einzuschleusen. Wir sollen gar nicht erst merken, dass es sich hier um ideologisch aufgeladene Begriffe handelt, die Vorurteile und Ängste schüren.

Dass Sorgsamkeit im Umgang mit Sprache für alle Bürger – auch die sprachlich und politisch bewanderten – angesagt ist, unterstreicht die Tatsache, dass auch Menschen, die sich sehr gut mit Politik auskennen, nicht immun gegen ideologisch aufgeladene Frames sind, diese unbedarft weitertragen oder ihren versteckten Inhalt nicht sofort erfassen. Man denke hier noch mal an das Begriffspaar Elite und Volk. In Kommentaren und Essays überregionaler Zeitungen, in Diskussionen unter Intellektuellen, im Schlagabtausch von Gewerkschaftern taucht das Begriffspaar immer häufiger auf. »Die Eliten« werden wiederkehrend als Begründung für die Wut derer, die sich gerade abgehängt fühlen oder nach rechts rücken, genannt. Treffender wäre, von sozialer Ungleichheit zu sprechen, von Armutsbekämpfung, über ein Recht auf Anerkennung als Mensch oder über praktische Maßnahmen für mehr soziale Gerechtigkeit. Eine Sprache jedoch, die immer weiter zwischen »denen, die haben« und »denen, die nichts haben« polarisiert, verstärkt Feindbilder immens. Wir sitzen also den von Populisten neugeschaffenen Bedeutungsrahmen in Teilen auf.

Herumagieren mit Sprache III: Rechtsextremes Vokabular

Dass die Trojaner, die wir uns beim unbewussten Verwenden des populistischen Vokabulars einhandeln, oft regelrecht zerstörerisch sein können, zeigt sich, wenn man sich die von Rechtspopulisten und Rechtsextremen in aktuelle Debatten eingebrachten Begriffe noch einmal genauer anschaut. Einige dieser Wörter und Wendungen gehören nämlich per Definition zum Weltbild und Ideologiekanon von Rechtsextremen, die ihr rechtsradikales Denken damit nach und nach strukturell in der Diskussion verankern. Der Begriff »Lügenpresse« ist hierfür ein gutes Beispiel. Dieser ist keinesfalls ein kürzlich erfundener Schlachtruf für diejenigen, die unterschiedlichen etablierten Medien ein Misstrauensvotum aussprechen wollen. Der Begriff taucht bereits Mitte des 19. Jahrhunderts auf, Konservative verwendeten ihn gegen Linke. Er wurde dann von den Nationalsozialisten aufgegriffen und war in der NS-Zeit nicht nur eine Beschimpfung für die oppositionelle Presse, sondern prangerte stets implizit eine behauptete »jüdische Weltverschwörung« an. Die Presse, so damals der Tenor, sei in der Hand von aufeinander eingeschworenen jüdischen Verlegern. Wer also heute »Lügenpresse« sagt, der stimmt implizit – wenn auch möglicherweise, ohne es zu wissen oder bisher selbst zu meinen – antisemitischen Positionen zu und wird an abstruse Verschwörungstheorien gewöhnt. Denn natürlich gibt es hierzulande eine Menge rechter Politiker, die genau wissen, welche Ideologie in dem Begriff mitschwingt. Es besteht somit die Möglichkeit, dass diese Begriffe nach und nach wieder ganz bewusst mit ihrer ursprünglichen Bedeutung aufgeladen werden und die Bürger das dann auch mittragen. Es sei hier zumindest kurz erwähnt, dass es unter Rechten strategische Bemühungen und Theorien gibt, wie man mit den eigenen Ideen eine »Besetzung von Feldern des vorpolitischen Raums« erreichen kann, wie sich also rechte Mythen und Begriffe in der Gesellschaft verankern lassen. Diese Art von »Kulturrevolution von rechts« umreißt z.B. der Autor Karlheinz Weißmann in einem seiner Bücher. Er gilt als ein Hauptvertreter der Neuen Rechten. Rechtsextremismusforscher kennen diese Bemühungen und die damit verbundene Technik und belegen sie zum Teil auch anhand von Diskursanalysen.

Das Begriffsrepertoire aus der rechten bis rechtsextremen Szene sickert also in die alltäglichen und politischen Diskussionen ein. Wenn rechte Politiker von »Rückführung« oder von »Umvolkung« sprechen, dann vertreten sie nicht einfach die Meinung, dass es »zu viele Flüchtlinge« sind, sie liefern eine völkische Ideologie und implizieren nationalistisch getriebene Verschwörungstheorien rund um den Bevölkerungsaustausch. Auf der Basis einer solchen Ideologie kann auf Dauer Schlimmeres entstehen als ein Gesetz, das Einwanderung rigide reguliert.

Dass diese völkische, antisemitische und oft auch geschichtsrevisionistische Ebene ein gefährliches sprachliches Agieren der Neuen Rechten ist, davon sind viele Kenner überzeugt. Einige radikalere und rhetorisch gut geschulte AfD-Mitglieder überrumpeln mit ihren völkisch aufgeladenen Begriffen teilweise andere Politiker oder Medienvertreter. Der Sozialpsychologe und Rechtsextremismusforscher Oliver Decker warnt davor, dass diese Techniken gerade schwer zu parieren sind, und sagt dazu in einem Interview auf Spiegel-Online: »Da gibt es eine

Lücke, eine Art Weiterbildungsbedarf für Politikerinnen und Politiker. Wenn der gedeckt wäre, könnte die öffentliche Auseinandersetzung lohnen.«

Pseudo-Charisma: Sich als unangreifbar inszenieren

Sprache von professionellen Populisten zu demontieren ist allerdings auch noch aus einem anderen Grund ziemlich schwer: Sie selber formulieren so, dass man ihnen nichts nachweisen kann, immer nur zu Dreivierteln greifbar, aber nie ganz auf den Punkt. Will man sie zur Rede stellen, ihnen ihre Absichten nachweisen, ist es oft, als wolle man einen Pudding an die Wand nageln. Wenn der AfD-Politiker Björn Höcke von einem »Denkmal der Schande« spricht und damit das Stelenfeld und Holocaust-Mahnmal meint, kalkuliert er ein, dass sich die Öffentlichkeit empört – und behauptet dann, er sei falsch verstanden worden. Diese Art der ambivalenten Inszenierung ist bei Populisten auch nie eine rein sprachliche. Vielleicht ist sie sogar das Haupterkennungszeichen von Politikern, die sich regelmäßig der Agitation bedienen und die versuchen, dadurch Dreistigkeit und Größe zu demonstrieren. Natürlich ist es kein Zufall, dass einem bei dieser Art der Selbstdarstellung wiederum Donald Trump einfällt. Der Journalist Heribert Prantl schreibt treffend: »Es gibt Leute, die bei allem Entsetzen über deren Politik den Demagogen wie Donald Trump attestieren, sie hätten Charisma. Trump und Co. täuschen Charisma vor.« Und weiter: »Was einigen Beobachtern als Charisma gilt, ist in Wirklichkeit der Drang und die Fähigkeit, so zu lügen, dass dem Publikum die Spucke wegbleibt und sie zu glauben beginnen, hier gehe etwas Großes vor. Die Pseudo-Charismatiker sind in Wahrheit Schmierenkomödianten, sie sind Hochstapler.« Prantl beschreibt hier eine Art undemokratische Politik der starken Gesten, die es den Agitatoren erlaubt, Fakten zu biegen und zu brechen oder sogar zu lügen. Trump etwa redet nie von Studien, Fakten, Zahlen, er redet immer von sich. Er redet auch nie von »Wir«, sondern erlaubt es sich, alles aus einem subjektiven, persönlichen Blickwinkel des »Ich« zu betrachten. Das alles ist Teil der Inszenierung: Er darf das. Er traut sich. Er lügt, wenn er will. Weil er so unverschämt ist, verfestigt er den Eindruck von Macht.

Es sind unter anderem diese Praktiken Donald Trumps, die dazu führen, dass die ehemalige US-Außenministerin Madeleine Albright ihm attestiert, dass er zwar kein Faschist sei, aber »der am wenigsten demokratische Präsident, den wir in der amerikanischen Geschichte hatten«. Im gleichen Ausmaß haben hiesige Populisten das Lügen noch nicht perfektioniert. In Sachen Dreistigkeit, Ambivalenz und Vieldeutigkeit ihrer Aussagen sind sie aber ähnlich schwer einzuschätzen. Auch sie versuchen Halbwahrheiten und Meinungen statt Fakten zu etablieren.

Das Netz als Agitationsinstrument

Dass dies alles keine rein demokratischen Umgangsformen mehr sind, muss jedem klar sein. Die traurige Wahrheit ist allerdings, dass sich diese Art der Pseudo-Argumentation und des Machtgehabes in sehr vielen Staaten immer stärker in die Politik einschleicht. Über die Situation in Deutschland kann man sagen: Auch wir gewöhnen uns daran, dass Agitation zum täglichen Politikergebaren gehört.

Die AfD vermittelt ihre pseudocharismatische Vieldeutigkeit und Unangreifbarkeit übrigens primär über das Internet und die sozialen Medien. Manche Beobachter bewerten die AfD als »erste Netzpartei« des Landes. Denn nirgendwo sonst kann man Halbwahrheiten, Ambivalenzen und bisweilen Fake-News so gut verbreiten wie in den sozialen Netzwerken. Dazu kommt, dass die AfD – und auch das ist natürlich Propaganda – in den sozialen Netzwerken bis zu 1.500 Unterseiten betreibt, über die etwa im Europawahlkampf bis zu 4.000 Bild-Posts pro Tag verbreitet wurden (bei anderen Parteien waren es nur mehrere Hundert), und damit den berühmten Echokammer-Effekt, also das Vervielfältigen von Halbwahrheiten, immens fördert. Mit solchen Taktiken dominiert die AfD zumindest momentan in der politischen Landschaft das Internet. Im April 2018 hat das Portal »Meedia.de« veröffentlicht, wie viele Facebook-Interaktionen einzelne Politiker im Laufe des vorangegangenen Monats erzielten: Alice Weidel mit 421.400 und Jörg Meuthen mit 329.500 Interaktionen liegen klar vorne. Dann kommen Sahra Wagenknecht und Gregor Gysi, erst danach folgen Angela Merkel, später Christian Lindner. Grüne Politiker befinden sich nicht auf den ersten 20 Plätzen des Rankings. Die AfD kann in den sozialen Medien also Stimmung machen und dort auch all die anderen Agitationsmethoden einsetzen, die bereits beschrieben wurden. Ihr gereicht es dort auch zum Vorteil, dass Fakten-Checks oder Frame-Checks oder auch einfach Menschen, die es gewöhnt sind, professionell politisch zu argumentieren, in der Unterzahl sind.

Dass diese Mechanismen und Agitationsformen innerhalb des Bundestages nicht ganz so einfach greifen, zeigt wiederum das digitale Projekt der Süddeutschen Zeitung über die Debatten und Kommunikationsprozesse im Parlament. Denn hier bekommen die AfD-Taktiken mittlerweile durchaus gekonnt Gegenwind, und zwar von Leuten, die sehr gut argumentieren können, die sich sachlich, ohne sich provozieren zu lassen, aufstellen und Grenzen setzen. Das geschieht durch Zwischenrufe und durch Argumente, durch Anträge und durch Gegenrede. Demokratie eben. Es zeigt sich hier durchaus, dass dieser Raum nicht der ist, den die AfD leicht erobern kann. Und das ist auch gut so.

Für alle anderen, die nicht im Parlament sind, heißt es natürlich vor allem: wachsam sein. Methoden der Agitation durchschauen und wenn es passt, auch zu benennen. Im letzten und praktischen Teil des Buches geht es deshalb nun auch darum, wie wir andere in unserem Umfeld – entweder solche, die noch nicht besonders fanatisch sind, oder solche, die uns am Herzen liegen – überzeugen können, bestimmte Fake-News, Starke-Mann-Gesten und Feindbilder nicht zu übernehmen und sich nicht davon beeinflussen zu lassen.

ZUSAMMENFASSUNG: Was ist wichtig?

1. Populisten wenden emotionale und rhetorische Tricks an, mit denen sie ihre Anhänger beeinflussen. Sie schüren gezielt und wie auf dem Reißbrett die Angst vor äußeren und inneren Feinden, ohne die sie jedoch wenig politisches Profil hätten. **Was folgt daraus?** Es ist wichtig, die Tricks und Techniken der Populisten zu kennen und zu durchschauen. So erkennt man schnell, dass außer Agitation nicht mehr viel übrigbleibt.

2. Äußere und innere Feindbilder sind von der AfD und vielen anderen Populisten mittlerweile scharf definiert worden. Sie sollen Solidarität zerstören, Polarisierung und Spaltung bewirken. All das dient nur dazu, die eigenen Anhänger als viel geschlossener darzustellen, als sie tatsächlich sind. **Was folgt daraus?** Lassen wir uns nicht erzählen, dass die Problemlinie zwischen der scheinbaren Elite und dem »Volk« verläuft. Das ist Schwachsinn.

3. Auch wenn Populisten in vielen Ländern und auch in Deutschland durch demokratische Prozesse gewählt werden, agieren sie nicht unbedingt nach demokratischen Prinzipien, sondern platzieren zum Teil Halbwahrheiten oder Lügen oder machen emotional Stimmung. **Was folgt daraus?** Die Achse »demokratisch« versus »undemokratisch« stärken. Wie wäre es, wenn wir ab jetzt jede politische Aktion durch dieses Raster sehen und undemokratische Aktionen auch als solche benennen? Helfen kann dabei eine Faustregel des Journalisten Heribert Prantl, die lautet: »Starke-Mann-Politik ist keine demokratische Politik.«

4. Sprache schafft Wirklichkeit. Mit den rechtspopulistischen Sprachbildern zieht in unsere Köpfe leider auch rechtes Gedankengut ein. Das ist kognitionspsychologisch bedingt und lässt sich kaum aufhalten. Es sei denn, man macht sich klar, wie die Populisten mit Sprache agieren. **Was folgt daraus?** Sprache der Populisten so genau untersuchen wie in einer Deutsch-Klausur. Wo kommen die Worte her? Kenne ich sie? Kann ich sie durch andere ersetzen? Woher stammen die Polarisierungen oder allgemeine Einschätzungen zur Weltlage?

Nicht übers Stöckchen springen?

Sprachliche Provokationen, perfide Metaphern, das Verwenden von NS-Vokabular oder neurechten Kampfbegriffen sind auch deshalb so wirksam, weil alle anderen sich darüber so stark empören, weil Zuhörer wütend werden und sich ohnmächtig fühlen, auch, weil die Begriffe nun plötzlich Debatten auslösen, wo vorher Konsens herrschte, und weil sie die Aufmerksamkeit noch stärker auf die Populisten lenken. In einer aktuellen Publikation zum Thema AfD und Medien, die von der Otto-Brenner-Stiftung in Auftrag gegeben wurde, steht deshalb immer wieder auch die Frage im Mittelpunkt, wie man mit den permanenten Provokationen von Populisten umgehen kann und soll. Der Autor betont, dass die Medien und die Öffentlichkeit Strategien finden müssen, die Aussagen der Populisten zwar nicht zu ignorieren, aber gleichzeitig nicht »über jedes Stöckchen zu springen, das die AfD hinhält«. Die Frage ist natürlich: Was heißt das konkret? Da die Provokation stets gewollt ist und die hochschießenden Emotionen und Empörungsreflexe kontraproduktiv sind, ist es wichtig, gerade auch in der öffentlichen Rezeption von Unverschämtheiten und Ungeheuerlichkeiten ruhig und sachlich zu bleiben. Es kommt darauf an, keinen emotionalen Brennstoff zu liefern und dem Skandal keinen Vorschub zu leisten. Trotzdem sollte man auch nicht schweigen. Neue Wege sind also gefragt.

In der erwähnten Studie von Bernd Gäbler wird als Beispiel etwa die geschichtsrevisionistische Aussage von Alexander Gauland herangezogen, der behauptete, »Hitler und die Nazis« seien »nur ein Vogelschiss in über 1000 Jahren erfolgreicher deutscher Geschichte«. Dass sich daraufhin ein Aufschrei durch alle Medien und Institutionen erhob, ist mehr als verständlich und mehr als berechtigt. Doch die Aufmerksamkeit war natürlich gewollt. Gezieltes Abkanzeln, Faktendarstellung oder Sachlichkeit könnten für die Zukunft deutlich wirksamere Mittel sein, um solchen Agitationen zu begegnen. Gäbler weist beispielsweise exemplarisch auf einen Kommentar von Kurt Kister in der Süddeutschen Zeitung hin, der in nicht mal 34 Zeilen Gaulands Aussage gekonnt parierte. Er empfahl dem AfD-Politiker, 200 Stunden gemeinnützig in einer KZ-Gedenkstätte zu arbeiten, da könne man lernen, dass »der Weg zum Verbrechen oft mit ... unmenschlichem Geschwätz« beginne.

Auf Dauer sind Presse und Öffentlichkeit mit Klarheit und Kürze, Ungerührtheit und Besonnenheit wahrscheinlich gut beraten, wenn sie Agitationsversuche ins Leere laufen lassen wollen.

TEIL III:

**MACHEN –
WAS KÖNNEN WIR TUN?**

»Diese Fragen werden das künftige Zusammenleben von Muslimen, Christen und Juden, Nicht- und Andersdenkenden in Deutschland prägen.«

Aus den Ruhr-Nachrichten, gefunden im Hohlspiegel,
Ausgabe vom 24. Mai 2019

KAPITEL ACHT:
MIT RECHTEN REDEN

Mit Menschen sprechen, die rechte Einstellungen vertreten oder sich rassistisch zeigen? Eine Verpflichtung dazu gibt es nicht. Doch manchmal sind Diskussionen oder eine kurze verbale Abgrenzung gut, sie stellen Positionen klar und mindern das eigene Gefühl von Ohnmacht.

In diesem Kapitel wird erklärt, wie und wann es sich lohnt, mit Rechten zu kommunizieren. Es wird außerdem beleuchtet, wie das auf eine sachliche und selbstverständliche Weise gelingen kann.

> »Du siehst das so, ich sehe das ein bisschen anders.«
> Rainer Werner Fassbinder in einem Interview zu »Querelle«, 1982

»Man kann nicht nicht kommunizieren.« Dieser Satz des Psychotherapeuten und Kommunikationswissenschaftlers Paul Watzlawick, der auf den ersten Blick wie ein Tippfehler aussieht und auf den zweiten einleuchtet, gehört heute zum Allgemeinwissen. Man kann dieses Zitat als eine Ermutigung lesen, die Einflussmöglichkeiten, die man auf den Verlauf eines Gesprächs hat, tatsächlich auch zu nutzen. Gleichzeitig beinhaltet der Satz aber auch eine Art Verpflichtung, sich im Gespräch zu positionieren. Vielen Menschen ist heute klar, dass sie mit der Entscheidung, zu reden oder zu schweigen, sich abzugrenzen oder zuzustimmen oder einen bestimmten Tonfall anzuschlagen, ihre alltäglichen Unterhaltungen in eine konstruktive oder destruktive Richtung drehen können.

Bei privaten Streiten, beruflichen Konflikten, in Familienoder Liebesbeziehungen ist es natürlich eine Chance, zu erkennen, dass zu einer gelungenen Kommunikation, einem gelungenen Kontakt immer zwei Seiten gehören und dass jeder auf seine Art dazu beitragen kann, dass ein Gespräch und auch ein guter Kontakt funktioniert. Die Frage ist nur: Hilft diese offene und verantwortliche Gesprächshaltung im Sinne der Kommunikationspsychologie auch in politischen Diskussionen mit Andersdenkenden oder mit AfD-Sympathisanten, mit politisch Unentschlossenen oder rechtslastigen Politikern? Die Antwort lautet: Es kommt drauf an.

Die »Reden hilft«-Haltung ist jedenfalls auch im politischen Kontext weit verbreitet und nährt die Hoffnung, dass eine Auseinandersetzung über gegensätzliche Standpunkte nützlich ist und die Demokratie schützt. Denn wie sollte man ohne sachliche Diskussion, beherzte Argumentation und eine Bereitschaft, sich mit Meinungen anderer auseinanderzusetzen, überhaupt gesellschaftliche Kompromisse und Lösungen aushandeln? Diese Haltung, so denkt man häufig, müsse doch auch gegen populistische Statements helfen. Kein Wunder also, dass angesichts des gegenwärtigen Rechtsrucks häufig die Frage aufkommt, ob und wie man mit Rechten reden kann.

Um es vorweg zu sagen: Einen moralischen Imperativ zur politischen Kommunikation gibt es nicht. Es ist keine Bürgerpflicht, sich mit jedem dummen und rassistischen Kommentar auseinanderzusetzen oder permanent Position zu beziehen. Man darf sich frei und nach Lust und Laune entscheiden und natürlich auch gemessen daran, wie man zu der Person steht, die sich gerade rechtspopulistisch oder gar menschenfeindlich äußert.

Das führt auch schon zum Kern der ganzen Mit-Rechten-Reden-Problematik: Die Idee, mit Menschen, die nach rechts driften, ins Gespräch zu kommen, um mit offener Kommunikation deren Gesinnung oder gar die politische Lage zu verändern, erweckt den Anschein, als wäre hier eine gleichförmige Gruppe gemeint, als ginge es hier um Leute, die alle ähnlich ticken, mit denen wir in ähnlicher Weise in Beziehung stehen und zu denen wir auf ähnliche Weise sprechen könnten. Doch das ist nicht der Fall. Die rechtsgerichteten Parolen und Gedanken, die uns im alltäglichen Leben entgegentreten, werden von Fremden auf der Straße ebenso geäußert wie von guten Bekannten, Verwandten, Arbeitskollegen, Personen des öffentlichen Lebens oder vom Nachbarn gegenüber. Gerade die Tatsache, dass rechtspopulistische Meinungen mittlerweile aus ganz unterschiedlichen Richtungen kommen und alle möglichen alltäglichen Situationen betreffen, verunsichert viele Leute. Sie wollen in ihrem Umfeld dem Rechtspopulismus verbal etwas entgegensetzen, finden aber kein Packende und kein Patentrezept, wie man das angehen könnte. Wie verschieden und vielschichtig die Situationen und Beziehungen sind, in denen man im Augenblick mit rechten Parolen oder Haltungen zu tun bekommt, zeigt die folgende Aufzählung von Beispielen, die fast jeder aus dem eigenen Alltag kennen wird:

- Ein alter Klassenkumpel, mit dem man kaum mehr persönlich zu tun hat, postet auf Facebook Videos von Bloggern aus dem Umfeld der Neuen Rechten und gibt sich demokratieverdrossen.
- Eine enge Freundin äußert sich bei einem gemeinsamen Abendessen kritisch zur Migrationsfrage. Sie fin-

det, es seien »so viele Menschen hier, die nicht hierher gehören«.
- Die eigene Großmutter sagt bei einer Familienfeier, dass sie dieses Mal die AfD wählen wird, weil die »in vielen Dingen einfach Recht hat«.
- Bei einer Tagung, auf der man ist, spricht auf einem Podium unerwartet ein prominenter Neuer Rechter und formuliert permanent Geschmacklosigkeiten.
- Der langjährige Nachbar, der sowieso schon immer rechte Parolen vor sich hergetragen hat, prophezeit nun in jedem Flurgespräch den »Untergang des Abendlandes« und äußert sich dabei rassistisch und menschenfeindlich.
- Ein guter Bekannter findet es »albern, dass man nicht mehr Negerkuss sagen darf«.

Angesichts der kurzen Liste von Alltagssituationen wird klar: Mit Rechten zu reden oder nicht ist keine Entscheidung, die man einmal trifft und dann durchzieht. Ob man in die Kommunikation gehen will oder nicht und ob diese überhaupt Sinn macht, kommt sehr auf die jeweilige Situation an. Und es hängt noch von zwei weiteren Faktoren ab. Erstens: Wie nah steht mir die Person, die plötzlich rechtspopulistische Phrasen aufgreift? Und: Wie hartnäckig oder aggressiv vertritt die Person ihre Positionen?

Im Folgenden wird anhand von Leitfragen veranschaulicht, was beim »Reden mit Rechten« zu bedenken ist. Es werden Kommunikationssituationen vorgestellt, mit denen man konfrontiert werden kann. Zu jedem Punkt gibt es eine allgemeine Einschätzung und konkrete Tipps.

1. Ist die Person Amateur oder Politprofi?

Man kommt im Alltag nicht permanent in die Verlegenheit, sich zu überlegen, ob man zu einer Tagung, Podiumsdiskussion oder Vorlesung gehen will, bei der jemand von den Neuen Rechten spricht. Oder ob man an einem Straßenstand der AfD haltmachen soll, um zu diskutieren, oder damit lieber keine Zeit verschwendet. Dennoch denken viele Menschen zumindest theoretisch über die Frage nach, ob es nicht auch zu einer offenen, demokratischen Gesellschaft gehört, sich die Positionen Andersdenkender anzuhören und populistischen Politikern oder bekannten Neuen Rechten mit sachlichen Argumenten entgegenzutreten. Der Kabarettist und Aktivist Tobias Gralke schrieb vor einigen Monaten in einem Text über genau dieses Thema. Für ihn ist es wichtig, sich klar zu machen, dass die Idee, mit rhetorisch und ideologisch geschulten rechtspopulistischen Politikern und Profis zu sprechen, letztlich ein wenig naiv ist. Denn da diese zumindest zum Teil das Gespräch, den Dialog oder den Kompromiss gar nicht als politisches Mittel akzeptieren, wird es für das Gegenüber sehr schwer, offen und demokratisch zu diskutieren oder sich mit den üblichen kommunikativen Mitteln, zum Beispiel dem Austausch von Fakten und Argumenten, auseinanderzusetzen. Einen Eindruck davon, wo die Tücken liegen, bekommt man vielleicht auch, wenn man noch einmal an die rhetorischen und argumentativen Tricks denkt, die von vielen Rechtspopulisten genutzt werden und die im letzten Kapitel beschrieben wurden.

Der demokratische Impuls und die Logik der Meinungsfreiheit führen dennoch dazu, dass man Neuen Rechten und Rechtspopulisten gelegentlich an unerwarteten Stellen

Raum fürs freie Reden zugesteht. Etwa, wenn die Studienstiftung des Deutschen Volkes Anfang 2019 unter anderem einen Wortführer der Neuen Rechten auf das Podium einlud, um die Stipendiaten zu ermutigen, sich mit Personen auseinanderzusetzen, die »politisch diametral entgegengesetzte Positionen vertreten«. (Die Veranstaltung wurde später übrigens nicht in dieser Weise durchgeführt, denn Kritik daran kam von vielen Seiten.) Oder wenn ein Siegener Philosophie-Professor wahrscheinlich in bester Absicht einen rechten Denker einlädt, der als »Chefideologe« der AfD gilt und den viele Politkenner als Demagogen einschätzen. Eine solche Idee der offenen Diskussion im akademischen Umfeld ist theoretisch verständlich, aber praktisch kontraproduktiv. Denn hier wird ein sehr seriöses Forum und sehr viel Raum für Redner angeboten, die Ideen vertreten, von denen einige als rechtsextrem bezeichnet werden können. Veranstalter oder auch Teilnehmer solcher Veranstaltungen gehen oft mit dem Gefühl in die Gespräche, dass »Reden vielleicht doch hilft« oder »dass der aufklärerische Geist siegen wird«. Doch tatsächlich werden so nicht nur rechtspopulistische, sondern im Zweifel sogar rechtsextreme Statements salonfähig gemacht. Im Moment funktionieren der Dialog und die Auseinandersetzung also leider häufig (noch) nicht. Auch in Talkshows kann man beobachten, dass häufig kein offener, demokratischer Austausch stattfindet, wenn in der Runde eine gewisse Sorte von Rechtspopulisten sitzt, die sich rassistisch äußern, auf Tabubrüche setzen oder ganz selbstverständlich rechtsextreme Begriffe vor einem Millionenpublikum verwenden.

Zusammenfassend gesagt: Die Idee, dass in solchen Situationen eine »Auseinandersetzung auf Augenhöhe« passiert oder eine Kommunikation, die beide Seiten demokratisch, wissenschaftlich oder persönlich weiterbringt, ist oft eine Fehleinschätzung. Dass sich die Öffentlichkeit, Medienvertreter, Politiker und andere institutionelle Akteure dazu möglichst schnell eine Haltung zulegen müssen und dies zum Teil auch bereits tun, ist selbstverständlich. Hier braucht es neue Modi für Interviews, Moderationen und politische Debatten, mit denen wir die demagogischen Tricks und rechtsradikalen Statements schneller einschätzen und parieren können. Der individuelle Anspruch, einem geschulten Rechten im Alltag aktiv etwas entgegenzusetzen – und sei es die Kritik der reinen Vernunft –, ist aber eher illusorisch.

Als erste Faustregel gilt also: Im professionellen Politzirkus ist »mit Rechten reden« im Sinne einer offenen Diskussion oder eines Dialogs nicht automatisch das Mittel der Wahl. Im privaten oder halbprivaten Kontext kann es dagegen häufig lohnend sein, in Gespräche und Diskussionen zu gehen. Die ernsthafte Auseinandersetzung – reden und reden lassen – macht dann viel mehr Sinn. Fragt sich nur: Wie geht man es an?

2. Welche Gesprächshaltung passt?

Es gibt hierzulande einige Initiativen, die sich mit dem Thema befassen, wie eine politische Kommunikation im Alltag gelingen kann, wenn Mitbürger rechtspopulistisch argumentieren oder rassistisch und abwertend über vermeintliche Minderheiten sprechen. Besonders engagiert ist etwa der Verein »Kleiner Fünf«, der sich zum Ziel gesetzt hat, mit Mitbürgern auf der Straße, vor Wahllokalen und im Netz zu diskutieren, um sie davon zu überzeugen, nicht die AfD zu wählen. Diese, so das Ziel von »Kleiner Fünf«, soll bei Wahlen unter fünf Prozent bleiben. Um das zu erreichen, gehen sie mit einer bestimmten Haltung in Gespräche, die sie »radikal höflich« nennen. Was ist damit gemeint? Es geht den Machern von »Kleiner Fünf« darum, beim Argumentieren sachlich und cool zu bleiben, sich nicht provozieren zu lassen, in der Sache deutlich und unerbittlich, aber zu dem Menschen höflich zu sein. Zu dieser Haltung gehört auch, dass man ein Gespräch über politische Standpunkte nicht zu einem Schaukampf oder Schlagabtausch macht oder dort mit Genuss Emotionen und Empörung ablässt. Es geht im Gegenteil darum, sorgsam zu bleiben, den anderen ausreden zu lassen, offene Fragen zu stellen, mit denen man andere aus der Reserve lockt, um dann zu schauen, was hinter den ersten herausgedonnerten Argumenten eigentlich steckt. Außerdem gilt es, in Gesprächen deutlich zum Ausdruck zu bringen, wenn sich jemand geschmacklos oder volksverhetzend äußert oder in seinen Ausführungen kaum mehr mit dem Grundgesetz im Einklang steht. Doch auch das, so empfehlen es die Initiatoren von »Kleiner Fünf«, sollte man nur klar und höflich tun.

Diese Gesprächstipps sind zunächst teilweise kontraintuitiv: Wenn jemand etwas Rassistisches sagt oder eine Halbwahrheit aufgreift, die in AfD-Kreisen verbreitet wird, dann will man auf der Stelle emotional reagieren, sich wütend zeigen, sich abgrenzen. Ist man an Kommunikation mit dem Gegenüber aber tatsächlich interessiert, ist es angebracht – innerhalb bestimmter Grenzen –, von seiner Seite aus Bedingungen zu schaffen, in denen das Gespräch sich auch wirklich entwickeln kann.

Damit das überhaupt Sinn macht, ist allerdings eine Zutat sehr wichtig: Man braucht gute Argumente gegen die üblichen Statements der Rechtspopulisten. Philipp Steffan, Experte für politische Kommunikation und Bildungsarbeit und mit seiner Initiative »Tadel verpflichtet« auch mit den Machern von »Kleiner Fünf« in Kontakt, hat zu diesem Punkt ein sehr empfehlenswertes Büchlein geschrieben. Es heißt »Sag was! Radikal höflich gegen Rechtspopulismus argumentieren« und liefert gute und gut recherchierte Argumente gegen rechtspopulistische Phrasen. (Ein paar Beispiele für konkrete Argumente finden Sie ab Seite 217.)

Salopp gesagt, braucht man also für das Reden mit Rechten im eigenen Umfeld keine übermäßige kommunikationspsychologische Finesse. Radikale Höflichkeit und gute Argumente können bereits ausreichend weiterhelfen.

Je besser man sich informiert hat, je mehr man selbst die relevanten Fakten hinter den »alternativen« Fakten und der rechtspopulistischen Schwarz-Weiß-Malerei kennt, umso besser geht es und umso mehr Grund hat man auch, in der Argumentation ruhig zu bleiben.

Ruhe und Coolness sind also letztlich der Schlüssel – und hier würde jeder Kommunikationspsychologe zustimmen. Die Emotionen herunterzukochen, sachlicher zu werden, der Provokation keinen Raum zu geben, aber auch nicht der Menschenverachtung des Gegenübers – diese Haltung hilft weiter. Nicht nur, weil man so die »Sachebene« und die »Beziehungsebene«, die sich in Kommunikationssituationen ja häufig ungut vermischen, voneinander trennt. Sondern auch, weil eine höfliche, ruhige Haltung schon so grundlegend anders ist als jede rechtspopulistische und »stimmungsmachende« Phrase. Streithammel und Rhetorikfans dürfen natürlich ihren Scharfsinn und ihre Durchschlagskraft dennoch nutzen und mit Ironie, Witz, Extrafakten auftrumpfen. Doch die Krux ist ja unter anderem, dass sehr viele Menschen von sich glauben, solche argumentative Schlagkraft nicht zu besitzen. Also ist es wichtig zu wissen, dass man Redegewandtheit und Schlagfertigkeit, die in Politikgesprächen ja auch oft kultiviert werden, nicht zwingend zu beherrschen braucht, um gegen rechte Parolen gut zu argumentieren und sich abzugrenzen. Oft hilft schon ein kurzer Satz wie »Ich bin anderer Ansicht und wenn du willst, sag ich dir auch, warum«, um den Unterschied zu betonen. Statt zu schweigen, hat man dem rechtspopulistischen Satz etwas entgegengesetzt und fordert den anderen auf, ins Gespräch zu gehen.

3. Wen hast du vor dir?

Die Frage nach der Beziehung zu der Person, mit der man das Gespräch führen will, ist ebenfalls zentral. Mit einem Blick in die Liste von Beispielsituationen oben wird klar: Wenn sich die eigene Großmutter als AfD-Fan outet oder eine Freundin aus heiterem Himmel die »besorgte Bürgerin« mimt, dann kann es sinnvoll sein, wenn man ein ernsthaftes und natürlich höfliches Gespräch sucht, denn schließlich hat man eine gute und vertraute Beziehungsbasis. Wichtig ist dabei laut den Gesprächsregeln von Philipp Steffan, dass man immer eine Gesprächssituation schafft, in der beide Seiten Zeit haben und halbwegs ungestört sind. Vertritt also etwa die eigene Oma am Kaffeetisch eine rechtspopulistische Ansicht, während die halbe Verwandtschaft zuhört, lohnt es zu sagen: »Ich sehe das anders. Lass uns da mal in Ruhe drüber reden.« Je nach dem Grad der Beziehung kann man in einer ruhigen Minute auf die Aussage zurückkommen oder sich regelrecht zu einem Gespräch verabreden. Gerade, wenn man das Gefühl hat, die anderen seien erst seit kurzem auf dem rechtspopulistischen Trip, lässt sich hierdurch oft viel bewirken. Im Gespräch mit vertrauten Menschen – so der Tipp von Philipp Steffan – ist es auf jeden Fall wichtig, zunächst offene Fragen zu stellen, z.B. »Was macht dir denn Sorgen?« oder »Was findest du persönlich denn so gut an der AfD?«. Bei sehr nahen Freunden kann auch eine Frage wie »Seit wann denkst du so? Woher hast du diese Einschätzung?« helfen, das Problem einzukreisen. Denn tatsächlich lassen sich ja viele Menschen gerade wieder stärker von den griffig aufgemachten Scheinargumenten rechter Parteien ansprechen und überzeugen. Wichtig ist es, bei den Antworten auch wirklich zuzuhören und sachlich zu bleiben, um dann mit guten und rationalen Argumenten gegen die rechtspopulistischen Feindbilder und die Angstmache vorzugehen. Wenn das Gegenüber etwa plötzlich mit der von der AfD stark beschworenen Furcht vor »Menschen aus dem Islam« ankommt, kann man auch erst einmal ganz sachlich mit Zahlen argumentieren und fragen: »Fünf Prozent Muslime leben in Deutschland – was macht dir denn daran Angst?«

Wichtig ist hier aber allgemein: Die gute Gesprächsatmosphäre ist entscheidend! Für das Gespräch mit Freunden, Partnern oder Verwandten ist das ohnehin angebracht. Aber auch unter Bekannten, z.B. beim Sport oder in der Nachbarschaft, mit denen man normalerweise gern eher einen rauen oder besonders bodenständigen Ton anschlägt, kann es gut sein, nun zu leiseren Tönen zu wechseln. Auch um zu markieren, dass dies keine übliche sportliche Diskussion »von Positionen« oder Blödelei ist, und um dem Gegenüber deutlich zu machen, dass man in dieser Sache komplett anders denkt und die eigene Position auch wichtig nimmt.

Kurz noch ein Wort zu Risiken und Nebenwirkungen: Nur, weil man sich gut kennt, muss ein Gespräch nicht gelingen! Es kann zum Beispiel sein, dass man spürt, dass die Person gegenüber wesentlich rassistischer eingestellt ist, als man gedacht hatte. Oder dass das Gegenüber sich provokant zeigt, von Thema zu Thema springt, an keinem echten Austausch interessiert ist. Deshalb sollte der nächste Schritt immer die Frage sein: Wie stark ist das rechte Denken beim Gegenüber ausgeprägt? Wie menschenfeindlich argumentiert der Gesprächspartner? Diese Einschätzung können wir oft erst wirklich abgeben, während das Gespräch läuft und wir deutlicher bemerken, wie der andere sich verhält und in welche Richtung er argumentiert. Auch bei Menschen, die man gut kennt, kann es hier ungute Überraschungen geben.

4. Wie gesprächsbereit ist das Gegenüber?

Lohnt es sich, ein Gespräch weiterzuführen, oder ist das Gegenüber generell nicht bereit, sich auf eine echte Diskussion einzulassen und will nur Stimmung machen? Das ist letztlich die zentrale Frage, mit der man während der Unterhaltung entscheidet, auf welche Art man weiter verfährt. Die Initiative »Kleiner Fünf« unterscheidet drei verschiedene Kommunikationsmuster, die sich bei Gesprächen mit rechtspopulistisch denkenden Menschen häufig entdecken lassen: Zum einen gibt es die Verunsicherten, die in ihrer politischen Ansicht noch nicht ganz festgelegt sind und gerade erst in Richtung rechts driften. Sie sind natürlich auch diejenigen, mit denen sich das Reden oft tatsächlich lohnt. Denn hier kann im Gespräch ein Austausch von Argumenten entstehen, es kann sich etwas verändern. Auf Leute, die ihre politischen Meinungen häufiger ändern, sich aber auch nie ganz sicher sind, kommt es gerade sehr an.

Das zweite Argumentationsmuster ist das Gespräch voller Provokationen. Das Gegenüber schimpft und stellt steile Thesen auf, springt zwischen den Themen hin und her, bricht Tabus und macht Stimmung. Wenn das Gegenüber außerdem noch schlecht zuhört, immer nur »sendet«, also von einer rechten Phrase in die nächste ausweicht, kann man das als Gesprächspartner klar benennen und sagen, dass man auf diese Weise nicht reden könne und wolle, da der andere nicht für Argumente offen sei. Vorher kann man natürlich noch versuchen, den anderen bei einem Thema zu halten und dies argumentativ durchzusprechen. Funktioniert das nicht, ist es besser, sich abzugrenzen. Wichtig ist dann, dem Gegenüber nicht das Gefühl zu geben, dass man seine Sicht der Dinge annimmt, sondern zu zeigen, dass man standhaft bleibt.

Ein drittes Kommunikationsmuster – das man so kaum mehr nennen kann – besteht aus rechter Hetze, Hasskommentaren und menschenfeindlichen Äußerungen. Solche Entgleisungen sollte man unbedingt kennzeichnen und sich sofort dagegen entschieden abgrenzen. Gern auch mit dem Hinweis darauf, dass hier undemokratische Prinzipien vertreten werden, und wer sich auskennt, darf ruhig mit dem jeweiligen Artikel aus dem Grundgesetz argumentieren. »Inhaltliche Standards setzen, indem man sich aufs Grundgesetz bezieht«, heißt es dazu bei »Kleiner Fünf« auf einem ihrer Plakate. In den oben genannten Beispielen wäre etwa der permanent rassistisch daherredende Nachbar jemand, mit dem man nicht ständig weiter in den Austausch ginge. Hier reicht es, klar Stellung zu beziehen und zum Beispiel ganz sachlich darauf aufmerksam zu machen, dass die Aussagen bereits in Richtung Volksverhetzung gehen. Auch hier gilt wie immer: Gut, wenn man sich dabei nicht allzu sehr provozieren lässt und einigermaßen ruhig bleibt.

Hilft es also, die Gesprächspartner in eins der drei Kommunikationsmuster einzuteilen und dann entsprechend zu verfahren? Das kann eine mögliche Strategie sein. Häufig wechseln im Gespräch aber auch die Kommunikationsmuster und man muss seine Reaktionen den unterschiedlichen Stilen wie oben beschrieben anpassen. Eines ist natürlich klar: Wenn jemand gewaltvoll spricht und hetzt und in Diskussionen sehr stark den dritten Kommunikationsstil hervorholt, sollte man gut abwägen, ob man sich ein Gespräch antun will. Wer eh weiß, dass der Nachbar seit Jahren rassistisch lamentiert, braucht sich nicht permanent in Diskussionen mit ihm zu begeben. Momente, in denen man sich das Schweigen allerdings gut überlegen sollte, sind solche, wo andere zuhören. Wenn sich jemand in der Öffentlichkeit vor den Ohren einer kleinen Gruppe rassistisch oder populistisch äußert – etwa in einem Abteil im ICE oder bei einer Feier –, kann es manchmal passen, kurz das Wort zu ergreifen und eine klare Abgrenzung vorzunehmen.

5. Findet die Kommunikation im Netz statt?

Oben in den Beispielen gibt es auch den Fall von einem Schulfreund, der in den sozialen Medien unhaltbare politische Botschaften verbreitet, der AfD-Posts teilt oder andere Nachrichten aus rechtspopulistischen oder gar rechtsradikalen Kreisen. Diesen Fall kennt wahrscheinlich fast jeder, der in sozialen Netzwerken halbwegs aktiv ist. Ganz klar: Hier ist das Argumentieren – wie immer im Netz – besonders schwer. Der Ton eskaliert schneller, es ist schwerer, eine höfliche Position rein schriftlich zu zeigen, Missverständnisse sind auf jeden Fall vorprogrammiert. Ob man hier offen diskutiert oder Position bezieht, bleibt jedem selbst überlassen.

Die Initiative »Kleiner Fünf« hat es sich auch hier zur Aufgabe gemacht, auf ihrer Facebook-Seite mit denen zu diskutieren, die sich dort rechtspopulistisch äußern. Die Macher bleiben sachlich, markieren schlicht, dass sie anderer Meinung sind, liefern Argumente zu Flüchtlingsfragen, zur Bedeutung der EU und so weiter und vermeiden Schlag- und Schimpfwörter. Wenn andere sich daran nicht halten, verweisen sie auf ihre eigene Kommunikationshaltung. Ein Post von Ende Mai 2019 lautet zum Beispiel: »An uns nicht wohlgesonnene FollowerInnen noch mal der Hinweis auf unsere Diskussionsregeln: Keine rassistischen Aussagen, keine sexistischen Sprüche, keine homophoben Äußerungen, keine Beleidigungen, keine Wahlwerbung. Sie sind hier Gast und als Gast muss man sich den Regeln des Gastgebers anpassen (diese Forderung kennen Sie ja sicher).« Mit Freundlichkeit und Klarheit schlagen sie sich also auch durch schwierige Netz-Diskussionen, wo die Empörungsreflexe losbrechen, die Emotionen schnell hochgehen und Trolle und Rechtspopulisten dieses Medium mittlerweile als eine Art natürliches Biotop sehen. Ganz zu schweigen davon, dass in sozialen Netzwerken ja auch computergenerierte, rechtspopulistische Posts eingehen und entsprechende Nachrichten auch über Fake-Profile verbreitet werden. Dennoch halten die

Aktivisten von »Kleiner Fünf« daran fest, höflich zu bleiben, und haben durchaus häufiger festgestellt, dass diese Haltung zur Deeskalation der aufgeheizten Stimmung in der Timeline beitragen kann.

Schwierig ist es natürlich, dass man im Alltag oft nicht die Zeit und die Geduld hat, sich zu einem Post, den man rechtspopulistisch findet, in dem eine Lüge oder eine grobe Verallgemeinerung steckt, wirklich gewissenhaft zu positionieren. Was allerdings immer geht: Personen, die einem am Herzen liegen und die plötzlich in sozialen Medien rechtslastiges Zeug posten, kann man eine persönliche Nachricht zuschicken, ein Gespräch suchen oder, wenn man sich gelegentlich im analogen Leben über den Weg läuft, im persönlichen Kontakt den eigenen Eindruck ansprechen. Manchmal bringt das Entlastung und sogar eine bestimme Art von Nähe, da man sich die Mühe gemacht hat, einander zu verstehen. Allgemein läuft die Kommunikation mit Leuten, die im Netz rechtspopulistisch tätig werden, ebenfalls nach dem oben vorgestellten Orientierungsschema: Zeigt sich jemand gesprächsbereit, will argumentieren und sich auseinandersetzen? Will er provozieren und lässt sich nicht festnageln? Oder ist es jemand, der vor allem Menschenfeindlichkeit verbreitet? Hat man das herausgefunden, kann man sich überlegen, wie man mit dem Kontakt in Zukunft umgehen will.

Ganz wichtig: Wer will, darf natürlich jeden, der rechtspopulistische Inhalte ins Netz stellt, sofort »entfreunden«. Das wurde lange Zeit von vielen Menschen praktiziert und ist komplett verständlich. Diese Haltung führt allerdings zu einer zunehmenden Sprachlosigkeit gegenüber Andersdenkenden und zu einer immer stärkeren Polarisierung. Wenn man nach einer Argumentation im Netz, einer persönlichen Nachricht bei Facebook oder nach einem Treffen immer noch den Eindruck hat, der andere sei ein Rassist, lässt sich der Kontakt immer noch kappen.

6. Zu viele Visionen?

Eine pauschale Antwort auf die Frage, wie man genau mit rechtspopulistischen Äußerungen im eigenen Umfeld umgehen soll, kann man also nicht geben. Nur eins raten so gut wie alle Aktivisten, Initiativen und Wissenschaftler, die sich mit dem Thema Demokratisierung, Kommunikation und der Wirkung von politischer Bildung beschäftigen: Es lohnt, die sachliche, coole oder höfliche Haltung zu kultivieren – auch wenn das Gegenüber ausfallend oder aggressiv wird. Der Grund dafür ist – neben der Tatsache, dass man hier bei demokratischen Mitteln bleibt – immer auch ein kommunikationspsychologischer. Wenn man mit Rechten reden will und ihnen komplett aggressiv, rechthaberisch und aufgebracht begegnet, dann schraubt sich die Spirale der verbalen Gewalt hoch und das Gegenüber geht in die Reaktion, verhärtet sich und seine Positionen. Spaltung und Polarisierung sind allerdings für ein konstruktives, inhaltliches Gespräch nicht förderlich. Und wenn man noch mal überlegt, wie viel Energie populistische Parteien darauf verwenden, Spaltungen zu verstärken, dann kann es doppelt lohnen, sich höflich-sachlich, offen nachfragend, abgrenzend-kühl und vielleicht ironisch-spitzfindig zu zeigen.

Die Idee, die Polarisierung in politischen Kontroversen nicht zu sehr kommunikativ zu verstärken, greift auch der Systemische Therapeut und Organisationsberater Fritz B.

Simon in einem seiner Bücher auf. Er beschäftigt sich dort ausführlich mit einer »Politik ohne Visionen – jenseits von rechts und links«. In dem gleichnamigen Aufsatz geht es unter anderem darum, welche Art von Zielformulierung und welche Art, Werte zu verhandeln, dem allgemeinen politischen Diskurs gut tun, wenn man die Absicht hat, gesellschaftliche Lösungen zu finden. Simon warnt hier vor dem »Utopie-Syndrom«, einem Begriff, der auf den Kommunikationspsychologen Paul Watzlawick zurückgeht und der vereinfacht gesagt beschreibt, dass das Heraufbeschwören von positiven Visionen und großen, zukunftsweisenden Utopien oft zu paradoxen Effekten führt: Die Gegner, die Gegenüber, die anders denken, erkennen die positive Vision nicht an, suchen darin immer das, was daran nicht funktioniert, und widersprechen vehement. Das hat vor allem folgende Gründe: Positive Visionen haben immer Schwachstellen, sie sind immer angreifbar. Darüber hinaus ist es aber auch viel schwerer, angesichts einer positiven Utopie einen Konsens zu finden, denn jeder stellt sich die ideale Gesellschaft ein klein bisschen anders vor.

Alle, die sich gern glühend für die Demokratie einsetzen, kennen im Grunde das Phänomen: Kaum äußert sich jemand nationalistisch und rassistisch, lässt man sich vollends hinreißen und schwingt sich auf, über Menschenrechte, die Würde des Menschen, die Ideale der Aufklärung zu sprechen – und in dem Moment greifen die Gegner erst richtig an. Auch wenn das ein verständliches Vorgehen ist, kann das Heraufbeschwören von Utopien also selbst einen Basis-Konsens komplett scheitern lassen. Die Polarisierung nimmt immer mehr zu.

Es kann deshalb manchmal sinnvoller sein, statt sich in eine Neujahrsansprache hineinzusteigern, eher nüchtern ein paar minimale Ziele zu formulieren, die einem für die Gesellschaft wichtig sind und die ihr Überleben sichern. Ganz praktisch heißt das dann oft sogar: Anstelle positiver Ziele sollten negative Ziele gesetzt werden. Man formuliert also beispielsweise, in welcher Gesellschaft man »nicht leben will«, erklärt Fritz B. Simon. Systemisch macht das Sinn, denn hier bildet sich dann schneller ein Minimalkonsens und man diskutiert eher über Problemlösungen als über Ideale und grundsätzliche politische Überzeugungen. Die Sätze »Ich möchte nicht in einem Land leben, in dem Flüchtlingswohnheime angezündet werden« oder »Ich möchte nicht in einer Gesellschaft leben, in der sich alle nur noch aggressiv und hasserfüllt anmeckern« wären Beispiele für solche Formulierungen. Die Negationen klingen erst mal schwach, doch sie laden zum Nachdenken ein und lassen eine minimale Bedingung anklingen, eine Art Überlebensregel für die aktuelle Gesellschaft. Der Minimalkonsens ist unter Umständen möglich und kann eine integrierende Wirkung haben. Der Konsens über eine ideale Ordnung der Gesellschaft ist dagegen unmöglich. Hier die Gegenprobe: »Ich möchte, dass Geflüchtete friedlich empfangen werden.« Oder: »Ich möchte in einer höflichen und harmonischen Gesellschaft leben.« Die Utopien locken den Widerspruch hervor und eine Art Zwang, nachzuweisen, dass das alles so nicht möglich ist. Als praktische Kommunikationsempfehlung für Gespräche mit Rechten folgt daraus, dass man immer wieder seine eigenen minimalen Ziele formuliert und andere danach fragt, wie sie diese sehen. Einer Aussage wie »Ich möchte nicht in einem Land leben, in dem Flüchtlingswohnheime angezündet werden« kann, will und wird fast niemand widersprechen. Falls doch, weiß man, mit wem man es zu tun hat.

Die Initiative »Kleiner Fünf« hat diese Idee vom Minimalkonsens übrigens sogar – ob bewusst oder unbewusst – zu ihrem Vereinsnamen gemacht: Wer als einziges Ziel formuliert, Menschen dazu zu bringen, »nicht die AfD zu wählen« und damit diese Partei unter die Fünf-Prozent-Hürde zu drücken, der hat verstanden, wie viel Zugkraft darin liegt, den wichtigen, simplen Kern des Problems zum Thema zu machen.

7. Ist das ein Rassist oder eine rassistische Äußerung?

In den letzten Abschnitten wurde viel über Situationen gesprochen, die in den letzten drei, vier Jahren verstärkt in politischen Diskussionen oder im Smalltalk auftauchten. Alle diese Situationen haben gemeinsam, dass jemand aktiv eine rechtspopulistische oder rassistische Position einnimmt, diese verteidigt oder damit offen kokettiert. Im Alltag gibt es aber noch eine Form der rassistischen, sexistischen und chauvinistischen Äußerung, über die es seit Jahrzehnten auch in Gesprächen mit Bekannten oder sogar Freunden immer wieder Diskussionen gibt und die unter die Kategorie »unreflektiertes Vorurteil« fällt. Unzählige Menschen halten sich selbst jedenfalls weder für Rassisten oder Sexisten und äußern sich trotzdem sprachlich abfällig, beispielsweise über Menschen anderer Hautfarbe oder Religion. Die Rassismus-Expertin und Aktivistin Tupoka Ogette beschreibt in einem Protokoll in der Wochenzeitung »Die Zeit«, dass sie es sinnvoll fände, wenn alle Menschen hierzulande anerkennen würden, dass es einen strukturellen Rassismus gibt, der in der Sprache ebenso verankert ist wie in der Gesellschaft, und jeder auf die Folgen dieser rassistischen oder nationalistischen Strukturen auch bei sich selbst mehr achten würde. Ausdruck eines eher unreflektierten strukturellen Rassismus sind beispielsweise Gags und rassistische Worte in der eigenen Sprache, die man stoisch weiter mitschleppt und nutzt. In der Aufzählung der Beispiele zu Beginn des Kapitels gab es etwa den guten Bekannten, der es »albern findet, dass man nicht mehr Negerkuss sagen darf«. Dieser Bekannte wählt nicht die AfD, hält sich nicht für einen Rassisten und sagt mit seinem Satz dennoch implizit, dass er nicht anerkennt, dass es einen strukturellen Rassismus gibt. Und dass er auch nicht bereit ist, dem etwas entgegenzusetzen oder selbst etwas zu ändern. Aber nur, wenn man sich bereit erklärt, darauf zu achten bzw. sich von anderen auch mal korrigieren zu lassen, können sich die Strukturen verändern. Es gilt also zu verstehen: Die impliziten Vorurteile, die man hegt, oder auch nur die Ignoranz dem Thema Rassismus gegenüber, sind oft auch bei einem selbst größer, als man denkt.

An dieser Stelle kommt nun wieder das Thema Kommunikation ins Spiel: Denn es ist tatsächlich oft hilfreich, wenn man andere – vor allem, wenn man sie kennt und von ihnen weiß, dass sie selbst keinesfalls rassistisch sein wollen – freundlich darauf hinweist, dass bestimmte Begriffe dazu beitragen, Rassismus immer weiter bestehen zu lassen. Oder, um es psychologischer zu sagen: Dass man in sich mehr Rassismus trägt, als man für möglich hält.

Dass dieses Beispiel in einem Abschnitt über das Reden mit Rechten aufgegriffen wird, hat auch damit zu tun, dass wir oft nicht sofort einschätzen können, wie eine Person tickt, die sich gerade sehr in der Wortwahl vergreift. Angebracht ist deshalb, bei einer ersten rassistisch anmutenden Aussage sachlich oder sogar vorsichtig zu bleiben. Wenn man andere darauf hinweist, dass diese Äußerung rassistisch ist, lautet die erste Abwehr oft: »Ach, so schlimm ist das nun auch wieder nicht.« Viele ändern ihre Art zu sprechen daraufhin aber doch. Es lohnt sich also sehr, hier offener zu sprechen – ohne komplett übers Ziel hinauszuschießen und andere zu beschimpfen oder ihnen Misstrauensvoten auszusprechen.

Dennoch ist der Umgang mit Sprache im Alltag einer der Punkte, an denen man mit kleinen Veränderungen oder Veränderungsvorschlägen bei anderen Menschen tatsächlich Denkprozesse auslöst und sie dafür sensibilisiert, rassistische, antisemitische oder auch rechtspopulistisch aufgeladene Begriffe neu zu überdenken. Wenn wir das bei anderen ohne Großskandal und Empörungswelle schaffen, wäre viel geholfen. Ebenso, wenn wir uns selbst auch mal von anderen auf eigene sprachliche Unachtsamkeiten und Geschmacklosigkeiten aufmerksam machen lassen, ohne diese Anmerkungen gleich in Frage zu stellen oder abzuwehren. Tupoka Ogette schreibt in der »Zeit«: »Der erste Schritt zu besseren Gesprächen über Rassismus wäre meiner Meinung nach für viele: anders auf die Rückmeldung zu rassistischem Verhalten zu reagieren. Genau diese Situationen als Chance zu sehen, etwas zu verbessern. Und nicht zu sagen: ›Du bist übersensibel‹ oder ›du übertreibst‹.« Das wäre ein hilfreicher Prozess von Bewusstwerdung und Öffnung.

Denn eins ist klar: Eine Veränderung hin zu einem weniger rechtslastigen, rassistischen, nationalistischen Denken beginnt auch bei uns selbst und eigenen blinden Flecken. Das kommende, ebenfalls eher praktische Kapitel beschäftigt sich mit dieser Sichtweise.

ZUSAMMENFASSUNG: Was ist wichtig?

1. Manchmal lohnt es sich, mit Rechten zu reden – und manchmal nicht. Es kommt auf die Situation an. Und es kommt darauf an, wie gut man die Person kennt, die rechtspopulistische Reden schwingt. Ganz klar: Je besser man jemand kennt, je überraschter man ist, dass jemand sich Richtung rechts bewegt, desto mehr lohnt es sich, etwas zu sagen. Bei Leuten, die nur ihrem Hass freien Lauf lassen wollen und von einem Reizthema zum anderen springen, ist reden oft kontraproduktiv. Aber man kann deutlich machen, dass man anderer Meinung ist. **Was folgt daraus?** Suchen Sie nicht nach einem Patentrezept, wenn es darum geht, mit Rechten zu reden. Gucken Sie lieber, ob Sie sich aufgerufen fühlen, etwas zu sagen, und wie Sie zu der Person stehen. Geben Sie den Anspruch auf, bei jedem Mitbürger durch Reden etwas zu erreichen – und probieren Sie dennoch erst einmal, ob kommunizieren hilft.

2. Entscheidend ist die Gesprächshaltung: Es ist wichtig, sachlich zu bleiben, also keine Beleidigungen, keine Pöbeleien und Beschuldigungen anzuzetteln. Gleichzeitig geht es darum, gute Argumente zu bringen, die man sich auch schon im Vorfeld zurechtlegen kann. Diese ruhige Haltung ist kontraintuitiv, aber gesprächsfördernd oder zumindest klärend. **Was folgt daraus?** Politische Diskussionen wie am Stammtisch oder rhetorische Meisterleistungen wie im Debattierclub sind überhaupt nicht nötig, wenn man jemanden zur Rede stellen will, der sich rechtspopulistisch äußert. Trauen Sie sich, mit höflichen, aber bestimmten Worten zu sagen, dass Sie anderer Meinung sind.

3. Die Identifikation mit rechtspopulistischen oder rassistischen Weltbildern ist unterschiedlich stark. Manche Menschen sind tatsächlich noch verunsichert und gesprächsbereit, andere wollen provozieren und nicht diskutieren. Und manche sind penetrant in ihren menschenfeindlichen Aussagen. Je nach Haltung des Gegenübers sollte man das Gespräch weiterführen oder abbrechen. **Was folgt daraus?** Schauen Sie sich Ihr Gegenüber gut an. Oft hilft es, überhaupt erst mal mit dem Gespräch anzufangen, um zu sehen, wie der andere wirklich »tickt«.

Nützliche Argumente

Argumentieren hilft. Aber nur, wenn man es in der richtigen Haltung tut. Philipp Steffan, Philosoph und Bildungsreferent für politische Kommunikation, ist Mitgründer der Bildungsinitiative »Diskursiv« und Mitglied von »Tadel verpflichtet e. V.«. Außerdem ist er in der Initiative »Kleiner Fünf« aktiv. Er gibt auf den nächsten Seiten konkrete Tipps, mit welcher Art von Kommunikation und mit welchen Argumenten man typischen rechtspopulistischen Phrasen begegnen kann.

Wichtig ist Steffan dabei im Vorfeld folgender Gedanke: »Bevor man Argumente anbringt, ist es wichtig, erst einmal auf die Gesprächshaltung zu achten. Offene Fragen stellen, Zuhören und Verstehenwollen sind zentral und Grundlage für ein Gespräch über kontroverse Meinungen und Einstellungen«, findet er. Fehlt diese Art der Gesprächsatmosphäre, können Argumente gar nicht richtig ankommen. Bringt das Gegenüber eine rechtspopulistische Phrase, hilft es beispielsweise, eine Frage wie »Was macht dir daran Sorgen?«

oder »Was beunruhigt dich daran?« zu stellen. Antwortet das Gegenüber auf solche Fragen weiter nur mit ausgrenzenden Parolen, dann wird ein aufrichtiger Austausch schwierig bis unmöglich, so Steffan. Werden hingegen nachvollziehbare Ängste geäußert, so lassen sich Argumente höflicher, verbindlicher und sinnvoller andocken. Hier ein stereotypes Beispiel im Vorfeld für ein solches Gesprächs-Muster:

PHRASE VON SPRECHER A: »Wir nehmen viel zu viele Flüchtlinge auf. Das schafft Deutschland nicht.«

ANTWORT VON SPRECHER B: »Was befürchtest du?«

SPRECHER A: »Das kostet Geld und für Busverbindungen hier auf dem Land ist dann nichts mehr übrig.«

SPRECHER B: »Ich verstehe, dass dir der öffentliche Nahverkehr auf dem Land wichtig ist. Doch die Töpfe hängen im Finanzhaushalt überhaupt nicht zusammen: Nur weil Flüchtlinge Schutz bekommen und das auch einer Finanzierung bedarf, wird das ja nicht von den Geldern für Verkehrsentwicklung abgezweigt.«

Das klingt in der Theorie etwas hölzern, zeigt aber als eine Art Skizze das Muster, um das es geht: Den anderen beim eigenen Erleben und Empfinden abzuholen und ernst zu nehmen, um dann den Zusammenhang zwischen der ausgedrückten Sorge und der angeblichen Konsequenz zu dekonstruieren. Nun aber zu den konkreten rechtspopulistischen Phrasen und den argumentativen Antworten.

1. PHRASE: »Es sind so viele Muslime in Deutschland, das ist gefährlich für unsere Kultur.«

ARGUMENTATION: Hier geht es darum, zunächst zu fragen, was daran denn Sorge macht. Die Antwort ist dann wahrscheinlich so was wie »Deutsche Kultur ist doch was ganz anderes ...« oder »Diese Religion will ich hier nicht haben. Unsere eigene Religion ist wichtiger.« Von da aus kann man sagen, dass in dieser Republik alle Menschen ganz verschieden sind und dass auch Muslime – wie Christen und Atheisten auch – sehr unterschiedlich sind und unterschiedliche Haltungen haben, dass also Religion immer nur ein Merkmal von vielen ist, das Menschen ausmacht. Gleichzeitig gilt auch: Es gibt hier Religionsfreiheit, es gibt den Pluralismus der Religionen im Land – auch das ist unsere Kultur.

2. PHRASE: »Die Leute sind aus guten Gründen politikverdrossen – es tut sich einfach nichts mit den Mainstreamparteien.«

ANTWORT: Politik ist nicht leicht, es geht darum, dass man komplexe Einigungen erzielt, Kompromisse schließt, Schwierigkeiten meistert. Da dauern Prozesse oft länger, als man erst mal glaubt, und das ist manchmal auch nicht so einfach auszuhalten. Aber in einer Demokratie heißt »Politik machen« auch nicht, dass jeder bekommt, was er oder sie will. Das geht gar nicht, dafür gibt es zu wenig Geld und Ressourcen. Demokratie heißt aber, dass jeder seine Interessen einbringen darf und gehört wird. Jeder darf sich in einer Partei engagieren, in Initiativen oder für die eigenen Belange, wenn einem etwas nicht schnell genug geht oder besonders am Herzen liegt. Demokratische Politik heißt, dass man mitsprechen darf, nicht, das alles so läuft, wie man es will.

3. PHRASE: »Die Meinungsfreiheit ist in Gefahr, wenn AfD-Politiker oder AfD-Wähler ihre Themen nicht öffentlich anbringen dürfen.«

ANTWORT: Wer verbietet der AfD den Mund? Das tut erst einmal keiner. Sie dürfen sich äußern und machen von diesem Recht auch ausgiebig Gebrauch. Vielleicht müssen sich AfD-Politiker klarmachen, dass Meinungsfreiheit nicht heißt, dass alles, was man sagt, von allen anderen kritiklos und widerspruchslos hingenommen wird. Die AfD kann sich positionieren – aber Politiker anderer Parteien und Bürger dürfen darauf reagieren und widersprechen. Auch Widerspruch ist Teil der Meinungsfreiheit und sicher keine Einschränkung davon. Darüber hinaus geht es aber auch darum, ob das, was Populisten oder gar Rechtsextremisten im Einzelfall konkret sagen, von der Meinungsfreiheit überhaupt abgedeckt ist: Menschenverachtende, volksverhetzende Äußerungen oder Geschichtsrevisionismus sind es nämlich nicht.

4. PHRASE: »Es sind Mächte am Werk, von denen wir nichts wissen, sie ziehen die Strippen im Hintergrund und sie bereiten (wahlweise) den dritten Weltkrieg oder die Umvolkung vor.«

ANTWORT: Für mich sind so was Vermutungen, die nicht haltbar sind. Wenn man sich mal vorstellt, es würde in diesem Land wirklich geheime Machenschaften im großen Stil geben – wie sollten die Drahtzieher das verheimlichen? Eine bundesweite oder globale Verschwörung kann nur funktionieren, wenn eine hinreichend große Gruppe von Leuten sie kennt und keiner etwas ausplaudert. Doch wie soll man so große Umwälzungen durchführen, ohne dass Hunderte und Tausende Menschen involviert sein müssten? Die Chance, dass dort niemand etwas ausplaudert, dass dort niemand aussteigt, ist gleich Null. Auch die Theorie einer gleichgeschalteten Bericht-Erstattung scheitert: Wie soll das aussehen mit den gleichgeschalteten Medien hierzulande? Es besteht Pressefreiheit und jeder Journalist kann selbst entscheiden, worüber er oder sie schreibt bzw. welche Meinung er oder sie vertritt. Ganz praktisch überlegt: Wer diktiert den Journalisten in die Feder, was sie schreiben sollen? Wie soll eine solche Lenkung der Medien ohne jedes Wissen anderer stattfinden? – Auch hier geht die Chance einer Verschwörung, die unaufgedeckt bleibt, gegen Null.

Mehr Argumentationen und Tipps zum Reden mit Rechten finden Sie in: *Philipp Steffan: Sag was! Radikal höflich gegen Rechtspopulismus argumentieren. Ein Buch von Diskursiv. Oetinger-Verlag.*

KAPITEL NEUN:
EIN BLICK NACH INNEN

Sich selbst kennen. Die eigene Familiengeschichte über die Generationen hinweg überblicken. Mitgefühl und Selbstmitgefühl üben. Achtsam in der Welt stehen. Das sind Beispiele für innere Ansatzpunkte, mit denen man indirekt auch auf gesellschaftliche und politische Probleme einwirkt.

Dieses Kapitel zeigt, wann und warum Selbstreflexion und Selbsterkenntnis uns zu friedlicheren und demokratiefähigeren Menschen macht und warum es so wichtig ist, den inneren Wutbürger zu kennen.

> »Der Mensch trägt immer seine ganze Geschichte und die Geschichte der Menschheit mit sich.«
> Carl Gustav Jung, Psychoanalytiker

Morgens um halb zehn in einer Therapiegruppe in Deutschland: Ralf, ein 52-jähriger Manager, der im letzten Jahr wegen eines Burnout krankgeschrieben war, macht eine Art Aufstellungsarbeit: Mit Hilfe der Gruppenteilnehmer baut er verschiedene Aspekte im Raum auf, die seiner Meinung nach dazu beitragen, dass er zu viel arbeitet. In dieser Art von gruppentherapeutischer Arbeit verkörpern andere Leute aus der Gruppe bestimmte innere Positionen und Sätze, die der »Protagonist« in sich selbst vorfindet. Eine Frau spielt etwa den perfektionistischen Anteil von Ralf, wiederholt dazu ständig den Satz: »Ich darf keine Fehler machen.« Eine andere stellt eine Angst dar und wispert bedrohlich: »Ich verliere meinen Job, wenn ich nicht gut genug bin.« Doch Ralf, der sich zu diesen beiden Stimmen in den Raum stellt und sie auf sich wirken lässt, merkt bald, dass diese beiden inneren Antreiber zwar da sind und zu ihm gehören, er sich ihnen aber gewachsen fühlt. Nach einem kurzen Gespräch mit der Therapeutin wird deshalb noch ein dritter Aspekt dazugestellt, den Ralf erst gar nicht konkret benennen kann – er weiß nur, dass diese innere Stimme »knallhart« ist. Auf die Frage, was dieser Aspekt für einen Satz sagen könnte, fällt Ralf zu seinem eigenen Erschrecken die Aussage ein: »Ich töte dich, wenn du nicht parierst.« Im Laufe der weiteren Arbeit – Ralf positioniert sich zu den Anteilen und sucht nach Antworten – wird deutlich, dass die »knallharte« innere Stimme einen immensen Einfluss hat und Ralf regelrecht einschüchtert. Er stellt fest, dass sich die hier wirkende Härte und Unerbittlichkeit zwar in seinem Leben nicht direkt zeigt – Freunde und seine Frau finden ihn eher »gutmütig« –, doch die Stimmung passt für ihn »in unsere Familientradition«. Ralfs Großvater war seinerzeit glühender Nazi und später gebrochener, aggressiver Kriegsheimkehrer. Und obwohl Ralf diesen Opa gar nicht mehr kennengelernt hat, zeigt auch sein Vater, ein Jurist, große Härte und Unerbittlichkeit. Im Laufe der Gruppenarbeit wird also klar, dass die existenzielle Härte – die letztlich auf eine autoritäre Prägung über Generationen hinweist – in das Burnout-Geschehen hineinspielt. Ralf überträgt das Prinzip »friss oder stirb« nun auf die eigene Arbeitslast. Bisher ist er nicht gestorben, aber eine Alternative zum Arbeiten bis zur Erschöpfung hat er auch noch nicht finden können. Die familiäre Prägung, die er sich jetzt erst bewusst macht, war lange Zeit viel zu stark, als dass er gelassener mit sich und seiner Arbeit hätte umgehen können.

Dieses Beispiel aus der psychotherapeutischen Arbeit zeigt deutlich, dass der Blick »nach innen« sich lohnen kann, wenn man verstehen will, wo und wie autoritäre Muster sich auch auf einen selbst und das eigene Leben auswirken. Und nicht nur das: Wer solche Prägungen besser einordnen kann, kann nach und nach seine Haltung verändern. Man wird freundlicher zu sich selbst und zu anderen, alte Muster verlieren an Macht und Einflusskraft. Hier zeigt sich: Durch eine innere Arbeit »an sich selbst« verändert man über kurz oder lang auch immer etwas in der Gesellschaft und in der Welt.

Die Beschäftigung mit konkreten familiären Prägungen – oft im Rahmen einer Therapie – ist allerdings nur eine von vielen Möglichkeiten, durch eine Art innerer Arbeit an sich selbst auch auf die Welt einzuwirken und diese zu verändern. Denn jeder Mensch ist ja letztlich ein Teil der Welt. Daher wirkt es sich auch schon konkret positiv aus, mit einer bewussten Haltung, mit Mitgefühl, mit Freundlichkeit oder Klarheit durch die Welt zu gehen und die Gesellschaft in diesem Sinn mitzuprägen.

In dem Sammelband »Wer sich verändert, verändert die Welt« sagt der Psychiater und Buchautor Christophe André zu diesem Thema: »Ich denke, dass Veränderung damit beginnt, dass man besser auf sich achtgibt. Ich sage das vielleicht nur, weil ich Psychiater bin und nicht Landwirt oder Politiker. Die Gründe, dass ich es für wichtig halte, dass wir uns selbst zuwenden, haben nichts mit Nabelschau oder Egoismus zu tun. Vielmehr geht es darum, das zu schützen und zu heilen, was uns als Menschen ausmacht: unser Innenleben.« Das heißt also: Die Beschäftigung mit sich selbst, mit der eigenen Seele, mit einer inneren Haltung verändert unseren Alltag, unser

Umfeld und unsere Welt und führt natürlich auch dazu, dass man einen bewussten Umgang mit Emotionen lernt, dadurch selbstbewusster wird und selbstverantwortlicher in der Welt steht.

Dass es direkte Zusammenhänge zwischen einem klaren Gefühl für sich selbst und einem reflektierten Umgang mit der Welt gibt, davon sind Psychotherapeuten, Psychoanalytiker und Positive Psychologen – die auch Achtsamkeit und Meditation in ihre Praxis miteinbeziehen – gleichermaßen überzeugt. Als grobe Zusammenfassung kann man also durchaus sagen: Sei im Kontakt mit dir selbst und gehe bewusst mit deinem Umfeld um – allein dadurch veränderst du dich und deine Welt.

Innere Veränderungen mit großer Wirkung

Die Frage ist jetzt natürlich: Wieso hilft es, sich selbst zu kennen? Was wirkt dabei konkret auf die Außenwelt ein? Und was hat das alles mit dem aktuellen Rechtsruck zu tun? Etwas vereinfacht gesagt lassen sich zwei wesentliche Einflussfaktoren nennen: einerseits die Fähigkeit zur sachlichen Selbstreflexion und andererseits eine gewisse emotionale Nähe zu sich selbst.

Selbstreflexion hat viel mit Selbstregulation zu tun. Sie beinhaltet, dass man sich selbst aus einer kritischen Distanz heraus betrachtet, im Zweifel auch überprüft, was hinter den eigenen Gefühlen, Gedanken und Impulsen steckt, und auch entscheiden kann, welchen davon man folgen will und welchen nicht. Wäre hierzu jeder Mensch in einer hitzigen, politischen Diskussion in den sozialen Medien fähig, sähe die mediale Welt sicher ein wenig anders aus …

Der zweite Faktor, die Nähe zu sich selbst, ist dagegen eher mit Selbstmitgefühl verbunden, mit der Akzeptanz eigener Schwächen und damit auch mit einer Akzeptanz der Schwächen anderer. Beide Faktoren wirken sich auf die psychische Verfasstheit entscheidend aus. Ganz konkret – und noch ein wenig detaillierter beschrieben – wirken unter anderem folgende Mechanismen:

- Wer seine eigenen Emotionen wahrnimmt und auch Wut, Hass, Angst bei sich erkennt, kann eher entscheiden, ob er diesen Gefühlen Raum gibt oder nicht. Und auch, ob er dem Gefühl folgen will.
- Wenn man sich selbst und seine emotionalen Mechanismen kennt, kann man leichter verstehen, warum bestimmte Emotionen überhaupt auftauchen und woher sie kommen.
- Wer sich selbst beobachtet und sich selbst nah ist, der wird auch eher eine Verantwortung für die eigenen Gefühle und Gedanken übernehmen.
- Wer seine eigenen Schattenseiten und Schwächen kennt und damit lebt, dass er sie halbwegs akzeptiert, der muss Gier, Neid, Hass oder Geiz nicht so stark auf andere projizieren.
- Wer sich selbst kennt, hat oft mehr Selbstvertrauen.
- Wer Mitgefühl mit sich selbst hat, der hat auch Mitgefühl mit anderen.
- Wer sich durch Meditation, Achtsamkeit, Therapie oder Yoga mit sich selbst beschäftigt, der erhöht die Chance, den eigenen Automatismen zu entkommen und nicht jedem Gefühl, nicht jedem Gedanken folgen zu müssen.
- Wer achtsam mit sich selbst ist, ist achtsamer mit der Welt.

- Wer die eigene Familiengeschichte kennt, der versteht die eigenen autoritären und »knallharten« Prägungen besser und kann sie eher hinter sich lassen.
- Wer die eigene Familiengeschichte kennt, der versteht auch mögliche Verstrickungen der eigenen Familie in der Zeit des Nationalsozialismus besser und kann dafür leichter Verantwortung übernehmen.

Wenn man diese Aufzählung liest und dann noch einmal an das Kapitel zurückdenkt, in dem es um die Emotionen ging, die Menschen verstärkt nach rechts treiben, dann wird klar: Der Cocktail aus Hass, Wut, Unsicherheit und der Furcht, die Kontrolle zu verlieren, kann sich entscheidend verändern, wenn man sich selbst besser kennt und sich mit sich selbst auseinandersetzt.

Im Folgenden geht es nun ganz konkret um die unterschiedlichen psychologischen Wirkweisen von Selbsterkenntnis auf die eigene politische Einstellung und auf die eigene Haltung zur Welt. Jeder einzelne Punkt beinhaltet auch immer einen konkreten, praktischen Ansatzpunkt, der zeigt, was man selbst tun kann, um eigene autoritäre Anteile zu erkennen und um dem Rechtsruck mit einer klaren oder entspannten inneren Haltung etwas entgegenzusetzen:

1. Selbstmitgefühl und Mitgefühl schaffen ein friedlicheres Miteinander

Es gilt heute als gesichert, dass Menschen, die sich selbst mit einer gewissen Freundlichkeit und Mitgefühl begegnen, auch gegenüber anderen Menschen empathisch und einfühlsam sind. Die Psychologin Kristin Neff ist eine der führenden Forscherinnen zu diesem Thema und hat mit Kollegen ein Selbstmitgefühlstraining entwickelt. Die Frage lautet natürlich erst einmal: Wie lernt man es, Mitgefühl mit sich selbst zu haben? Das evaluierte Training enthält verschiedene Aspekte. Ein wichtiger Teil ist Achtsamkeit, also eine Art des Innehaltens zu bestimmten Zeiten des Tages, in denen man aufmerksam sitzt, auf den Atem achtet und in denen man bewusst wahrnimmt, wie es einem eigentlich geht. Man wird dadurch nicht nur wacher und aufmerksamer für sich selbst, auch unangenehme Gefühle oder schmerzhafte Erlebnisse bekommen dadurch einen gewissen Raum. Darüber hinaus übt man in einem Selbstmitgefühlstraining aber auch die aus dem Buddhismus stammende Sichtweise ein, dass alle Menschen auf der Welt leiden, schmerzhafte Erfahrungen machen und dass alle in ihrem Leid miteinander verbunden sind. Es kann eine tröstliche Erfahrung sein, es als Realität zu erkennen, dass jeder Mensch auch Schmerzhaftes durchmacht. Ein drittes wichtiges Element ist die Freundlichkeit zu sich selbst. Hier geht es darum, auf eigene Schwächen, Fehler und Schmerzen zu schauen und sich dafür nicht zu verurteilen. Alle drei Faktoren werden mit verschiedenen einfachen Übungen trainiert – man lernt quasi, sich selbst mit seinen Schwächen und seinem Lebensweg anzunehmen und sich dabei immer noch freundlich zu behandeln.

Durch dieses Selbstmitgefühl findet man – etwas hochtrabend ausgedrückt – einen gewissen Frieden mit sich selbst und spürt gleichzeitig die Verbindung mit anderen.

Man kann also üben, freundlich zu sich selbst zu sein und verbundener in der Welt zu stehen. In Bezug auf das

Thema Rechtsruck und Rassismus kann Selbstmitgefühl vor allem bewirken, dass man die eigene – vielleicht latent vorhandene – Verbindung mit dem Thema zulässt, also etwa eigene autoritäre Anteile, innere Antreiber, die Leistung, Gehorsam und Härte fordern, bewusst registriert. So kann man ihnen nach und nach die Macht nehmen und stattdessen lernen, freundlicher und friedlicher mit sich selbst umzugehen.

Mitgefühl mit sich selbst ist also wichtig, wenn Menschen sich selbst kennen und verstehen und nicht einem »falschen Selbst« folgen wollen. Die Unerbittlichkeit und Härte sich selbst gegenüber wird so auf Dauer kleiner. Gelingt dies, dann werden noch weitere psychische Prozesse angestoßen: Man fühlt sich weniger stark als Opfer, man kann leichter Mitgefühl mit anderen entwickeln, etwa mit Geflüchteten. Und im Zweifel sogar – und das ist nicht ganz unwichtig – mit politischen Gegnern. Sprechen wir ihnen das Menschsein nicht ab, fällt es leichter, höflich zu bleiben, auch wenn man in der Sache hart diskutiert.

Noch stärker wirken innere Prozesse nach außen, wenn man nicht nur Selbstmitgefühl, sondern auch Mitgefühl mit anderen übt. In manchen Trainings lernt man in der Gruppe, einander mit mehr Empathie zu begegnen. Der Forscher Richard Davidson gehört zu einer weltweit vernetzten Arbeitsgruppe, die ein praktisches Mitgefühlstraining entwickelt hat, das in verschiedenen Kontexten getestet wurde, zum Beispiel in Kindergärten. Hierbei wurden mit den Kindern verschiedene leichte Achtsamkeitsübungen durchgeführt – etwa eine Atemübung, bei der die Kinder einen Stoffbären auf dem Bauch balancierten und beobachteten, wie dieses Plüschtier sich beim

Atmen auf und ab bewegte. Gleichzeitig lernten sie auch, sich in andere einzufühlen, etwa in andere Kinder, die alleine irgendwo standen, die zu Halloween krank waren und deshalb nicht an einem Kinderfest teilnehmen konnten etc. In dem Training wurde mit den Kindern auch die Frage besprochen, ob andere Kinder, wenn diese jemanden beleidigt hatten, immer noch Mitgefühl verdienen würden. Interessanterweise konnten die Forscher im Laufe des Trainings sehen, wie sich die Kinder in ihrer Haltung hierzu veränderten. Zu Beginn und am Ende des Trainings sollten die Kleinen nämlich Klebebildchen an andere Gruppenmitglieder verteilen. Sie wurden dazu aufgefordert, in einen Briefumschlag Bilder für den besten Freund zu stecken und jeweils in zwei andere Umschläge Bilder für ein krankes Kind und ein Kind, das sie nicht mögen. Vor dem Training wanderten fast alle Klebebilder in den Briefumschlag für den besten Freund. Am Ende des Trainings verteilten die Kindergarten- und Vorschulkinder die Bilder gleichmäßig auf alle Umschläge. Sie konnten sich plötzlich vorstellen, dass sich alle Kinder über Klebebilder freuen und nicht nur ihre besten Freunde. Das sind ermutigende Ergebnisse, die zeigen, dass Mitgefühl und Selbstmitgefühl einübbar sind und sich dadurch soziale, teilweise sogar politische Einstellungen verändern lassen. Was ein solches Training für positive Einflüsse haben könnte, wenn man sie in Schulen oder Kindergärten durchführen würde, kann man sich ausmalen. Kinder sind – bis auf wenige Ausnahmen – offensichtlich sehr zugänglich für Mitgefühl und Selbstmitgefühl.

Es soll hier allerdings nicht verschwiegen werden, dass die Forschung sich bis heute nicht einig ist, ob Mitgefühlstraining bei allen Menschen und vor allem bei allen

Erwachsenen wirkt. Der Einsatz solcher Gruppentrainings bei jugendlichen oder rechtsextremen Gewalttätern ist beispielsweise umstritten, weil nicht klar ist, wo die Grenze der Wirksamkeit verläuft. Manche Menschen sind so sehr von sich selbst und ihren Gefühlen abgekoppelt, dass es ihnen nicht möglich ist, Mitgefühl überhaupt zu spüren oder zuzulassen. Andere sind ideologisch derart verblendet, dass sie viele Mitmenschen nicht mehr als gleichrangig sehen. Es geht also, wie schon einige Mal in diesem Buch erwähnt, darum, zu erkennen, dass sich zwar nicht jeder Mensch durch Mitgefühlsübungen, Selbstreflexion etc. von Gewalt oder Hass abbringen lässt, dass die Mehrheit der Menschen aber dennoch berührbar ist und sich durch einen bewussteren und liebevolleren Zugang zur eigenen Seele auf Dauer verändert.

Wie kann man Mitgefühl und Selbstmitgefühl lernen? Wer sich selbst oder eine Gruppe in Mitgefühl und Selbstmitgefühl schulen will, kann auf bewährte Instrumente zurückgreifen. Es gibt Trainingselemente, Selbsthilfebücher und Selbstlerntrainings zu diesem Thema. Empfehlenswert ist das Buch »Mitfühlend leben: Mit Selbst-Mitgefühl und Achtsamkeit die seelische Gesundheit stärken: Mindfulness-Based Compassionate Living«. Die niederländischen Autoren Frits Koster und Erik van den Brink gehören zu den europäischen Experten auf diesem Gebiet und gehen das Thema sehr sachlich und klar an.

2. Meditation, Achtsamkeit und Aufmerksamkeit für die Welt

Der Psychotherapeut Viktor E. Frankl hat einmal gesagt: »Zwischen Reiz und Reaktion liegt ein Raum. In diesem Raum liegt unsere Macht zur Wahl unserer Reaktion. In unserer Reaktion liegen unsere Entwicklung und unsere Freiheit.« Was Frankl hier formuliert, beschreibt wie unter einem Brennglas betrachtet den heilsamen Prozess, der sich abspielt, wenn Menschen sich in Achtsamkeit, Meditation oder auch anderen Techniken der Konzentration auf sich selbst und auf den Augenblick beschäftigen. Dazu ein paar ausführende Sätze: Es geht in allen Formen der Meditation und Achtsamkeit immer darum, den Augenblick bewusst wahrzunehmen und zu verstehen, dass es nichts gibt außer dem Moment. Dazu kommt, dass man im achtsamen Modus immer auch die eigenen Körperempfindungen, Gedanken und Gefühle bewusst wahrnimmt, ihnen aber nicht unbedingt zwingend nachgeht oder sie überhaupt ernst nimmt. Die Leitsätze »Du hast Gedanken, aber du bist nicht deine Gedanken« oder auch »Du hast Gefühle, aber du bist nicht deine Gefühle« verdeutlichen diese innere Distanz, die genau den Freiraum vergrößert, über den Viktor Frankl spricht: Der »Reiz«, also der Gedanke, das Gefühl, eine Empfindung oder auch etwas, das von außen kommt, wird registriert. Dann aber entscheidet man bewusst, ob man darauf anspringt oder nicht, ob man dem weiter folgen will oder nicht. Die Haltung, aus der heraus man sich selbst in der Meditation, beim Praktizieren von Achtsamkeit oder beim Yoga betrachtet, wird manchmal auch als »innerer Beobachter« bezeichnet. Die Möglichkeit, von außen auf sich selbst zu schauen, ist dabei nicht nur eine Chance, Impulse, Gedanken oder Gefühle, die man hat, zu hinterfragen, sie ist letztlich die Mutter der Selbstreflexion.

Jede regelmäßig praktizierte Technik, mit der man sich darin schult, mehr im Augenblick zu leben, die eigenen Gefühle und Gedanken schlicht wahrzunehmen und stehen zu lassen, wie sie sind, helfen auch dabei, zu einer Art inneren Gelassenheit zu kommen und Gefühlen von Unruhe, Angst, Wut oder Aufregung stoischer und kritischer zu begegnen. Gefühlsregulation und Gefühlsreflexion werden uns leichter fallen und jeder, der sich in Achtsamkeit und ähnlichen Techniken übt, wird besser mit seinen aufsteigenden Emotionen zurechtkommen und sie nicht mehr länger als handlungsleitend sehen. All das hilft dabei, sich von Gefühlen nicht verunsichern zu lassen, sie ruhiger anzunehmen und so das Standing im eigenen Leben zu erhöhen.

An dieser Stelle sei nun noch einmal daran erinnert, dass eines der wichtigsten Gefühle, die heute viele Menschen zum Rechtsruck und zur Radikalisierung führen, der subjektive Kontrollverlust, also eine tief empfundene Unsicherheit, ist. Im Kapitel zum Thema Emotionen wurde beschrieben, dass eine Panik- und Furchtempfindung im eigenen Leben häufig die Folge der subjektiven Einschätzung ist, heute in »unsicheren« und damit konkret bedrohlichen Zeiten zu leben. Wer dagegen die politischen und gesellschaftlichen Tatsachen nicht als »unsicher«, sondern als »ungewiss« ansieht – also die Lage neutraler und weniger emotional betrachtet –, der wird auch die Verunsicherung und Panik letztlich nicht so stark empfinden. Achtsamkeit, meditative Techniken, Bewusstheit und eine Auseinandersetzung mit sich selbst können folglich helfen, die »ungewissen Zeiten« eher als solche stehen zu lassen und sich zu fragen, »wie gehe ich mit der Situation um, was folgt für mich persönlich daraus«, statt sich von Panik, Angst und Hass treiben zu lassen.

Es sei aber auch noch einmal klargestellt, dass es hier nicht darum geht, Menschen einfach zum »Meditieren« zu bringen, damit sie darüber das Leid oder die Missstände der Welt vergessen und permanent zufrieden sind. Hier geht es eher darum, sich nicht von der eigenen Empörung, Angst, Hass, Panik einfangen zu lassen und gegenüber politischen Haltungen und Einstellungen ein wenig mehr Nüchternheit und Sachlichkeit zu entwickeln. Das wird durch Meditation oder Selbstreflexion viel eher möglich.

Die Verantwortung für die eigenen Gefühle und Gedanken steigt zudem, wenn man sich mit ihnen aktiv beschäftigt. Die Fragen »Wo kann ich etwas ändern? Wo kann ich nichts machen?« sind daher ebenfalls eng mit der meditativen Haltung von Achtsamkeit verbunden. So bekommen Menschen, die sich mit sich selbst beschäftigen, ein besseres Gefühl für ihre Einflussmöglichkeiten und für ihre Grenzen. Einflussmöglichkeiten in der aktuellen gesellschaftlichen Lage sind beispielsweise: einer Partei betreten, bei kommunalen Projekten mitwirken, mit Rechten reden, sich selbst in der Flüchtlingsarbeit engagieren, sich im eigenen Beruf dafür einsetzen, dass die Menschen nicht in autoritären Atmosphären arbeiten müssen, sondern Wertschätzung und Freiheitsgrade erfahren. Dies ist nur eine ganz lose Aufzählung, die zeigt, was man alles tun kann, wenn man ein wenig abgeklärt auf die politische Lage schaut und sich nicht permanent voller Hass oder Angst empört.

Nachfolgend noch ein weiterer Punkt, der sehr dafür spricht, dass Achtsamkeit, Meditation und andere Techniken, mit denen man sich sammeln und nach innen schauen kann, auch ein wenig auf die Welt zurückwirken: Je häufiger man aufmerksam und bewusst ist, je genauer man alles sieht, desto sorgsamer geht man mit sich selbst, mit dem Alltäglichen, mit dem eigenen Leid, mit Mitmenschen, mit dem Leid anderer, mit News und Fake-News, mit der Natur und schließlich mit der Welt um. Eine seelenvolle Verbindung zur Welt führt außerdem dazu, dass man sich prinzipiell mit allem verbunden fühlt und sich dadurch von Spaltungen und Polarisierung nicht mehr so stark vereinnahmen lässt.

Auch hier existiert indirekt eine Verbindung zu dem, was wir momentan beim Rechtsruck erleben. Die Arroganz verschiedener sozialer Gruppen gegenüber anderen sozialen Gruppen (Stichwort: »Wir sind anders, aber besser«) ist nicht mehr so leicht möglich, wenn man sich mit vielen unterschiedlichen Menschen tatsächlich verbunden fühlt. Auch die Spaltung, die von rechtspopulistischen Parteien vorangetrieben wird, sei es durch das Feindbild der »Fremden« oder durch das Schlagwort »Elite versus Volk«, wird man weder so stark empfinden noch akzeptieren, wenn man eine Verbindung mit anderen Menschen und der Welt grundsätzlich spürt und ernst nimmt. Wieder gilt auch hier: Verbindung zu spüren ist nicht der letzte Schritt. Es ist der Anfang. Aber ein sehr wichtiger.

Wie kann man Achtsamkeit lernen? Verschiedene Kurse zum Thema MBSR, also »Mindfulness-Based Stress Reduction«, werden überall angeboten. Darüber hinaus helfen vielfältige Meditations- und Atemtechniken oder Yoga dabei, etwas mehr bei sich selbst anzukommen und die eigene Reflexions- und Differenzierungsfähigkeit zu steigern.

3. Die eigenen Schattenseiten kennen

Ein weiterer wichtiger Faktor, der nicht nur das eigene Leben verändert, sondern auch indirekt Auswirkungen darauf hat, wie man sich zu politischen und gesellschaftlichen Themen positioniert, ist schlicht, sich selbst mit allen negativen und düsteren Seiten zu kennen. Eine solche Kenntnis erfordert nicht zwingend eine Psychotherapie, allerdings eine hohe Bereitschaft, sich selbst zu beobachten und auch ehrlich mit sich zu sein. In der Psychotherapie-Ausbildung ist häufig zu hören: »Wenn du ein guter Therapeut werden willst, dann musst du jede menschliche Schattenseite in dir zumindest in Teilen wiederfinden. Du musst wissen, dass alle Gefühle wie Neid, Hass, Unzufriedenheit, Eitelkeit, Geiz, Mordlust, Geilheit und so weiter in jedem anklingen können und in jedem vorhanden sind.« Der Hintergrund dieser etwas seltsam anmutenden Forderung ist die Annahme, dass jeder Mensch alle Gefühle und menschlichen Impulse in sich trägt, auch wenn sie schwach oder wenig handlungsleitend sind. Zu wissen, dass sie da sind und auch da sein dürfen, hilft aber, sich der Welt und anderen Menschen zu stellen. Das zu begreifen nützt jedoch nicht nur angehenden Psychotherapeuten, sondern letztlich jedem Menschen. Denn negative Gefühle oder Schwächen bei sich selbst zu kennen führt einerseits dazu, dass man sie nicht mehr komplett unreflektiert nach außen weitergibt und auf andere lenkt und dass man andererseits gelassener akzeptiert, dass durchaus niedere Impulse in uns stecken.

Warum diese Kenntnis des eigenen Schattens, wie es Psychologen oft nennen, so wichtig ist, erklärt die Psychoanalytikerin Verena Kast in einem Interview mit der Zeitschrift »Flow«. Sie sagt: »Egal ob es sich bei den Eigenschaften im Schatten um Faulheit, Wut oder Geiz handelt, diese Seiten sind ja da, gehören dazu. Wer das weiß und deshalb nicht allzu viele Facetten von sich unter Verschluss hält oder abspaltet, fühlt sich gesünder und lebendiger.« Dazu kommt ein wichtiger äußerer Aspekt: Die Selbstreflexion rund um unsere eigenen Schattenseiten stabilisiert nicht nur persönlich, sondern verändert auch den Blick auf die Welt. Dazu noch einmal Verena Kast: »Selbstreflexion ist sehr wichtig, ja. Sonst laufen wir Gefahr, zu projizieren, also den eigenen Schatten auf andere zu lenken. Dann sage ich: Geizig bin nicht ich, das sind die anderen. Gierig bin nicht ich, das sind die anderen. Wenn man auf Partner oder Freunde projiziert, dann kann das ja noch in Frage gestellt werden. Aber wenn ich einfach sage ›Die Fremden sind gierig, die Fremden sind gewalttätig‹, dann gibt es niemanden, der mir widersprechen kann. Wenn man dieses Gefühl dann noch in einer Gruppe teilt, fühlt man sich damit sehr sicher und im Recht.« Diese Beschreibung zeigt: Wer seinen eigenen Schatten nicht kennt, der muss diese inneren Facetten auf andere lenken. Sie bei sich selbst überhaupt wahrzunehmen, ist zu bedrohlich oder ehrenrührig. Die »Abspaltung« von inneren Anteilen treibt also wiederum die vielfach erwähnte »Spaltung« in der äußeren Welt und in der Gesellschaft voran.

Wer sich selbst nicht kennt, muss letztlich alles Fremde hassen. Wer sich selbst und seine Schattengefühle nicht kennt, projiziert sie auf andere. Es ist daher hilfreich, wenn jeder seine eigenen Schattenseiten ein wenig mehr betrachtet. Wie das geht? Laut Verena Kast hilft es beispielsweise, nicht nur um sich selbst zu kreisen, sondern auch andere Menschen, denen man vertraut, zu fragen, was diese an einem als Schatten wahrnehmen, was sie problematisch finden oder als einen »blinden Fleck« ansehen. Auch Träume, die etwa sehr gewalttätig sind, in denen man andere abwertet oder in denen man selbst große Angst hat, offenbaren mitunter Gefühle, die man im Alltag abwehrt oder nicht an sich wahrnimmt. Oft hilft es auch, sich mit anderen über generell tabuisierte Gefühle auszutauschen. Ein Beispiel hierfür wäre eine Gruppe von jungen Müttern, die alle am Limit sind und deshalb auch schon mal aggressive Gefühle gegenüber ihren eigenen Kindern spüren. »Manchmal könnte ich mein Kind an die Wand klatschen!« Mit einem solchen Satz bekommt die Mutter Gelegenheit, ihrer Wut auf das eigene Kind Luft zu machen, und die anderen stimmen sicherlich zu. Daraufhin sprechen alle über ihre Wut, werden sich ihrer aber auch immer bewusster und können sich in Zukunft viel besser auf negative Gefühle einstellen. Nicht selten sagt eine Person in dem Kreis auch etwas Lösungsorientiertes, z.B.: »Wenn ich so richtig sauer bin, gehe ich lieber eine Runde spazieren, bevor ich gewalttätig werde.« Das ist ein offener Umgang mit Aggression, Hass und Gewaltimpulsen, der sein darf und weiterhilft.

Der Bezug zum aktuellen Rechtsruck liegt hier ebenfalls auf der Hand: Das Wissen um den eigenen Hass, die eigenen Wutimpulse, um Schattenseiten wie Neid und Gier hilft dabei, diese mit sich zu tragen und mit ihnen umzugehen, statt sie permanent blind auszuleben oder eben auch – wie oben beschrieben – auf andere zu projizieren. Genauso gut kann man sagen: Wer seinen eigenen Hass kennt und wahrnimmt, sich vielleicht sogar vor sich selbst erschreckt, der muss ihn nicht immer weiter aktiv vor sich hertragen. Und wer seinen Hass kennt, der muss auch nicht permanent andere Gruppen beschuldigen, die Hasserfüllten, die Aggressiven, die Gefährlichen zu sein. Das gilt übrigens nicht nur für Freunde der AfD, die auf Flüchtlinge oder »die Elite« schimpfen und diese als gefährlich und gierig bezeichnen. Das gilt auch für alle, die den aktuellen Rechtsruck immer wieder komplett in »den Osten« schieben wollen und sagen, dass allein dort das Problem liegt. Nein, nicht nur dort, sondern auch vor der eigenen Haustür spielen sich Aggression, Hass und Wut ab. Und im eigenen Kopf. Das gilt es anzuerkennen.

4. Tiefgang: Familiäre Prägungen und Verstrickungen erkennen

Selbstreflexion, Selbstbewusstsein und eine Nähe zu sich sind also durch meditative und psychologische Übungen und Techniken zu erreichen, helfen nicht nur, das eigene Innenleben besser zu verstehen, sondern auch die Welt und die Gesellschaft differenzierter zu sehen und ihr anders entgegenzutreten. Solche Techniken kann jeder pflegen. Sie helfen vor allem, den eigenen Gedanken, Gefühlen und Bewertungen klarer, ruhiger und klüger zu begegnen.

In einem Kapitel, in dem es um Selbstreflexion geht und letztlich auch um die Frage, welche privaten, persönlichen und psychologischen Prozesse dabei helfen, den Rechtsruck in der Gesellschaft zu verstehen oder ihn eventuell sogar ein wenig zu reduzieren, darf aber auch der Blick in die eigene Familiengeschichte nicht fehlen. Denn eins ist klar: Die Familie ist der Ort, wo politische und gesellschaftliche Einstellungen und Gesinnungen maßgeblich geprägt werden. Die Familie bildet über mehrere Generationen ab, welchen historischen und gesellschaftlichen Einflüssen Menschen jeweils ausgesetzt waren.

Das Eingangsbeispiel in diesem Kapitel mag veranschaulichen, worum es geht: Hier ging es um Ralf, den Teilnehmer einer Psychotherapiegruppe, der im Laufe einer therapeutischen Arbeit bemerkt, dass er extrem von den Einstellungen sowohl seines bereits toten Großvaters, der dem Nazi-Regime anhing, als auch seines eigenen strengen Vaters mitgeprägt wurde. Ralf lernt durch die therapeutische Arbeit zu sehen, dass seine eigene Familie sehr autoritär eingestellt ist und sehr viel Härte und Kälte vermittelte. Dies hat ihn zwar nicht zu einem Rechtsextremen gemacht, es hat ihn aber durchaus so stark geprägt, dass er sein Leben nach autoritären Prinzipien gestaltet, ohne es zu wissen. In der Therapie lernt er, diese Dynamik aufzubrechen. Doch es passiert auch noch – eher als eine Art Nebenwirkung – etwas anderes: Familientherapeutische Prozesse wecken in Menschen generell eine gewisse Aufmerksamkeit und Bewusstheit für die Verbindung der persönlichen Geschichte mit historischen, politischen und gesellschaftlichen Atmosphären und Ereignissen. Hat man eine enge und positive Bindung an die eigene Familie, kann auf diese Weise auch der Impuls entstehen, Auseinandersetzungen zu führen, Brüche, Probleme oder historische Prägungen zu diskutieren oder zu bereden. Manche Menschen berichten jedenfalls, dass ihre Einsichten aus Psychotherapien, von denen sie einen Teil in der eigenen Familie besprachen, manchmal große Wirkung hatten und Stimmungen oder alte Prägungen generell ein wenig veränderten.

Die Sängerin Stefanie Kloß, Frontfrau der Band Silbermond, die aus Bautzen in Ost-Sachsen stammt, drückt diese Zusammenhänge in ihrem Song »Mein Osten« folgendermaßen aus: »Risse gehen durch Familien, und ein Riss geht auch durch mich. Denn ich weiß, mit Mittelfingern lösen wir dieses Problem hier nicht. Wir werden reden müssen, streiten, um Kompromisse ringen müssen und so weiter. Aber was nicht hilft, sind wir uns da einig? Ideen von 1933.« Hier ruft Kloß im Prinzip dazu auf, die Familie mit in den Blick zu nehmen, wenn es um den Rechtsruck geht. Fragen, die damit einhergehen könnten, sind zum Beispiel: Wer in meiner Familie ist autoritär gestrickt? Wer in meiner Familie steht für Härte und »militärische« Ideale? Wer in meiner Familie ist verbittert und von der Demokratie enttäuscht und warum? Was hat meine Familie in vorhergehenden Generationen geprägt? Wo waren unsere Leute in der NS-Zeit? Und: Was hat das alles mit mir zu tun?

Die Auswahl der Fragen zeigt bereits, dass man eine solche Reflexion dazu nutzen kann, in einen Dialog zu treten und, wie im letzten Kapitel beschrieben, zu reden, sich auseinanderzusetzen und so »nach außen zu gehen«. Es kann aber auch ein Weg sein, sich selbst stärker und kritischer zu fragen, was für eine familiäre Prägung man über Generationen mitbekommen hat und was die Einstellungen der Menschen im eigenen Umfeld mit einem zu tun haben.

Wer sich traut und wer sich dafür interessiert, begibt sich bewusst in die Tiefe der eigenen Familiengeschichte und kann dort schauen, welche Prägungen in der Vergangenheit wichtig waren und wie die eigene Familie die NS-Zeit gesehen und verbracht hat.

Hierzu ein kurzer Exkurs: Seit etwa fünfzehn Jahren spricht man nicht nur unter Psychotherapeuten und Trauma-Therapeuten, sondern auch in den Publikumsmedien verstärkt über so genannte »transgenerationale Prozesse«. Es handelt sich hier um Traumata, Schuldgefühle, Ängste, Täter-Aggressionen oder andere starke Prägungen, die Familienmitglieder vorangegangener Generationen erlebt haben und die sich auf die Psyche der Kinder und Kindeskinder auswirken. Bekannt geworden sind diese Prozesse zunächst bei den Kindern und Enkeln von Holocaust-Überlebenden, die häufig entsetzliche Albträume und existenzielle Ängste vor Vernichtung erlebten und mit dieser Symptomatik auch in Psychotherapien auftauchten. Dies kam so häufig vor, dass man heute von einem »Überlebenden-Syndrom« spricht. Auch in Bezug auf die Nachkommen von NS-Tätern gibt es Studien und Fallschilderungen, die darlegen, dass es für die Psychotherapie ausgesprochen relevant ist, die Schuldverstrickungen und destruktiven Haltungen der Täter-Eltern oder -Großeltern zu bearbeiten. Wie die transgenerationalen Prägungen wirken, ist nicht hinreichend geklärt. Als gesichert gilt, dass hier Interaktionsprozesse mit Eltern und Großeltern eine Rolle spielen. Aber auch eine Art unbewusste »Gefühlserbschaft« wird von Psychoanalytikern oft festgestellt, das heißt, nachfolgende Generationen erben Gefühle wie Angst, Schmerz, Hass oder Trauer. Die »Erbschaft« ist nicht als eine Eins-zu-eins-Übertragung zu verstehen, sondern als eine Weitergabe bestimmter Anteile. Dass solche transgenerationalen Spuren mittlerweile auch im Genom nachweisbar sind, dass also etwa Traumata der Holocaust-Überlebenden im Genom ihrer Nachkommen dazu führen, dass bestimmte Gene auf eine typische Weise inaktiv sind, auch dazu gibt es inzwischen anerkannte Studien, mitbegleitet beispielsweise vom Max-Planck-Institut für Psychiatrie in München.

Man kann also sagen, dass es eine über Generationen hinweg anhaltende psychologische Wirkung von dem, was Familien passiert ist, gibt. Vor diesem Hintergrund lohnt es sich doppelt, die eigene Familiengeschichte zu betrachten, so dass man zumindest in Ansätzen versteht, was in den vorangegangenen Generationen passiert ist und welche politische Gesinnung die eigene Familie eigentlich kultiviert hat. Wenn man beispielsweise bedenkt, dass 1933 etwa 3,9 Millionen Deutsche in der NSDAP waren und dass bis 1945 etwa 17 Millionen Männer bei der Wehrmacht gewesen sind, dann kann man davon ausgehen, dass in vielen Familien hierzulande auch eine Geschichte von Gewalt, Täterschaft, Verletzung, Mord und Totschlag mitschwingt, die heute, maximal drei bis vier Generationen später, zum Teil immer noch die Familien und ihre Loyalitäten prägt.

Zu den Täterverstrickungen hat die Psychoanalytikerin Angela Moré geforscht. Sie hat herausgefunden, dass es für Täterkinder oder Täterenkel oft wichtig ist, sich aktiv in Psychotherapien mit Schuldfragen und destruktiven Prägungen auseinanderzusetzen, so dass man sich im eigenen Handeln von dem abgrenzen und absetzen kann, was in der eigenen Familie vorgelebt wurde, und sich dennoch einer gewissen Verantwortung stellt. Die Auseinandersetzung mit der Täterschaft und Schuld führt jedenfalls oft dazu, dass Menschen sowohl ihre Abwehrhaltung (»Bei uns war alles in Ordnung«) hinter sich lassen als auch freier von den gewalttätigen familiären Einflüssen werden. Aggression, Hass oder Wut wirken dann nicht mehr so stark.

Auch in Bezug auf Kriegstraumata wie Flucht und Vertreibung oder auf Täter- und Opfergeschichten im SED-Staat gibt es solche über die Generationen hinweg weitergegebenen Prägungen und Verstrickungen. Die Wirkung im Detail zu erklären würde hier den Rahmen sprengen. Allerdings kann man sagen, dass Kinder und Kindeskinder häufig unbewusst loyal ihren Eltern und Großeltern gegenüber sind. Das kann dazu führen, dass sie von den Gräueltaten der Nationalsozialisten unterschwellig nichts wissen wollen oder alles abwehren, was mit dem Thema Schuld in der NS-Zeit oder Schuld in der DDR-Diktatur zusammenhängt. Wer von sich also das Gefühl hat, dass in der eigenen Familie Verstrickungen bestehen, für den lohnt sich die Auseinandersetzung sehr – übrigens ganz unabhängig davon, welche politische Einstellung man hat.

Innenleben und Außenleben: Beide sind wichtig

In diesem Kapitel wurden vier Möglichkeiten gezeigt, wie sich die eigene Haltung verändern lässt. Wie man die Auseinandersetzung mit dem eigenen Innenleben dafür einsetzen kann, auch in der Außenwelt Dinge klarer zu sehen, nicht so stark auf Hass und Aggression anzusprechen oder deutlicher zu fühlen, dass alle Menschen schon dadurch miteinander verbunden sind, dass sie Menschen sind, dass sie leiden, dass sie Probleme haben. Die Sichtweise, dass innere Prozesse auch die äußere Welt verändern, mutet vor allem jenen Menschen fremd an, die sehr kämpferisch, extrovertiert, faktenorientiert oder politisch sehr engagiert sind. Aus einer psychologischen Sicht ist es jedoch wichtig, gelegentlich zu betonen, dass beide Ansätze – innen und außen – bedeutsam sind. Und die Betonung des »inneren Pols« ist vielleicht auch deshalb sinnvoll, weil er in politischen, gesellschaftlichen und konkreten Fragen oft unterschätzt wird. Um es mit den Worten von Verena Kast zu sagen: »Wir vernachlässigen die Verbindung zwischen innen und außen, zwischen Seele und Welt. Es gibt heute ein Ungleichgewicht, auf Äußerlichkeiten wird sehr viel Wert gelegt. Wir probieren, die richtigen Sachen zur richtigen Zeit zu machen, leisten so viel wir können. Die Innenwelt, die Seele, wird dagegen oft verleugnet.«

Die Vorschläge und Ansätze, die in diesem Kapitel vorgestellt wurden, stellen deshalb auch eine Aufforderung dar, dem »inneren Pol« und seiner Wirksamkeit ein wenig zu vertrauen. Das nachfolgende letzte und sehr kurze Kapitel bietet abschließend noch einmal einige praktische Tipps für alle, die aktiv selbst etwas tun wollen und die mit praktischen, psychologischen, gesellschaftsprägenden und kommunikativen Mitteln dem Rechtsruck etwas entgegensetzen wollen.

ZUSAMMENFASSUNG: Was ist wichtig?

Einen achtsamen oder freundlichen Umgang mit sich selbst kann man einüben. Durch Techniken wie Meditation, Yoga oder durch verschiedene Arten der Psychotherapie lernen Menschen, Mitgefühl mit sich selbst zu entwickeln. Das kann dabei helfen, auch Empathie für andere Menschen zu entwickeln und freundlicher, aktiver und mit mehr Klarheit in der Welt zu stehen. **Was folgt daraus?** Wenn Sie autoritäre Muster bei sich selbst oder in der Gesellschaft auflösen wollen, können Sie dazu etwas beitragen, indem Sie sich mehr mit sich selbst auseinandersetzen und Ihren eigenen Schwächen, Schattenseiten und Niederlagen mit Wohlwollen statt mit Unerbittlichkeit begegnen. Diese Sicht kann man dann bewusst auf andere Menschen übertragen.

Selbsterkenntnis und Selbstreflexion sind wichtig, um Emotionen wie Hass, Neid oder Panik bei sich selbst zu erkennen und einzuordnen. Die Reflexion der eigenen Prägungen, Gedanken, Bewertungen und Gefühle führt nicht nur dazu, dass man sich besser kennt, sondern auch dazu, dass man für die eigenen Emotionen eine gewisse Verantwortung übernimmt bzw. auch Techniken lernen kann, wie man sie so wahrnimmt, dass sie nicht zwingend handlungsleitend werden. **Was folgt daraus?** Selbsterkenntnis, Selbstbewusstsein und Kenntnis der eigenen Schwächen machen uns nicht nur zu einem wissenderen, sondern auch oft zu einem gelasseneren Menschen. Auch das könnte hilfreich sein.

Transgenerationale Prozesse, also die Weitergabe von »Gefühlserbschaften« in der Familiengeschichte, sind in den letzten Jahren häufiger in der Diskussion – und sie sind relevant. Es gilt als belegt, dass die eigene Familie zum

Teil über mehrere Generationen Einfluss auf Emotionen, Lebensentscheidungen oder politische Einstellungen nehmen kann. In Bezug auf die NS-Zeit gilt: Nicht nur Traumata, sondern auch Täterschaft, Gräueltaten oder eine Agenda als »glühender Nazi«, die man Mitgliedern der eigenen Familie zuordnen muss, wirken weiter auf die Folgegenerationen. **Was folgt daraus?** Es lohnt, sich bewusst zu machen, wo Urgroßeltern, Großeltern und Eltern politisch standen oder stehen, welche Positionen und Haltungen sie während der NS-Zeit und danach in der BRD oder in der DDR eingenommen haben und dass dies auch Einfluss auf einen selbst genommen hat. Wichtig: Man kann die Verstrickungen lösen und sich von unbewussten Prägungen distanzieren – dazu muss man sie aber kennen.

Innerlichkeit – Viele Rechte hassen sie

An dieser Stelle soll als eine Art sozialwissenschaftliche Fußnote noch erwähnt werden, was bereits Adorno in seinen »Studien zum autoritären Charakter« beschrieben hat, nämlich dass Menschen, die sehr autoritär eingestellt sind, sich zu faschistischen oder rechtsradikalen Ideen hingezogen fühlen, auch häufig einer bestimmten Form von Innerlichkeit, Sensibilität und Introvertiertheit misstrauen oder diese sogar ganz ablehnen. Die entsprechende Dimension auf der F-Skala zum autoritären Charakter hieß damals »Anti-Intrazeption« und wird beschrieben als eine Angst vor allem, was von innen kommt, und als ein tiefes Unbehagen gegenüber allem Schwachen, Ungreifbaren und Seelischen. Auf der F-Skala wurde dies mit der Aussage abgefragt: »Der Geschäftsmann und der Fabrikant sind viel wichtiger für die Gesellschaft als der Künstler und der Professor.« Es mag ein Zufall sein, doch auch Donald Trump misstraut den Geisteswissenschaften und hat bereits im Jahr 2017 große Fördertöpfe in Millionenhöhe für die entsprechenden Fächer gestrichen. Auch über einige Politikerinnen und Politiker der AfD liest man immer wieder, dass sie bestimmte Arten der Kultur- und Wissenschaftsförderung nebensächlich finden und streichen oder kürzen wollen. Vermutlich werden Intrazeption und Innenschau von Populisten, Agitatoren und radikalen Rechten aus guten Gründen gefürchtet: Denn wer sich selbst gut kennt, braucht keine autoritären Strukturen.

**KAPITEL ZEHN:
FÜR JEDEN TAG, FÜR JEDES JAHR**

....

Kann man die Erkenntnisse aus diesem Buch auch praktisch und jeden Tag umsetzen? Zum Teil ja.

Dieses letzte Kapitel bietet eine Liste mit 40 Ansatzpunkten gegen den Rechtsruck bzw. für eine Gesellschaft, in der autoritäre Impulse und Dynamiken und Agitation von rechts weniger Chancen haben.

> »*Egal wie man's macht, es ist immer falsch, dachte er, und darin schien ihm in dieser fremden Welt ein entscheidender Punkt zu liegen, das ist immerhin mal ein Ansatz, dachte er, vielleicht kann man darüber ja am Wochenende mal in Ruhe nachdenken.*«
> Sven Regener, Schriftsteller, aus »Neue Vahr Süd«, 2004

Das Leben ist unübersichtlich. Dinge, die wichtig sind, die man sich eigentlich vorgenommen hat, rutschen einem oft immer wieder von der Liste. Der aktuelle Rechtsruck in Deutschland und Europa macht sehr vielen Menschen Sorgen. Sie wollen etwas verändern und tun es auch. Doch gerade, wenn man jahrelang nur sehr sporadisch politisch aktiv gewesen ist, fehlt einem häufig ein konkreter Ansatzpunkt, um anzufangen.

Deshalb gibt es nun eine Liste, was jeder Einzelne zum Teil einmalig, zum Teil langfristig, zum Teil täglich tun kann, um dem Rechtsruck etwas entgegenzusetzen. Da dieses Buch die psychologischen Ursachen und die emotionalen und gesellschaftlichen Katalysatoren des Rechtsrucks beleuchtet, nimmt die Liste auf diese Dimensionen natürlich besonders Rücksicht. Wichtig ist, dass hier – ausgehend von der Konzeption des Buches – zum einen innere, psychologische Ansatzpunkte für Veränderung genannt werden, zum anderen aber auch Veränderungsmöglichkeiten im äußeren Leben und praktische Tipps für politisches Engagement dargelegt werden. Bitte beachten Sie: Die Reihenfolge der Tipps und Anregungen spiegelt keine Rangordnung wider. Suchen Sie sich insgesamt zwei oder drei heraus, die Ihnen im Moment am ehesten zusagen, und verfolgen Sie diese über einige Zeit.

1. Verändern Sie Ihre Sicht auf das Problem Rechtsruck.
Nicht nur im Osten, nicht nur von den so genannten Abgehängten und Menschen mit wenig Geld werden Rechtspopulisten gewählt und rechte Einstellungen vertreten. Versuchen Sie ein Gefühl dafür zu bekommen, an welchen Stellen Menschen aus Ihrem Umfeld autoritär und undemokratisch denken, reden und handeln. Beobachten Sie einfach nur. Sie müssen noch nichts tun.

2. Erkennen Sie autoritäre Wünsche und Impulse in Ihrem Umfeld.
Möchten Menschen sich anpassen und geführt werden? Vertreten sie die Idee, dass Schwächere, Unangepasste oder »Andere« irgendwie bestraft oder zumindest in Schach gehalten werden sollten? Sensibilisieren Sie sich für autoritäre Sprüche und Haltungen. Wenn Sie möchten, setzen Sie anderen etwas entgegen und sagen Sie, dass Sie die Dinge anders sehen. Dies ist noch keine »politische Diskussion«. Hier geht es schlicht um innere Einstellungen zu Anpassung, Gehorsam, Konformität und Strafe.

3. Erkennen Sie eigene autoritäre Impulse.
»Die Leute hier sollen arbeiten gehen, statt mich anzuschnorren?« »Wie kann es sein, dass die Kollegin permanent in Urlaub fährt, wo sie doch so schlampig arbeitet?« Eigene autoritäre Dynamiken erkennt man oft daran, dass man aggressiv auf Menschen reagiert, die es irgendwie besser zu haben scheinen, obwohl sie vermeintlich weniger tun oder sich Freiheiten herausnehmen, die man selbst in dem Moment nicht besitzt. Versuchen Sie, diese Impulse als Anlass zu nehmen, sich selbst etwas Gutes zu tun, auszuruhen, sich Freiheiten zu gönnen. Das reduziert die Wut auf andere und lässt freiere Anteile wieder aufleben.

4. Nutzen Sie Gestaltungsmacht konstruktiv, wenn Sie diese haben.
Sind Sie Chefin, Behörden- oder Filialleiterin, Lehrer, Erzieher oder Ärztin? Wenn Sie beruflich viel mit anderen Menschen umgehen, deren Vorgesetzte sind oder generell Autorität oder Gestaltungsmacht haben, überlegen Sie sich, wie es Ihnen gelingen kann, demokratische Impulse und Ideen, Mitspracherecht, Spielräume für Mitarbeiter, Respekt für Schüler, Kundinnen oder Patienten zu gewähren. Überlegen Sie einmal im Stillen: Ist das, was ich alltäglich in meinem Beruf lebe, eine Haltung, die Menschen freier, demokratischer und liberaler macht? Oder fordere ich im Gegenteil, dass andere gehorsam, rigide, aufopfernd und übermäßig angepasst sind? Überlegen Sie dann, welche Kleinigkeiten Sie ändern könnten, damit ein Gegenüber mehr Anerkennung, Wertschätzung und Freiraum bekommt.

5. Gestehen Sie Ihren Kindern (und auch anderen Menschen) zu, dass diese Schwächen haben dürfen und dass sie sich nach eigenen Bedürfnissen und Stärken entwickeln können.
Zu viel Leistungsdruck, zu viel Angst, zu wenig Anerkennung und Zeit führen dazu, dass Kinder nicht mehr spüren können, wer sie selbst sind und was sie brauchen. Sie lernen dann nicht mehr, mit sich und anderen gnädig zu sein und bei Niederlagen Mitgefühl mit sich oder anderen zu entwickeln. Achten Sie also darauf, dass Kinder nicht nur »gefördert und gefordert« werden, sondern Zeit für sich haben und ausreichend Genuss, Freude und Freiheit kennenlernen. Das ist wichtig. Wenn Sie keine Kinder haben: Gönnen Sie anderen und sich selbst diese Dinge.

6. Setzen Sie Ihrem eigenen Leistungsanspruch und Ihrer Unerbittlichkeit etwas Gelassenheit und Genuss entgegen.
Ähnlich wie bei den Kindern: Wer immer nur leistet und sich anpasst, bekommt nicht nur schlechte Laune, sondern steckt oft in autoritären Dynamiken fest. Lernen Sie, diese Dynamiken immer mehr zu durchbrechen. Zum Beispiel, indem Sie alte Hobbys reaktivieren, täglich Zeit mit Dingen verbringen, die Ihnen Freude machen, die Sie selbst als schön und erholsam empfinden, und denken Sie auch daran, Zeit für sich ohne Medien zu verbringen.

7. Erkennen Sie Rassismus und eine »Ideologie der Ungleichwertigkeit« und grenzen Sie sich dagegen ab.
Wenn sich jemand rassistisch oder abwertend gegenüber vermeintlich »Fremden« äußert, machen Sie deutlich, wenn Sie sich trauen, dass Sie an dieser Stelle entschieden anderer Meinung sind und diese Bemerkung so nicht stehen lassen können.

8. Snobismus, Aufwertung der eigenen Gruppe, Abwertung von anderen Gruppen sind weit verbreitet. Kommen Sie sich selbst und Ihren eigenen Leuten auf die Schliche.
Arrogant sind immer nur die anderen? Auf keinen Fall. Versuchen Sie zu erkennen, wo Sie oder Menschen, die Ihnen nahe stehen, auch zu Abwertungsmechanismen greifen oder die eigene Blase selbstgerecht für überlegen halten. Versuchen Sie, diese Denkweise kritischer zu sehen als bisher.

9. Setzen Sie Mobbing, Häme, Abwertung, Gehässigkeit etwas entgegen.
Ob beim Kindergartenfest, in der Firma oder bei der Diskussion in sozialen Medien: Beteiligen Sie sich, wenn es geht, nicht an Abwertungen, selbstgerechten Urteilen und gehässigen Zusammenrottungen gegen irgendwelche Schwächeren oder angeblich Fremden – auch wenn es Sie manchmal juckt, das zu tun. Zeigen Sie Haltung und helfen Sie Schwächeren. Im vorpolitischen Raum wirken die gleichen Mechanismen wie bei den politischen Einstellungen. Hier ist es aber manchmal leichter, Haltung zu zeigen, weil nicht gleich alle losdiskutieren.

10. Schließen Sie sich einer Partei oder Initiative an.
Gerade jetzt braucht die Demokratie mehr Stärkung. Positionieren Sie sich deutlicher und reservieren Sie eine Stunde pro Woche für Ihre Art des politischen Engagements.

11. Seien Sie ein Vorbild in der eigenen sozialen Gruppe.
Das Phänomen der sozialen Ansteckung besagt, dass viele Menschen das machen, was auch ihr Nachbar tut. Geht

der Nachbar wählen, tun sie es auch. Engagiert sich der Nachbar oder Freund für Flüchtlinge, tun sie es auch. Zeigen Sie also gerade bei den Menschen, die Ihnen nah sind, dass Sie rechtspopulistische Ansätze, Politikverdrossenheit und Hetze für keine Option halten und es stattdessen wichtig finden, sich in der gegenwärtigen Lage mehr politisch und demokratisch zu engagieren.

12. Sehen Sie Ihre eigene soziale Gruppe mit kritischer Distanz an, wenn diese zu rechtspopulistisch wird.
In bestimmten Gegenden des Landes sind viele Menschen im Augenblick (noch) AfD-Wähler. Falls das in Ihrem Umfeld der Fall ist, überlegen Sie sich, ob Sie Alternativen aufbauen, neue Leute kennenlernen, sich auch mit anderen Menschen vernetzen, die eher so denken, wie Sie es tun. Studien zur sozialen Ansteckung legen nahe, dass auch Menschen, die im Grunde liberal und sozial eingestellt sind, von den populistischen politischen Ansichten ihres Umfelds beeinflusst werden können. Das soll Ihnen nicht passieren? Dann sorgen Sie vor!

13. Lernen Sie Menschen aus allen sozialen Schichten und mit den unterschiedlichsten Lebensgeschichten kennen.
Die Spaltung der Gesellschaft kann nur entstehen, wenn keiner mehr eine Ahnung davon hat, wie Menschen ticken, die andere gesellschaftliche und soziale Erfahrungen gemacht haben, die anderer Herkunft sind, die Unterschiedliches erlebt haben. Wer sich durch verschiedene soziale Milieus hindurch für seine Mitmenschen interessiert und Freundschaften schließt, der stabilisiert die Gesellschaft.

14. Lesen Sie täglich eine überregionale Tageszeitung und nicht nur soziale Medien.
Gute Argumente sind wichtig. Ein Überblick über politische Hintergründe zu haben auch. Wer Tageszeitungen liest, vielleicht auch mehrere große Zeitungen im Wechsel, der lernt verschiedene Perspektiven auf das politische Geschehen kennen und ist gut informiert. So kann man besser mitreden und eher einordnen, wenn Halbwahrheiten oder Fake-News durchs Netz geistern, und kann wieder zielsicherer bewerten, was einfach nur eine »Meinung« und was »Informationen und Fakten« sind.

15. Überdenken Sie Ihre eigenen Empörungsreflexe und zügeln Sie diese ein wenig.
Schon wieder eine Person des öffentlichen Lebens, die einen Shitstorm oder Begeisterungssturm auslöst? Oder eine echte politische Ungerechtigkeit, über die man sich in den sozialen Medien über die Maßen aufregt? Versuchen Sie, Ihre eigenen Empörungsreflexe stärker zu beobachten, und überlegen Sie, wann es lohnt, etwas zu sagen, und wann nicht. Überlegen Sie auch, welcher Ton angebracht ist. Egal ob in den sozialen Netzwerken oder beim Abendessen mit Freunden – die Empörungsgesellschaft kann etwas Abkühlung und Ruhe vertragen. Übrigens: Sie müssen auch nicht zu jedem Thema eine Meinung haben. Es ist okay, manche Sachen unkommentiert zu lassen, besonders dann, wenn man eigentlich keine Ahnung davon hat.

16. Sehen Sie die Welt und die Zukunft als »unsicher« oder als »ungewiss«? Versuchen Sie, Ihre eigene Weltsicht kennenzulernen und gegebenenfalls zu verändern.
Wer die Zukunft als »ungewiss« wahrnimmt, ist vorsichtig

und sucht nach Lösungen, ist aber meist nicht in Panik. Wer die Welt als »unsicher« wahrnimmt, hat häufig handfeste Ängste, die dazu führen, dass man dogmatischer und autoritärer reagiert. Wenn Sie es können: Versuchen Sie zu hinterfragen, ob die Welt, in der Sie persönlich leben, im Augenblick ein Ort ist, an dem man sich fürchten muss. Falls nicht, üben Sie sich in Gelassenheit und Zuversicht. Falls ja, versuchen Sie selbst Dinge zu ändern, so dass Sie sich sicher fühlen. Fragen Sie auch andere im Umfeld, ob diese Panik und Angst haben, z.B. vor Kriminalität oder einem Anschlag, oder eher nicht.

17. Durchschauen Sie Verschwörungstheorien und benennen Sie diese, wenn möglich.
Elvis ist nicht tot? Der Islam überrennt Deutschland? Der 11. September hat gar nicht stattgefunden? Verschwörungstheorien geistern nicht nur durch die sozialen Medien oder werden mündlich erzählt. Viele Menschen glauben daran. Wenn Sie sich sicher sind, dass andere in Ihrem Umfeld verstärkt mit Verschwörungstheorien herumhantieren, weisen Sie Ihr Gegenüber darauf hin. Am besten, wenn keine Zuschauer dabei sind.

18. Erkennen Sie rechte und rechtspopulistische Sprachbilder und ersetzen Sie diese durch positivere Bilder.
Sprechen Sie von »Schutzsuchenden« statt von »Flüchtlingsströmen«. Reden Sie nicht von »Lügenpresse«, sondern, wenn Sie sich ärgern, von »unfähigen Pressevertretern«. Sagen Sie nicht »im Osten«, sondern nennen Sie Bundesländer, um die Polarisierung sprachlich nicht permanent zu stabilisieren. Achten Sie generell darauf, welche sprachlichen Bilder Angst und Schrecken verbrei-

ten oder Feindbilder und Spaltung heraufbeschwören. Werden Sie sprachlich kreativ und suchen Sie eigene Bilder, die weniger Panikmache oder Spaltung befördern.

19. Erkennen Sie die Tricks der Populisten und reden Sie mit Freunden drüber.
»Starke-Mann-Politik ist keine demokratische Politik«, sagt der Journalist Heribert Prantl. Hangeln Sie sich mit dieser Faustregel durch die Tagespolitik und schauen Sie populistischen Politikern auf die Finger. Achten Sie auch auf die schwammigen Provokationen, mit denen sich Populisten wichtigmachen, aber nicht festlegen lassen wollen.

20. Schauen Sie weniger Talkshows.
Um sich zu informieren, wer welche Position vertritt, ist es okay, gelegentlich Talkshows zu gucken. Sie müssen aber nicht sämtlichen TV-Schaukämpfen am Bildschirm beiwohnen, da in einigen Formaten unglaublich viel Wirbel und Agitation betrieben wird. Also: Suchen Sie sich zumindest gut aus, wo Sie reingucken.

21. Lesen Sie Romane und schauen Sie Filme von Autoren und Filmschaffenden aus der ganzen Welt.
Das Leben der anderen. Es ist gut, wenn wir es kennen und einschätzen können. Spielfilme und Literatur helfen, soziale und politische Lebenswirklichkeiten von Menschen weltweit zu sehen und an sich heranzulassen. Und auch andere Weltbilder und Weltwirklichkeiten kennenzulernen, die etwa in China, Kamerun oder Chile prägend sind. Man lernt durch Romane und Filme erwiesenermaßen auch, empathischer mit anderen umzugehen und eher kosmopolitisch auf die Dinge zu sehen.

22. Gehen Sie auf Demonstrationen.
Auf Massenveranstaltungen gegen Rechtspopulismus kann es gefährlich werden? So ist es nicht. Es gibt mittlerweile viele große und friedliche Demos gegen rechts und für eine liberale Flüchtlingspolitik oder Gesellschaft, so dass sich jeder bis in die Details hinein aussuchen kann, welche zur eigenen Ausrichtung passt. Nutzen Sie das Recht auf Versammlung. Die andere Seite tut es auch.

23. Denken Sie sich eine clevere, humorvolle oder etwas abseitige Aktion gegen Rechte oder für eine liberalere Politik im öffentlichen Raum aus.
Strickende Omas gegen die AfD? Ein »Kein-Mensch-ist-illegal«-Transparent im Fußball-Stadion? Ein Musik-Festival für eine Flüchtlingsorganisation? Es gibt viele mögliche, öffentliche Aktionen für eine liberale Gesellschaft, die friedlich und originell sind und die auch Ironie, Humor, Freude und Cleverness ins Thema bringen. Aggressionsdynamiken werden so weniger stark bedient.

24. Reden Sie mit Menschen, die sich rechtspopulistisch äußern, im Sinne der »radikalen Höflichkeit«.
Üben Sie sich darin, in der Sache hart und klar zu diskutieren, aber menschlich fair zu bleiben. Viele Menschen, die sich im Moment rechtspopulistisch äußern, sind noch unsicher bzw. erst seit kurzem verstärkt in diese Richtung unterwegs. Hier lohnen Gespräche oft noch.

25. Lernen Sie zu unterscheiden, mit wem man reden kann und mit wem nicht.
Die Gruppe derer, die sich rechtspopulistisch äußern, ist heterogen und unterschiedlich starr in ihren jeweiligen

Überzeugungen. Finden Sie heraus, mit wem man reden kann und mit wem nicht. Klopft das Gegenüber nur provokante rechte Sprüche, hetzt jemand menschenfeindlich, sind Diskussionen kaum möglich. Das sollte man kennzeichnen – und so stehenlassen.

26. Erkennen Sie eigene Vorurteile, rassistische Überzeugungen und Voreingenommenheit und ändern Sie diese, wenn möglich.
In einer Gesellschaft, in der sich Rassismus strukturell durch alle Lebensbereiche zieht und implizite Vorurteile weit verbreitet sind, neigen sehr viele Menschen – oft sogar unbewusst – zu einer rassistischen Sprache oder zum Teil zu diskriminierenden Ansichten. Bemühen Sie sich, bei sich selbst und bei anderen Menschen in Ihrem Umfeld, die sich selbst ganz bestimmt nicht als Rassisten sehen wollen, solche sprachlichen Rassismen und unbewussten Vorurteile abzubauen und sprachlich zu verändern – freundlich und selbstverständlich. Und: Lassen Sie sich von Menschen, die tagtäglich mit Rassismus Erfahrungen machen, z.B. People of Color, Menschen mit Namen, die nicht »deutsch« klingen, erzählen und erklären, wie es ihnen geht und welches ihre Forderungen sind. Vermeiden Sie Formulierungen, die untragbare Sichtweisen beinhalten.

27. Setzen Sie sich für Organisationen und Parteien ein, die soziale Gerechtigkeit vorantreiben oder die Menschenrechte schützen.
Ärzte ohne Grenzen. Pro Asyl. Amnesty International. Unzählige Organisationen setzen sich seit Jahrzehnten für die Wahrung der Menschenrechte und soziale Gerech-

tigkeit ein. Unterstützen Sie solche Initiativen dauerhaft. Sie schützen die Demokratie.

28. Stützen Sie demokratische Errungenschaften wie Wahlen, selbst wenn Sie das für wenig wirksam halten.
Es gibt gute Argumente für eine gewisse Politikverdrossenheit und Skepsis gegenüber der Wirksamkeit von Wahlen. Momentan ist es aber wichtiger als vielleicht in allen anderen Phasen der Nachkriegsgeschichte, die freien Wahlen zu schützen und sich an ihnen zu beteiligen. Überlegen Sie sich, ob Sie dabei mitmachen wollen und wenn nicht, warum genau.

29. Meditieren Sie. Allein und mit anderen.
Wer innerlich achtsam ist, ist auch äußerlich achtsam. Wer mit sich selbst verbunden ist, kann auch mit der Welt anders verbunden sein. Alle Techniken, die Selbstreflexion und Achtsamkeit fördern, können indirekt dabei helfen, Kommunikation friedlicher, klarer und klüger zu gestalten. Außerdem fühlen wir uns so mit allen Menschen verbundener, was eine Voraussetzung für Solidarität ist.

30. Üben Sie Mitgefühl mit sich selbst und verzeihen Sie sich Schwächen.
Unter »Selbstmitgefühl« versteht man die Fähigkeit, mit sich selbst, den eigenen Schwächen, Schattenseiten und Niederlagen freundlich umzugehen. Diese Freundlichkeit und Anerkennung des eigenen Seins steht im krassen Gegensatz zu einem gnadenlosen Leistungsideal. Wer »Selbstmitgefühl« kultiviert, der kann sich und anderen mehr Anerkennung geben – und zwar genau dort, wo wir uns im Leben gerade befinden. Das brauchen wir.

31. Tun Sie, was Sie tun können.
Jeder hat bestimmte Talente und Stärken. Egal, ob Sie eine gute Rednerin sind, ein besonders soziales Händchen haben oder Sport lieben – probieren Sie in Ihrem Rahmen und in Bezug auf Ihre Talente Dinge zu tun, die das eigene Umfeld sozialer, gerechter, lebenswerter und demokratischer machen. Bauen Sie Feindbilder ab, stellen Sie Kontakt unter verschiedenen sozialen Gruppen her oder bemühen Sie sich um mehr Präzision in aktuellen Diskussionen.

32. Üben Sie Empathie und Mitgefühl mit anderen. Sensibilisieren Sie Ihre Kinder, Mitarbeiterinnen, Freunde, Klientinnen, Kunden für Empathie.
Wer Mitgefühl mit dem Leid und Schmerz anderer hat, wird weniger selbstgerecht und hart über andere Menschen urteilen. Das Gegenüber wird nicht länger nur als Mitglied einer bestimmten sozialen oder gar ethnischen Gruppe angesehen, sondern es wird auch berücksichtigt, was er oder sie als Mensch erlebt oder erlitten hat. Wenn diese Art des inneren Kontakts zum Einzelnen entsteht, wird Hass unwahrscheinlicher.

33. Lesen Sie historische Texte aus der NS-Zeit und informieren Sie sich, wie die Machtergreifung gelaufen ist.
Demokratie ist kein Naturgesetz, sondern eine errungene Staatsform, die fragil und schützenswert ist. Schauen Sie sich noch einmal die historischen Zusammenhänge an, die zur NS-Diktatur geführt haben, und vollziehen Sie nach, was diese Entwicklungen mit der heutigen Situation zu tun haben. Diese Wachsamkeit hilft, die kommunikativen Tricks der Rechtspopulisten besser einordnen zu können.

34. Wagen Sie einen Blick in die eigene Familiengeschichte über mehrere Generationen hinweg.
Bei Kindern, Enkeln, Urenkeln von Menschen, die den Zweiten Weltkrieg und die NS-Zeit erlebt haben und dort auch selbst aktiv Täter und/oder Opfer waren, wirken bestimmte Ideologien aus dieser Zeit noch nach. Dies betrifft den Einzelnen wie auch die Familien. Wenn Sie das Leben der eigenen Großeltern und Urgroßeltern genauer betrachten, die eigene Familiengeschichte kennenlernen und verarbeiten, so verstehen Sie nicht nur eigene autoritäre Prägungen besser, sondern können diese auch verändern. Sie bekommen ein Gefühl für Familiengeheimnisse und -verstrickungen und übernehmen eher Verantwortung für Vergangenes.

35. Lernen Sie Ihre Schattenseiten kennen und akzeptieren Sie diese bewusster.
Geiz, Geilheit, Aggression, Hass. In jedem Menschen schlummern Gefühle und Impulse, die zum Teil schwer aushaltbar sind bzw. die man an sich selbst nicht wahrhaben will. Die Auseinandersetzung mit dem eigenen Schatten hilft, mit sich selbst verbunden und geklärt zu sein. Dies führt dazu, dass man Schattenseiten nicht mehr auf andere projizieren muss, etwa auf den eigenen Partner oder auf Geflüchtete. Wenn jeder seine Schattenseiten besser kennen und akzeptieren würde, gäbe es mit Sicherheit weniger Hass und Anfeindungen.

36. Lernen Sie die wichtigsten Argumente gegen die Phrasen der Rechtspopulisten kennen und kontern Sie sachlich.
Politische Diskussionen sind nicht Ihr Ding? Macht nichts. Es geht gerade nicht darum, über jede Einzel-

heit mitsprechen zu können, sondern darum, den auftauchenden rechtspopulistischen Phrasen etwas entgegenzusetzen. Das kann man leicht lernen, denn die Behauptungen der Populisten sind immer ähnlich. Man kann sich auch einen Spickzettel mit ein paar guten Argumenten anfertigen. Oft reicht es schon, überhaupt etwas zu sagen.

37. Suchen Sie politische Gespräche unter vier Augen und weniger solche, wo es um einen reinen Schlagabtausch der besten und eloquentesten Argumente geht.
Über Politik muss man mit großen Gesten reden? Es gibt in Gesprächen stets rhetorische Gewinner und Verlierer? Wer sagt denn, dass wir nur in dieser Weise über gesellschaftliche und politische Zusammenhänge sprechen können? Finden Sie neue kommunikative Wege, die zu Ihnen passen. Gerade wenn man Leute gut kennt, die plötzlich nach rechts driften, sind ruhige Gespräche ohnehin wirkungsvoller.

38. Werden Sie sich bewusst, dass es hierzulande Hassverbrechen gibt und dass diese zugenommen haben.
Rechter Hass ist nicht allein eine Gefühlslage, sondern führt hierzulande im Moment wieder verstärkt zu Delikten. Es bleibt auch nicht bei Sachbeschädigung, sondern wir haben es mit handfesten Gewalttaten gegen Geflüchtete, Politiker und andere engagierte Personen zu tun. Führen Sie sich die Statistiken ab und zu vor Augen. Machen Sie sich bewusst, dass rechte Parolen im Endeffekt immer Gewalt auslösen. Die Lage ist ernst.

39. Lernen Sie Fake-News von echten News zu unterscheiden und diskutieren Sie darüber mit allen, die es hören wollen.
Politische Propaganda hat es immer gegeben. Im Moment verbreitet sie sich im Netz generell und in den sozialen Medien speziell aber so schnell, dass es immer wichtiger wird, Falschmeldungen und reine Stimmungsmache von Fakten, Argumenten und Tatsachen zu unterscheiden. Also: Schauen Sie sich Quellen genau an. Finden Sie heraus, wer spricht, wer das Interview führt oder den Clip ins Netz gestellt hat. Teilen und empfehlen Sie keine Inhalte, die Sie nicht beurteilen können oder deren »Macher« Ihnen suspekt sind, und machen Sie andere darauf knapp aufmerksam, wenn diese solche halbgaren Inhalte verbreiten. In der Timeline und im »echten« Leben.

40. Treffen Sie häufiger Aussagen, in denen Sie formulieren, was in dem Land, in dem sie leben, nicht passieren sollte, und finden Sie mit anderen einen Minimalkonsens.
Das Formulieren hochtrabender humanistischer Utopien führt oft dazu, dass Menschen unterschiedlicher politischer Ansichten Probleme nicht gemeinsam lösen können. Sie finden keinen kleinsten Nenner, auf dem sie zusammenkommen. Formuliert man dagegen häufiger mal Minimalziele, z.B.: »Ich möchte nicht in einem Land leben, in dem Flüchtlingsunterkünfte angezündet werden«, kommt man auch mit Menschen, die sonst weit von einem entfernt sind, besser ins Gespräch und findet vielleicht sogar Lösungen.

Die wichtigsten Begriffe zum Thema

Sprache ist ein mächtiges Instrument, um Dinge zu erklären, zu verwischen, Emotionen auszulösen – und um politische und ideologische Ziele zu erreichen. Verschiedene Begriffe, die in bestimmten Kapiteln gehäuft vorkommen und fürs Thema wichtig sind, werden an dieser Stelle noch mal definiert. Es wird aufgezeigt, was sie für einen »Beiklang« haben und warum manche Worte in diesem Buch bevorzugt genutzt werden und andere selten.

Rechtsextremismus. »Rechtsextremismus ist ein Einstellungsmuster, dessen verbindendes Kennzeichen Ungleichwertigkeits-Vorstellungen darstellen. Diese äußern sich im politischen Bereich in der Affinität zu diktatorischen Regierungsformen, chauvinistischen Einstellungen und einer Verharmlosung bzw. Rechtfertigung des Nationalsozialismus. Im sozialen Bereich sind sie gekennzeichnet durch antisemitische, fremdenfeindliche und sozialdarwinistische Einstellungen.« So die Definition des Begriffs auf der Webseite der »Bundeszentrale für politische Bildung«. Auch wenn man beim Wort »rechtsextrem« oft erst einmal an gewaltbereite Randgruppen in Springerstiefeln und mit glattrasierten Schädeln denkt, so ist Rechtsextremismus nicht nur das, was man tut und zeigt, sondern auch das, was man denkt und fordert. Das besondere Gewicht liegt auf der Vorstellung einer Ungleichwertigkeit von unterschiedlichen Menschengruppen, was einen relevanten weltanschaulichen Hintergrund des momentanen »Rechtsrucks« gut auf den Punkt bringt. In diesem Text wird deshalb das Wort »rechtsextrem« eher benutzt als das Wort »rechtspopulistisch«. Dieses wird zurzeit zwar stärker verwendet und ist auch an manchen Stellen sinnvoll, wenn man möglichst neutral bleiben will. Der Begriff verschleiert aber eher, wie radikal die Einstellungen zum Teil sind, die im Hintergrund des Populismus wirken.

Rechtspopulismus. Laut Definition einer Studie der Bertelsmann Stiftung hat »Populismus drei wesentliche Dimensionen: Anti-Establishment, Anti-Pluralismus und Pro-Volkssouveränität«. Letztlich steckt hinter dem Populismus also bereits die Idee, dass die Gesellschaft gespalten ist: Auf der einen Seite steht eine korrupte Elite, die das Sagen hat, auf der anderen das »Volk«, dem die Souveränität zurückgegeben werden soll und das nun mehr Macht bekommen soll. Im Begriff Populismus steckt aber nicht nur das wohlklingende Versprechen von »Volkssouveränität«, sondern auch eine Deutungshoheit darüber, wer zum »reinen Volk« gehört und wer nicht. Da die Kriterien für diese Einteilung auch aus ausgeprägten nationalistischen, rassistischen und undemokratischen Ideologien gewonnen werden, also aus rechtsextremen Einstellungen, sollte man dies, wo es passt, auch so benennen.

Rassismus. Ist laut Wikipedia eine Gesinnung oder Ideologie, nach der Menschen aufgrund weniger äußerlicher Merkmale – die eine gemeinsame Abstammung vermuten lassen – als so genannte »Rasse« kategorisiert und beurteilt werden. »Rassisten« sind dementsprechend die Leute, die alle Menschen, die ihren eigenen Merkmalen ähnlich sind, als grundsätzlich höherwertig ansehen und alle anderen als geringerwertig diskriminieren. Wenn also jemand ein rassistisches Vorurteil äußert oder sich rassistisch diskriminierend verhält, kann man das auch als solches benennen. In diesem Buch wird deshalb oft der Begriff Rassismus benutzt, weniger das Wort Ressentiment, es ist zu abstrakt und grenzt an einen Euphemismus.

Ausländerfeindlichkeit. »Alle Menschen sind Ausländer, fast überall.« Dieser bekannte Spruch fällt einem schnell ein, wenn man sich das Wort Ausländerfeindlichkeit genauer anschaut. Der Begriff taugt letztlich nicht, um Rassismus und Vorurteile zu beschreiben, denn er kategorisiert die anderen schon im Wort als fremd oder »aus einem anderen Land«. Die sozialwissenschaftlichen Erhebungen zum Rechtsextremismus, die vor allem in Kapitel eins vorgestellt werden, bezeichnen die entsprechende Dimension bis heute als »Ausländerfeindlichkeit« – was in dem Fall eine wissenschaftlich definierte und operationalisierte Definition ist. Der Begriff taucht im Text deshalb an manchen Stellen auf, obwohl er nicht neutral ist.

Fremdenfeindlichkeit. Auch hier wird es sofort schwierig. Das Wort »fremd« übernimmt die Perspektive der Menschen, die glauben, dass Menschen, die aus Ländern kommen, die sie noch nicht kennen, oder die anders aussehen als sie selbst, sofort Fremde sind. Der Begriff wird hier ebenfalls vor allem dann verwendet, wenn damit die offizielle Dimension in einem sozialwissenschaftlichen Fragebogen bezeichnet wird.

Geflüchteter oder Flüchtling. Die Organisation Pro Asyl hat in einer Pressemeldung erklärt, dass die Begriffe Flüchtling und Geflüchteter beide letztlich keine Diskriminierungen enthalten, auch, wenn das Wort »Geflüchteter/Geflüchtete« etwas freundlicher klingt, weil das leicht abwertende »ling« wegfällt. Wichtig ist aber laut Pro Asyl, dass man sich von wirklich diskriminierenden Worten wie »Asylant« oder »illegalen Einwanderern«, einem Begriff, der häufig von AfD-Politikern verwendet wird, deutlich abgrenzt. Auch das Wort »Migrant« ist oft nicht neutral: Wer von »Migrant« spricht, wenn er von Flüchtling sprechen könnte, unterstellt oft die Absicht, dass die jeweiligen Menschen ihre Länder aus wirtschaftlichen Gründen verlassen haben.

LITERATUR ZUM WEITERLESEN

Theodor W. Adorno: Studien zum autoritären Charakter. Suhrkamp Taschenbuch Wissenschaft, Frankfurt am Main 1995

Christophe André, Jon Kabat-Zinn, Matthieu Ricard, Pierre Rabhi: Wer sich verändert, verändert die Welt. Für ein achtsames Zusammenleben. Kösel, München 2018

Katharina Brunner, Sabrina Ebitsch, Sebastian Gierke, Martina Schories: Das gespaltene Parlament. Süddeutsche Zeitung, digitales Projekt, München 2018 https://projekte.sueddeutsche.de/artikel/politik/die-afd-im-bundestag-e362724/

Nicholas A. Christakis/James H. Fowler: Connected! Die Macht sozialer Netzwerke und warum Glück ansteckend ist. Fischer, Frankfurt am Main 2010

Oliver Decker/Elmar Brähler (Hg) : Flucht ins Autoritäre: Rechtsextreme Dynamiken in der Mitte der Gesellschaft. Psychosozial-Verlag, Gießen 2018

Oliver Decker, Johannes Kiess, Elmar Brähler: Die enthemmte Mitte: Autoritäre und rechtsextreme Einstellungen in Deutschland/Die Leipziger Mitte-Studie 2016, Psychosozial-Verlag, Gießen 2016

Carolin Emcke: Gegen den Hass. Fischer, Frankfurt am Main 2016

Bernd Gäbler: AfD und Medien. Erfahrungen und Lehren für die Praxis. Ein Projekt der Otto-Brenner-Stiftung, Frankfurt am Main 2018

Ines Geipel: Umkämpfte Zone. Mein Bruder, der Osten und der Hass. Klett-Cotta, Stuttgart 2019

Rolf Haubl/Volker Caysa: Hass und Gewaltbereitschaft. (Philosophie und Psychologie im Dialog) Vandenhoeck & Ruprecht, Göttingen 2007

Wilhelm Heitmeyer: Autoritäre Versuchungen. Signaturen der Bedrohung 1. Edition Suhrkamp. Berlin 2018

Arlie Russell Hochschild: Fremd in ihrem Land. Eine Reise in das Herz der amerikanischen Rechten. Campus, Frankfurt am Main 2017

Klaus Jonas, Wolfgang Stroebe, Miles Hewstone: Sozialpsychologie (Springer Lehrbuch). 6. Auflage, Springer, Berlin/Heidelberg 2014

Verena Kast: Seele braucht Zeit. Kreuz, Freiburg im Breisgau 2013

Verena Kast: Der Schatten in uns. Die subversive Lebenskraft. dtv, München 2013

Petra Köpping: »Integriert doch erst mal uns!« Eine Streitschirft für den Osten, Ch. Links, Berlin 2018

Initiative Kleiner Fünf. Gute Argumente für hitzige Gespräche. https://www.kleinerfuenf.de/de/gute-argumente-fuer-hitzige-gespraeche

Ernst-Dieter Lantermann: Die radikalisierte Gesellschaft: Von der Logik des Fanatismus. Blessing, München 2016

Per Leo, Maximilian Steinbeis, Daniel-Pascal Zorn: Mit Rechten reden. Ein Leitfaden. Klett-Cotta, Stuttgart 2017

Jan Lohl, Angela Moré (Hg.): Unbewusste Erbschaften des Nationalsozialismus. Psychoanalytische, sozialpsychologische und historische Studien. (Psyche und Gesellschaft) Psychosozial-Verlag, Gießen 2014

Angela Moré: Die unbewusste Weitergabe von Traumata und Schuldverstrickungen an nachfolgende Generationen. Journal für Psychologie, Jg. 21 (2013), Ausgabe 2

Martha C. Nussbaum: Politische Emotionen. Suhrkamp Taschenbuch Wissenschaft, Berlin 2014

Bernhard Pörksen: Die große Gereiztheit. Wege aus der kollektiven Erregung. Carl Hanser, München 2018

Heribert Prantl: Gebrauchsanweisung für Populisten. Ecowin, Wals bei Salzburg 2017

Luise Reddemann: Kriegskinder und Kriegsenkel in der Psychotherapie. Folgen der NS-Zeit und des Zweiten Weltkriegs erkennen und bearbeiten – eine Annäherung. (Leben lernen) Klett-Cotta, Stuttgart 2018

Herbert Renz-Polster: Erziehung prägt Gesinnung. Wie der weltweite Rechtsruck entstehen konnte – und wie wir ihn aufhalten können. Kösel, München 2019

Wolfgang Schmidbauer: Helikoptermoral. Kursbuch. Edition. Murmann, Hamburg 2017

Julia Shaw: Böse. Die Psychologie unserer Abgründe. Hanser, München 2018

Fritz B. Simon: Wenn rechts links ist und links rechts. Paradoxiemanagement in Familie, Wirtschaft und Politik. Carl-Auer, Heidelberg 2013

Fritz B. Simon: Anleitung zum Populismus oder: Ergreifen Sie die Macht! Carl-Auer, Heidelberg 2019

Tiffany Watt Smith: Das Buch der Gefühle. dtv, München 2017

Philipp Steffan: Sag was! Radikal höflich gegen Rechtspopulismus argumentieren. Oetinger, Hamburg 2019

Paul Watzlawick, John H. Weakland, Richard Fisch: Lösungen. Zur Theorie und Praxis menschlichen Wandels. Huber, Bern 2013

Volker Weiß: Die autoritäre Revolte. Die Neue Rechte und der Untergang des Abendlandes. Klett-Cotta, Stuttgart 2017

Elisabeth Wehling: Politisches Framing: Wie eine Nation sich ihr Denken einredet – und daraus Politik macht. Ullstein, München 2018

Laura Wiesböck: In besserer Gesellschaft. Der selbstgerechte Blick auf die Anderen. Kremayr & Scheriau, Wien 2018

Andreas Zick, Beate Küpper, Daniela Krause (Hg.): Gespaltene Mitte – Feindselige Zustände. Rechtsextreme Einstellungen in Deutschland, Dietz, Bonn 2016

Bibliografische Information der Deutschen Nationalbibliothek
Die Deutsche Nationalbibliothek verzeichnet diese Publikation
in der Deutschen Nationalbibliografie; detaillierte bibliografische
Daten sind im Internet über https://portal.dnb.de abrufbar.

climate-id.com/12559-1708-1001

Verlagsgruppe Random House FSC® N001967

1. Auflage
Copyright © 2019 Gütersloher Verlagshaus, Gütersloh,
in der Verlagsgruppe Random House GmbH,
Neumarkter Str. 28, 81673 München

Sollte diese Publikation Links auf Webseiten Dritter enthalten,
so übernehmen wir für deren Inhalte keine Haftung, da wir uns
diese nicht zu eigen machen, sondern lediglich auf deren Stand
zum Zeitpunkt der Erstveröffentlichung verweisen.

Druck und Bindung: GGP Media GmbH, Pößneck
Printed in Germany
ISBN 978-3-579-01486-9

www.gtvh.de

Das bewegende Vermächtnis eines Auschwitz-Überlebenden

Jehuda Bacon,
Manfred Lütz
»Solange wir leben, müssen wir uns entscheiden.«
Leben nach Auschwitz

192 Seiten / gebunden
mit Schutzumschlag
ISBN 978-3-579-07089-6
Auch als E-Book erhältlich

Erfahren Sie mehr zu diesem Buch unter
www.gtvh.de

»Seit ich Jehuda Bacon begegnet bin, lebe ich anders, mein Leben ist heller geworden.« Manfred Lütz

Erleben Sie einen existentiellen Dialog zwischen dem deutschen Theologen Manfred Lütz und dem jüdischen Künstler Jehuda Bacon, der aus tiefer Erschütterung heraus zum Humanisten wurde.

GÜTERSLOHER
VERLAGSHAUS